U0720797

大学语文名篇导读

小说卷

苏爱风 主编

凤凰出版社

图书在版编目（CIP）数据

大学语文名篇导读. 小说卷 / 苏爱风主编. -- 南京 : 凤凰出版社, 2024. 12. -- ISBN 978-7-5506-4486-1

Ⅰ. H19

中国国家版本馆CIP数据核字第2024YH6992号

书　　名	大学语文名篇导读·小说卷
主　　编	苏爱风
责任编辑	李相东
特约编辑	王晨韵
装帧设计	陈贵子
责任监制	程明娇
出版发行	凤凰出版社(原江苏古籍出版社) 发行部电话025-83223462
出版社地址	江苏省南京市中央路165号,邮编:210009
照　　排	南京凯建文化发展有限公司
印　　刷	江苏凤凰数码印务有限公司 江苏省南京市栖霞区尧新大道399号,邮编:210038
开　　本	787毫米×1092毫米　1/16
印　　张	16.5
字　　数	274千字
版　　次	2024年12月第1版
印　　次	2024年12月第1次印刷
标准书号	ISBN 978-7-5506-4486-1
定　　价	88.00元

(本书凡印装错误可向承印厂调换,电话:025-57718474)

大学语文名篇导读·小说卷

主编：苏爱风

编者：苏爱风　凤铁群　陶　静

翟文茜　倪雪坤　景红纬

序

大学语文的责任

我常想，大学生整天都在忙考试、忙过级，大学要是没有大学语文课，那大学还能被称为大学吗？

无论是在大学课堂上，还是在业余时间里，每每与大学语文老师交流，总是有一种别样的感觉。我能感受到他们身上散发出的书卷气，也常常会有一些崭新的收获。在我看来，大学语文老师本身就应该是一个知识的宝藏、精神的宝库，他们总在交流中示人以文化、教人以修养、给人以精神启迪。

大学语文老师应该是为数不多的对读书本身的认识达到一定境地的那群人。他们的书中没有“黄金屋”“颜如玉”，他们手不释卷，是因为从内心里认准“唯有读书高”，是因为懂得和书籍生活在一起永远不会叹气。

大学语文老师的身心是自由的。他们应该不属于现实中忙碌的人群，即便身体忙碌的时候也应是这样。他们在哪里？他们在干什么？他们大多时间在书中，在与先哲对话，在与天地对话，可能在傻笑，也可能在流泪……

大学语文老师的笔墨是自由的。对他们来讲，条条框框已不是问题，更多的应该是真实的拷问和内心的流淌。我以为，人有多美，文字就会有多美。这是装不出来的，也是很难缩水的。大学语文老师，作为语言的驾驭者，更应当如此。他们落在纸上的更应该是灵魂的自觉、精神的担当，是人类的至真至美至善。唯此，才能不负自己的称谓，才能担当起大学之重托。

前些天，在清华任教的王步高教授来校讲学。他极其认真地说，我们现在各个领域的大师并不很多，说到底还是大学语文教育拖的后腿。虽然王教授说的并不是问题的全部，但很能从一个侧面说明当今大学教育中语文的缺失。大学语文老师肩上担负的文化使命和精神使命何其沉重!

《大学语文名篇导读》也许是其中的一个注解。军校的大学语文老师“以我之力,筑你之美”的心愿非常美好,但也许在未来他们会体会到这仅仅是个开始。

以我之心,筑我之真善美,育你之真善美,应该是一个更高的境界。到那时,他们的课会成为让学生着迷的课、让学生流泪的课;到那时,他们的文字会成为让学生感动的文字、让学生追随的文字;到那时,大学语文将不再只是一门课,而是大学的象征。

是为序。

王辉东

2016 年 12 月 12 日于南京

目 录

1. 刑天舞干戚，猛志固常在

——《山海经·海外西经》一则赏析 …………………… 1

2. 沧海横流，方显英雄本色

——刘义庆《世说新语·雅量》三则赏析 …………… 4

3. 人生贵得适意

——刘义庆《世说新语》二则赏析 ………………… 7

4. 勇敢是人类最珍贵的品质

——刘义庆《世说新语》二则赏析 ………………… 10

5. 爱是一种伟大而神奇的力量

——干宝《搜神记·韩凭妻》赏析 ………………… 13

6. 镜子里的曲折离奇

——王度《古镜记》赏析 ……………………………… 16

7. 梦里不知身是客

——李公佐《南柯太守传》赏析 …………………… 25

8. 凄厉的诅咒

——蒋防《霍小玉传》赏析 ………………………… 34

9. 是真英雄自洒脱

——杜光庭《虬髯客传》赏析 ……………………… 43

10. 做人生的勇者

——白行简《李娃传》赏析 ………………………… 49

11. 情义结合的奇幻爱情

——李朝威《柳毅传》赏析 ······························ 59

12. 宦海沉浮见闻录

——沈既济《枕中记》赏析 ······························ 69

13. 痴与烈

——冯梦龙《警世通言·杜十娘怒沉百宝箱》赏析 ······ 74

14. 智勇双全的忠义之士

——罗贯中《三国演义》第四十一回赏析 ·············· 88

15. 黑暗中的反抗者

——施耐庵《水浒传》第十回赏析 ······················ 97

16. 热血中的成长

——吴承恩《西游记》第四回赏析 ······················ 107

17. 三重反差塑造魅力探春

——曹雪芹《红楼梦》第五十六回赏析 ················ 118

18. 我非爱花，爱拈花之人耳

——蒲松龄《聊斋志异·婴宁》赏析 ···················· 128

19. 情不知所起，一往而情深

——蒲松龄《聊斋志异·阿宝》赏析 ···················· 138

20. 万般皆下品，唯有读书高

——吴敬梓《儒林外史》第二回赏析 ···················· 144

21. 怪状奇闻皆是世间百态

——吴趼人《二十年目睹之怪现状》第六回赏析 ········ 154

22. 天下熙熙皆为利来，天下攘攘皆为利往

——李宝嘉《官场现形记》第一回赏析 ················ 161

23. 光怪陆离乃是真实写照

——李汝珍《镜花缘》第十一回赏析 …………………172

24. 卫道士的虚伪与孱弱

——鲁迅《肥皂》赏析 ……………………………178

25. 秤砣虽小压千斤

——鲁迅《风波》赏析 ……………………………189

26. 梦中的湘西世界

——沈从文《边城》(节选)赏析…………………198

27. 你的“围城”是什么

——钱钟书《围城》(节选)赏析…………………204

28. 梦境内外的叛逆与回归

——张爱玲《封锁》赏析 …………………………209

29. 从武者的倔强与坚持

——老舍《断魂枪》赏析 …………………………221

30. “官老爷”漫画

——张天翼《华威先生》赏析 ……………………230

31. 回忆里长出新枝丫

——萧红《呼兰河传》(节选)赏析………………239

32. 一对老夫妻的绝望等待

——师陀《期待》赏析 ……………………………244

后 记……………………………………………… 253

1. 刑天舞干戚，猛志固常在

——《山海经·海外西经》一则赏析

导读

人类生来就离不开奋斗与抗争，离不开战斗的勇气和智慧。中华民族历来热爱和平，并不意味着我们就缺乏战斗精神。实际上，五千多年的华夏文明洋溢着特色鲜明的战斗精神，借此，中华民族一次次在生死关头涅槃重生。这种精神如果追根溯源，可上溯到远古的刑天。

刑天是《山海经·海外西经》中记载的人物，书中写他因为与天帝争夺神位，被天帝砍掉了头，头被埋在常羊山。但没了头的刑天以乳头做眼睛，以肚脐做嘴巴，一手持盾一手操斧坚持战斗。他的名字“刑天”就充满了战斗精神，古代学者解读说，“刑”是杀戮之意，“天”就是天帝，这个名字的意思就是誓戮天帝以复仇。

刑天可以说是中国上古神话甚至中国古代文学中最具反抗精神的人物，晋代陶渊明深受感动，在《读山海经》诗中将其与填海的精卫相提并论，赞颂说：“精卫衔微木，将以填沧海。刑天舞干戚，猛志固常在。同物既无虑，化去不复悔。徒设在昔心，良辰讵可待！”刑天虽然失败了，但那种不屈不挠、绝不服输的战斗精神，深深地镌刻在后世人们的心中。

《山海经》被称为我国上古奇书之首，内容主要是民间传说中的地理知识，涉及山川、民俗、物产及大量神话，大约成书于战国初年到西汉初年，现代学者一般认为《山海经》成书非一时，作者亦非一人。《山海经》共18卷，分为《山经》《海经》《大荒经》和《海内经》。《山海经》保存了我国远古时期的地理知识，也保存了很多早期神话。如我们熟悉的夸父逐日、女娲补天、羿射九日、精卫填海、大禹治水等，这些其实是远古时期史料的保留。另外，书中还有一些内容是古人对万物来源、日月风雨及其他自然现象的想象。《海外西经》主要记载海外西南角到西北角的国家及地区，如不死国、三身国、一臂国、奇肱国、女子国、丈夫国等。这些文字光怪陆离，想象大胆奇特，虽仅有3万多字，但对后世影响深远，比如《西游记》《镜花缘》等书就受其很大影响。鲁迅童年时将其视为宝书，成年后写有《阿长与〈山海经〉》一文，还从《山海经》中取材创作了《补天》《奔月》《理水》等小说。

作为文学体裁的一种，神话以其庄严虔诚的虚构及奇丽荒诞的幻想，对自然现象进行解释，表现古人征服自然的愿望与追求，是对远古社会生活的反映。《山海经》中记录的这些神话是远古历史的回音，它真实地记录了中华民族童年时期的瑰丽幻想和顽强抗争，留下了我们先民筚路蓝缕的足迹。同时，作为中华民族的文化源头，在很大程度上还影响了我们的民族精神、性格、思维与行为方式。刑天哪怕是被砍下了头颅，也没有倒下去，而是创造条件继续斗争，这种永不低头、敢于抗争的精神让我们的祖先赞扬他，认为他是大英雄并用文字记载下来，体现了中华民族在面对强权、艰难困苦时永不屈服，在挫折面前永不退缩，在困境之中永不放弃的战斗精神。这种勇于抗争永不妥协的精神是我们这个饱经沧桑的民族的宝贵财富，从盘古开天、女娲补天，到燧人取火、仓颉造字、精卫填海、愚公移山，再到中华民族面临亡国灭种的危险时刻，不论是面对自然灾害还是人为灾难，中国人总能力挽狂澜、坚强面对，这就是伟大的中华民族精神。其中，自强不息、勇于斗争是中华民族精神的重要组成部分。在希腊神话中，普罗米修斯为人间盗来火种，诺亚依据神的嘱托而建造方舟来躲避滔天洪水，与之不同，中国神话里，火是中国人坚忍不拔钻木得来的，洪水是鲧、禹不懈努力治理好的。这种伟大的斗争精神、知其不可为而为之的悲壮，是中华民族生生不息的历史长河中的一笔宝贵精神财富，支撑着中华民族闯过一个又一个险滩和漩涡，战胜一个又一个强敌和灾难，延续至今，屹立不倒。（**苏爱风导读**）

原文

形天与帝至此争神[1]，帝断其首，葬之常羊之山[2]。乃以乳为目，以脐为口，操干戚以舞[3]。

注释

[1] 形天：我国上古神话传说中的人物，又作刑天、形夭，各版本不同，古籍中多作“形天”，现代人多写作“刑天”。此处原文从袁珂《山海经校注》，他处从现代常见写法“刑天”。帝：天帝，此指黄帝。至此：一说是衍文。

[2] 常羊之山：常羊山。古籍记载为炎帝诞生地。

[3] 干：盾牌。戚：大斧。

作品简介

《山海经》是中国志怪典籍，大体为战国中后期到汉代初中期的楚人或巴蜀人所作，看似荒诞不经，却包含上古地理、历史、神话、天文、动物、植物、医学、宗教以及人类学、民族学、海洋学和科技史等诸多内容。该书作者不详，古人认为该书是“战国好奇之士取《穆王传》，杂录《庄》《列》《离骚》《周书》《晋乘》以成者”。现代学者也均认为成书并非一时，作者亦非一人。

名家点评

袁珂《〈山海经校注〉序》：“吾国古籍，瑰伟瑰奇之最者，莫《山海经》若。《山海经》匪特史地之权舆，乃亦神话之渊府。”

2. 沧海横流，方显英雄本色

——刘义庆《世说新语·雅量》三则赏析

导读

英雄与名士是汉魏两晋社会生活中的重要群体。“英雄本色，名士风流。”二者皆以其内在精神气质为人所重。英雄自豪，不屑假饰，以本色示人；名士放旷，不拘小节，存文采风流。品题人物是当时士族社会中最重要的文化风尚之一，这种风气兴起于汉末，发展于曹魏，鼎盛于两晋，衰落于南朝。品评的内容与标准也随着时代风云而逐渐变化与侧重，涉及人物品性、才能、容止、风度等各个方面，大致表现为汉末重德行，曹魏辨形名，两晋重神韵，南朝好文采。

《世说新语》就是这样一本品评英雄与名士的书籍，被鲁迅称为“一部名士底教科书”，它是南朝宋临川王刘义庆组织文人编纂的一本笔记体小说。该书以“段子集”的方式，记载了自汉魏至东晋期间士族名人的趣闻逸事，反映了当时人的生活方式、精神面貌及清谈风气，体现了率直任诞、清俊通脱的“魏晋风度”。

按现在的文体划分，《世说新语》是一部微型短篇小说集，它记载的故事短小精悍，生动活泼。主人公不像正史所记那么严肃干瘪，也不带说教意味，立体而生动。同一个人既有正人君子或才华横溢的一面，也有浮华奢靡或吝啬小气的一面。有些记载虽道听途说、张冠李戴，但总体而言生动有趣，让人爱不释手。在我国传统文化典籍中，《世说新语》有着非常特殊的地位。

选文中的三位人物都为当时名士，主要活动于东晋。夏侯玄曾倚着柱子写信，不想大雨中雷电击裂他所倚之柱，他身上衣服着了火却神色不变，书写如故。而旁边的客人都东倒西歪，站立不稳。夏侯玄面对自然界的迅雷疾雨面不改色，所以当时人们认为他经得起生死考验，在面临人世灾祸时也能安之若素。王衍不把别人对自己的侮辱当回事，也不把别人一时的暴躁失礼看成很严重的事，这是一种雅量，非普通人所能做到。谢安隐居时和人坐船到海上游玩，遇到惊涛骇浪，众人都惊恐不安，只有谢安神态安闲，悠然自得。从这件事上，人们领略了谢安的气度，认为他有镇抚朝廷内外、安定国家的度量和才识。

魏晋时代是中国历史上的一个乱世，政局动荡，南北分裂，战乱频繁，同时又是一个个人意识觉醒的时代，士大夫摆脱了汉末名教的束缚，更多地展现出自己的真性情。名士们注意举止旷达潇洒、宽容平和、临危不惧、处变不惊。夏侯玄沦为阶下囚后也丝毫不降低身份，临刑东市而颜色不异。因此，袁宏在《名士传》中将其列在首位。

雅量是一种修养、一种境界，反映一个人的学养与气度。人有雅量，才能对人对事看得开、想得开，不斤斤计较、争多论少。法国作家雨果说："世界上最宽广的是海洋，比海洋更宽广的是天空，比天空更宽广的是人的胸怀。"一个人胸怀宽广，就会站得高、看得远，就会宽待他人、善待他人。生活中，我们每个人都需要这种雅量，都要注重内在精神境界的提升。雅量不是一个人天生就有的，而是需要后天陶冶锤炼的。只有注重自身修养，追求精神上的成长与满足，不断提升自己的人生态度、生活趣味和人格理想，才能不断砥砺品性，涵容胸襟，培养自己的雅量。（苏爱风导读）

原文

夏侯太初尝倚柱作书

夏侯太初尝倚柱作书[1]，时大雨，霹雳破所倚柱，衣服焦然，神色无变，书亦如故。宾客左右皆跌荡不得住。

王夷甫尝属族人事

王夷甫尝属族人事[2]，经时未行[3]。遇于一处饮燕[4]，因语之曰："近属尊事，那得不行？"族人大怒，便举樏掷其面[5]。夷甫都无言，盥洗毕，牵王丞相臂，与共载去。在车中照镜，语丞相曰："汝看我眼光，乃出牛背上。"[6]

谢太傅盘桓东山时

谢太傅盘桓东山时[7]，与孙兴公诸人泛海戏[8]。风起浪涌，孙、王诸人色并遽[9]，便唱使还[10]。太傅神情方王[11]，吟啸不言。舟人以公貌闲意说，犹去不止。既风转急，浪猛，诸人皆喧动不坐。公徐云："如此，将无归！"[12]众人即承响而回。于是审其量[13]，足以镇安朝野。

注释

[1] 夏侯太初：夏侯玄，字太初。

[2] 王夷甫：王衍。属：同"嘱"，托付，请托。

[3] 经时：很长时间。

[4] 饮燕：同"饮宴"。

[5] 樏（lěi）：古代盛食物的一种器具，似盘而有底有隔。

[6] "汝看我"句：是说自己风采神韵英俊超迈，不与他人计较。此句可能是当时俚语。

[7] 谢太傅：谢安。东山：谢安早年隐居地，在今浙江上虞西南。

[8] 孙兴公：孙绰。泛海戏：乘船到海上游玩。

[9] 孙、王：孙绰、王羲之。遽：惊惧。

[10] 唱：高呼。

[11] 王（wàng）：通"旺"。精神好，兴致高。

[12] 将无：恐怕，大概。

[13] 审：知悉。量：气量。

作品简介

刘义庆（403—444），字季伯，彭城（今江苏省徐州市）人，宋武帝刘裕之侄，长沙景王刘道怜次子。南朝宋宗室，文学家。性简素，寡嗜欲，爱好文史。据史书记载，其主持编纂的著作有《徐州先贤传》一卷、《徐州先贤传赞》九卷、《江左名士传》一卷、《宣验记》十三卷、《幽明录》二十卷以及《世说新语》八卷等。这些书署名均为刘义庆，但他未必是实际作者，很可能是主编，如同淮南王刘安的《淮南子》也是集门客之力而成。

名家点评

（明）王世贞《艺苑卮言》："每叹嵇生琴、夏侯色，令千古他人览之，犹为不堪，况其身乎？"

鲁迅《中国小说史略》："记言则玄远冷隽，记行则高简瑰奇。"

3. 人生贵得适意

——刘义庆《世说新语》二则赏析

导读

魏晋士人最历久弥新的魅力莫过于遵从自我的人生态度，它弥补了被儒家精神浸润的中华民族血脉中欠缺的一点点松弛感。所以自古以来众多文人名家都为这种旷达的气质所倾倒，就像杜牧在《润州二首》(其一）中羡慕的那样："大抵南朝皆旷达，可怜东晋最风流。"

《世说新语》生动地展现了魏晋风度，其中的旷达适意就像秋天林间掉落的松果，俯拾皆是。譬如这两篇小品，就用国画写意的笔法轻松勾勒出东晋士人于自我和天地间的自在游走。

第一篇小品中的主人公王子猷即王徽之，是王羲之的第五子。他出身高贵又才气卓越，毫不费力便身居高位坐拥财富，史书中评价他"不综府事"。可能也正是这样的出身和环境造就了他洒脱不羁、放任本心的个性。不知是不是冬夜的雪花窸窸窣窣，轻轻地吵醒了熟睡中的王子猷，他想赏雪，于是他不顾汹涌的寒意"开室"。四望皎然，大地澄澈，他想这雪景佐酒再合适不过了，于是他"命酌酒"。一杯酒下肚，身体暖融融的，风雪中压抑不住翻飞的诗意，"白雪停阴冈，丹葩曜阳林"，于是他站起身来回踱步，吟咏起左思的《招隐》诗。吟咏中他又想到了当时正隐居在剡溪的画家戴安道，要不要去跟他聊一聊呢？于是，那就走吧！来一场说走就走的旅行！坐上小船，迎着风雪，溯流而上。剡溪在王子猷所居山阴的东北，两地相距约百里，等王子猷到达戴安道门前已经是第二天的清晨了。但是令人大感意外的是，王子猷并没有叩门拜访，反而调转船头打道回府了。他的解释是，拜访戴安道乃出自他兴之所至，在这样的旅途中兴致已被满足，至于见不见戴安道，已经不重要了。这里的"兴"，其实正是王子猷内心最率真、最质朴的审美追求。本篇的“兴”重点体现在访戴这件事上，但实际上仔细读来，从半夜起身、开室赏雪，再到酌酒吟诗、乘船访戴，莫不是心性的任意流转。王子猷这种不被外界所累、不为外事萦心的至真至纯，和一千多年前绍兴那一场夜雪一样皎然剔透、令人追慕。

如果说王子猷的高贵在于超然世事的旷达，那么张季鹰的可贵之处则在于他权衡内心和外物之间的通透和决绝。有人批评张季鹰为了莼鲈之思而放弃仕宦，但“人的自觉”是魏晋时一众文化偶像们的共同追求。陶渊明诗“衣沾不足惜，但使愿无违”，就是张季鹰“人生贵得适意”的最好唱和。对于中国历朝历代的读书人来说，入世为官、兼济天下是共同追求的人生价值，但对不同性格、不同能力、不同环境中的人来说，不能简单地只运用同一种价值来判断。人如果连让自己适意都做不到，又何谈完成更宏远的人生目标呢？以王子猷和张季鹰为代表的魏晋士人在历史的烟波里不断提醒我们，在被这个日新月异的世界不断驯化中，我们首先要真诚地倾听自己、善待自己，然后再投身到这个美丽的尘世中去吧！（凤轶群导读）

原文

雪夜访戴[1]

王子猷居山阴[2]，夜大雪，眠觉，开室命酌酒，四望皎然。因起彷徨。咏左思《招隐诗》[3]，忽忆戴安道[4]。时戴在剡[5]，即便夜乘小船就之。经宿方至，造门[6]不前而返。人问其故，王曰：“吾本乘兴而行，兴尽而返，何必见戴！”

张翰莼鲈之思[7]

张季鹰辟齐王东曹掾，在洛，见秋风起，因思吴中菰菜羹、鲈鱼脍，曰：“人生贵得适意尔，何能羁宦数千里以要[8]名爵！”遂命驾便归。俄而齐王败，时人皆谓为见机。

注释

[1] 选自《世说新语·任诞》。

[2] 王子猷：王羲之的儿子，任性放达，仕至

黄门侍郎，弃官归隐。山阴：今浙江省绍兴市。

［3］左思：西晋文学家。《招隐诗》：左思歌吟隐居的诗作，共二首。

［4］戴安道：戴逵，字安道。博学能文，工书画，善鼓琴，隐居不仕。

［5］剡（shàn）：今浙江省嵊州市，有剡溪，为曹娥江上游。

［6］造门：到门口。

［7］选自《世说新语·识鉴》。张翰：字季鹰，吴郡吴县（今江苏省苏州市）人。西晋文学家，留侯张良后裔。才华横溢，性格不羁，当时人将其与阮籍相比，号为“江东步兵”。

［8］要：求。

作者简介

见第二篇《世说新语·雅量》中作者介绍（第6页）。

名家点评

（清）毛际可《〈今世说〉序》：“殷、刘、王、谢之风韵情致，皆于《世说》中呼之欲出。”

李泽厚《美的历程》：“《世说新语》，津津有味地论述着那么多的神情笑貌、传闻逸事，其中并不都是功臣名将们的赫赫战功或忠臣义士的烈烈操守，相反，更多的倒是手执拂麈，口吐玄言，扪虱而谈，辩才无碍。重点展示的是内在的智慧，高超的精神，脱俗的言行，漂亮的风貌；而所谓漂亮，就是以美如自然景物的外观，体现出人的内在智慧和品格。”

4. 勇敢是人类最珍贵的品质

——刘义庆《世说新语》二则赏析

导读

如果提到人性中最值得赞美的品质，勇敢永远是无法被忽视的必选项。从后羿到岳飞，从阿喀琉斯到斯巴达勇士，勇敢是古今中外所有英雄加冕皇冠上最闪耀的宝石。但是到底什么是勇敢呢？它仅仅是英雄们才拥有的稀世珍宝吗？《世说新语》的两则小品，或许可以做出解答。

第一则小品选自《世说新语·方正》一门，主人公是王敦和何充。王敦出身琅琊王氏，是东晋有名的权臣，官拜大将军、江州牧等，封爵武昌郡公，和兄弟王导帮助司马睿建立东晋，所谓“王与马，共天下”。他生性豪爽傲慢，手握军权，位高权重更加重了他的目中无人和寡情残忍。《世说新语》中记载，有一回王导和王敦一起去参加富豪石崇的宴会，石崇每次邀请客人宴饮，总是让貌美的侍女劝酒，客人如果没有把酒喝光，就把劝酒的美女杀掉。这位富翁炫富的方式何其残忍！王导平时本不喝酒，但为了不让美女们白白送死，只能勉强喝下，最后竟然喝醉了。但每次到王敦喝酒的时候，他却坚持不喝，于是石崇就下令杀了三个美女。王敦的神色丝毫不变，依旧不肯喝酒。王导责备他，王敦却说“自杀伊家人，何预卿事”。王敦的残忍和自私较石崇可谓有过之而无不及。

王敦为了护短自己的哥哥王含，故意忽视其兄任庐江郡太守时的贪赃枉法和声名狼藉，当众大赞王含政绩优秀，说他深受大家的爱戴和称颂。这种公开场合的指鹿为马，大部分人可能都做不出来，但是王敦敢。他相信自己的武功和权威能够左右舆论，相信自己可以就此堵住对王含怨声载道的悠悠众口。但是他失算了。他的下级何充指出了他的错误：“我是庐江人，所听到的却并不像大将军说的这样啊！”谁不知道得罪王敦的后果呢？所以没有人敢说话。只有何充揭穿了皇帝的新衣，这本身就是一种勇敢。何充的勇敢还不止于此，当众人为他捏一把汗的时候，他自己却像没有发生任何事一样一派淡然，坦然地面对一切可能的后果，这又是另一种勇敢。

另一则小品选自《世说新语·德行》，主人公是历史上名不见经传的小人物，古书上连他的大名都没有，巨伯应该是他的表字。可就是这么一个小人物却因为他的勇敢被记录在《世说新语》第一门的第九篇（前八篇都是正史中如雷贯耳的大人物），被读者口口相传了几百年。面对凶残的胡人，全城人都选择了退避，但是荀巨伯却坚定地站在友人身边以身相替。

对我们来说，只有一次的生命脆弱而宝贵，但是勇敢的人却愿意用它去换取更珍贵的东西。在历史的长河中、社会的熔炉里，我们大多是小人物，在平凡的生活中默默无闻，但是勇敢却能让我们在做出抉择的那一个瞬间变得无比强大，拥有震慑一切的力量。在这种力量之下，王敦只能默然，而残忍的胡人也只能败退。（**凤轶群导读**）

原文

王含作庐江郡[1]

王含作庐江郡，贪浊狼籍[2]。王敦[3]护其兄，故于众坐称：“家兄在郡定佳，庐江人士咸称之。”时何充为敦主簿[4]，在坐，正色曰：“充即庐江人，所闻异于此！”敦默然。旁人为之反侧，充晏然神意自若。

荀巨伯远看友人疾[5]

荀巨伯[6]远看友人疾，值胡[7]贼攻郡，友人语巨伯曰：“吾今死矣，子可去。”巨伯曰：“远来相视，子令吾去，败义以求生，岂荀巨伯所行邪?”贼既至，谓巨伯曰：“大军至，一郡尽空，汝何男子，而敢独止?”巨伯曰：“友人有疾，不忍委之，宁以我身代友人命。”贼相谓曰：“我辈无义之人，而入有义之国。”遂班军而还，一郡并获全[8]。

注释

[1] 选自《世说新语·方正》。王含：字处弘。东晋琅琊临沂（今属山东）人，王敦的哥哥。王敦起兵谋反，他也叛变相助。作庐江郡：担任庐江郡的行政长官。庐江，郡名，现在安徽省境内。

[2] 贪浊狼籍：贪浊，贪污，腐败。狼籍，秽乱的样子。籍，通“藉”。

[3] 王敦：字处仲，琅琊临沂人。晋武帝司马炎的女婿，治书侍御史王基的儿子，东晋时期大臣。

[4] 主簿：官名，参与机要，总领府事。

[5] 选自《世说新语·德行》。

[6] 荀巨伯：东汉颍州（今属安徽阜阳）人，生平不详，汉桓帝时期的义士。

[7] 胡：中国古代泛指居住在北部和西北部的少数民族，秦汉时一般指匈奴。

[8] 获全：得到保全。

作品简介

见第二篇《世说新语·雅量》中作者介绍（第6页）。

名家点评

（宋）高似孙《纬略》卷九：“宋临川王义庆采撷汉晋以来佳事佳话，为《世说新语》，极为精绝，而犹未为奇也。梁刘孝标注此书，引援详确，有不言之妙。”

（清）刘熙载《艺概·文概》：“文章蹊径好尚，自《庄》《列》出而一变，佛书入中国又一变，《世说新语》成书又一变。此诸书，人鲜不读，读鲜不嗜，往往与之俱化。”

5. 爱是一种伟大而神奇的力量

——干宝《搜神记·韩凭妻》赏析

导读

爱情是人类永恒的主题。无论是双双东南去的孔雀、梁山伯与祝英台的翩翩化蝶，还是牛郎织女的盈盈鹊桥，都是中华民族广为流传的爱情赞歌。尤其是在横暴间阻、性命攸关的时刻，爱情所迸发出的那种动人心魄、净化心灵的力量，令无数骚人墨客、升斗小民为之倾倒和向往。

干宝的《搜神记》中也记载过这么一对忠贞不渝、至死靡他的韩凭夫妇。这则故事最早见于《列异传》。《艺文类聚》卷九二引之曰："宋康王埋韩冯（古同"凭"）夫妇，宿夕文梓生。有鸳鸯，雌雄各一，恒栖树上，晨夕交颈，音声感人。"干宝非常会讲故事，他在这个简单记载的基础上进一步塑造出了宋康王和何氏的生动形象。宋康王是历史上著名的暴君，从史书上对他的种种荒淫无道的记载来看，他对下属美貌妻子的垂涎和占有很可能是真实发生过的。干宝通过叙事的层层堆叠，让我们深刻感受到这个暴君狂横、无耻又愚蠢的形象。他仅仅因为看到何氏美貌，便动用权力拆散韩凭夫妇，蛮横地将其占有以满足私欲，进而对韩凭进行囚禁和迫害。而面对韩凭夫妇二人恳求死后合葬的遗愿时，他不但命人将他们遥遥相望地埋葬，更恶毒地宣称："尔夫妇相爱不已，若能使冢合，则吾弗阻也。"如果说宋康王看不懂何氏的"其雨淫淫，河大水深，日出当心"是因为愚蠢，那么他最终这一得意洋洋的诅咒更是使我们看到了他荒淫愚蠢之外的毫无人性以及手握权势的自我陶醉。

宋康王的所有行为无不是一个爱情毁灭者的形象，企图用凶恶和强权把人类最美好的情感撕毁。但是他低估了爱情那不可战胜的神奇力量。文中爱情的守护者何氏秀外慧中，她给丈夫写信时以隐语避开宋康王的监视。"其雨淫淫，河大水深，日出当心。”既表达了深切的思念，又表明了赴死的志愿。更令人感动的是，她深信自己与丈夫之间的相濡以沫和情深义重。果然韩凭心有灵犀，殉情先死。而聪明的何氏在宋康王的严密监视下，依旧进行了充分的准备和谋划。她事先“阴腐其衣”，才能在跳台自尽时“左右揽之，衣不中手而死”。这个年轻美丽又富有智慧的女子，动用她全部的心力，追随爱情坚定又从容地奔赴另一个世界，丝毫不为权势所动。用自己的生命扯掉了上位者自以为是的遮羞布，而这应该也是宋康王愤怒和报复的原因。

故事的最后，墓生文梓，合根而抱，树栖鸳鸯，交颈悲鸣，这一情节与汉乐府诗《孔雀东南飞》的结尾非常相似：“两家求合葬，合葬华山傍。东西植松柏，左右种梧桐。枝枝相覆盖，叶叶相交通。中有双飞鸟，自名为鸳鸯，仰头相向鸣，夜夜达五更。”连理枝、比翼鸟是汉魏之际民间广泛的传说，但是与焦氏夫妇最终合葬墓上的树禽相比，韩凭夫妇墓上隔空而生的文梓树更像是一把冲破暴君阻隔的爱情的利剑，鸳鸯鸟更像是一种象征爱情不可战胜的神圣图腾，它们闪耀着更加强烈的反抗精神，并且向世人宣告：强权永远无法打败爱情，无论生死。（**凤轶群导读**）

原文

韩凭妻

宋康王舍人韩凭[1]娶妻何氏，美，康王夺之。凭怨，王囚之，论为城旦[2]。妻密遗凭书，缪其辞曰[3]：“其雨淫淫，河大水深，日出当心[4]。”既而王得其书，以示左右，左右莫解其意。臣苏贺对曰：“‘其雨淫淫’，言愁且思也；‘河大水深’，不得往来也。‘日出当心’，心有死志也。”俄而凭乃自杀。其妻乃阴腐其衣[5]。王与之登台，妻遂自投台，左右揽之，衣不中手而死[6]。遗书于带曰[7]：“王利其生，妾利其死。愿以尸骨，赐凭合葬。”王怒，弗听。使里人埋之[8]，冢相望也。王曰：“尔夫妇相爱不已，若能使冢合，则吾弗阻也。”宿昔之间[9]，便有大梓木，生于二冢之端，旬日而大盈抱[10]，屈体相就，根交于下，枝错于上。又有鸳鸯，雌雄各一，恒栖树上，晨夕不去，交颈悲鸣，音声感人。宋人哀之，遂号其木曰：“相思树”。“相思”之名，起于此也。南人谓此禽即韩凭夫妇之精魂。今睢阳有韩凭城[11]，其歌谣至今犹存焉[12]。

注释

［1］宋康王：战国末年宋国国君。名偃，耽于酒色，在位44年。舍人：官职名。战国时及汉初，王公大臣左右皆有舍人，类似门客。

［2］论：定罪。城旦：一种刑罚，受刑者白天防备敌寇，夜晚筑城。文中指去城外作劳役。

［3］缪：同“谬”。缪其辞，此指使语句的含义隐晦曲折。

［4］当：正照着。此句说对着太阳发誓，表示决心自杀。

［5］阴腐其衣：暗地里使自己的衣服腐蚀。

［6］衣不中手：衣服经不住手拉拽。因已“阴腐其衣”的缘故。

［7］遗书：留言。带：衣带。

［8］里人：韩凭夫妇同里之人。

［9］宿昔：一个夜晚。指很短的时间。

［10］盈抱：双臂搂不住。盈，超过。

［11］睢阳：宋国都城，今河南省商丘市。

［12］歌谣：《彤管集》载：“韩凭为宋康王舍人，妻何氏美，王欲之，捕舍人筑青陵之台。何氏作《乌鹊歌》以见志：‘南山有乌，北山张罗。乌自高飞，罗当奈何！乌鹊双飞，不乐凤凰。妾是庶人，不乐宋王。’遂自缢。”所说“歌谣”，可能是指这一类而言。

作者简介

干宝（？—336），字令升，汝南郡新蔡县（今河南省新蔡县）人。东晋文学家、史学家。父为东吴丹阳丞干莹。干宝自幼博览群书，出仕后曾担任佐著作郎。东晋建立后，负责国史《晋纪》的撰写。后经王导提拔为司徒右长史，升任散骑常侍。干宝学识渊博，著述宏富，横跨经、史、子、集四部，是魏晋时期的通才。后人已收集到的干宝著作达26种，近200卷，其中志怪小说集《搜神记》在中国小说史上有着极其深远的影响。

名家点评

章培恒、骆玉明《中国文学史》：“其文字简洁质朴，有魏晋史家之文的特征。”

6. 镜子里的曲折离奇

——王度《古镜记》赏析

导读

当前，一些年轻朋友受日本动漫的影响，对日本的一些妖怪比较熟悉，却忽视了中国古典小说中曾经更早繁盛并持久发展过的志怪传统，更不知道它甚至是日本妖怪们的最早来源。其中《古镜记》通过一面照妖镜反映了中国早期光怪陆离的志怪传统。

《古镜记》是现存最早的几篇唐人小说之一，它上接六朝志怪之余绪，下开唐人传奇的先河，是承前启后的经典之作，也是唐代早期小说的代表。第一视角的介入以及后续视角的灵活转换，让我们看到了中国古典小说继魏晋志怪小说后长足的发展。此前的小说中，中国小说作品基本采用全知叙事视角。而王度在《古镜记》中以第一人称书写自己的所见所闻，突破了前代小说全知叙事的樊篱。小说刚开始就像一部电影拉开序幕，年老的王度在失去古镜后，以第一视角缓缓展开回忆，追叙他的古镜奇缘，叙述古镜诛灭狸妖、随日月转换明暗的故事，随后叙述视角又暂时转为家奴豹生，追述古镜来历以及对古镜归属的预卜，巧妙地把作者以第一视角本无法掌握的信息披露出来。此三个故事之后，叙事角度再次转换为王度之弟王勣，他于大业十年（614）弃官归家，准备云游四方。临行之时向王度借得古镜，直到“大业十三年夏六月，始归长安，以镜归”。并从王勣的视角向哥哥叙述了出游三年里在古镜的保护下驱妖伏魔、逢凶化吉的种种奇事，并再次作出了古镜归属的预言。最后，王勣还镜于王度，故事再次切回作者的第一视角：七月十五日，古镜于“匣中悲鸣，其声纤远……开匣视之，即失镜矣”。故事情节自然而然地与文首的回忆形成闭环。隋唐之前的中国古典小说处于发展时期，多为几百字左右的短小叙事。对于《古镜记》这样以时间为序、单线发展的较长篇幅作品，通过视角的多重切换能够避免叙事的单调，从而将故事构筑得跌宕起伏、曲折离奇，让中国古典小说呈现出小说本身摄人心魄、悦人心性的审美风貌。

从思想内容上来说，作者王度以第一人称入文，本就是通过小说对当时世态进行种种投射。故事开始的大业七年，正是隋炀帝杨广滥征徭役、荒淫无度，而农民起义风起云涌的年代。作者于乱世中抱持一种矛盾的心态，一方面同情百姓疾苦，另一方面又希望能够挽救隋王朝于沉沦。所以故事中的古镜时而替百姓灭灾、拯救人民于水火，时而又剪除妖异、平定由农民起义而造成的丧乱。只是当作者驰骋的想象归于现实，他终于意识到政治理想永远无法实现，万能的宝镜也只能存在于幻想之中，于是在小说结尾安排了宝镜消失的情节。显然，这与魏晋六朝志怪小说中的谈鬼神、论因果不同，古镜作为一种政治理想的象征存在于作品中，而它的一切曲折离奇，到最终的悲鸣离去，都暗合着那段乱世的风云和湮灭。（**凤轶群导读**）

原文

古镜记

隋汾阴侯生[1]，天下奇士也。王度常以师礼事之。临终，赠度以古镜，曰：“持此则百邪远人。”度受而宝之。镜横径八寸，鼻作麒麟蹲伏之象[2]。绕鼻列四方，龟龙凤虎，依方陈布。四方外又设八卦，卦外置十二辰位[3]而具畜焉[4]。辰畜之外[5]，又置二十四字，周绕轮廓。文体似隶，点画无缺，而非字书所有也[6]。侯生云：“二十四气之象形[7]。”承日照之，则背上文画，墨入影内，纤毫无失。举而扣之，清音徐引，竟日方绝。嗟乎，此则非凡镜之所同也，宜其见赏高贤，自称灵物。侯生常云：“昔者吾闻黄帝铸十五镜。其第一横径一尺五寸，法满月之数也。以其相差，各校一寸。此第八镜也。”虽岁祀攸远，图书寂寞[8]，而高人所述，不可诬矣。昔杨氏纳环[9]，累代延庆。张公丧剑[10]，其身亦终。今度遭世扰攘[11]，居常郁快，王室如毁，生涯何地。宝镜复去，哀哉！今具其异迹，列之于哀哉后。数千载之下，倘有得者，知其所由耳。

大业七年五月[12]，度自御史罢归河东[13]，适遇侯生卒而得此镜。至其年六月，度归长安。至长乐坡，宿于主人程雄家。雄新受寄一婢，颇甚端丽，名曰“鹦鹉”。度既税驾[14]，将整冠履，引镜自照。鹦鹉遥见，即便叩头流血云：“不敢住。”度因召主人问其故，雄云：“两月前，有一客携此婢从东来。时婢病甚，客便寄留，云还日当取。比不复来[15]，不知其婢由也。”度疑精魅[16]，引镜逼之。便云：“乞命。”即变形。度即掩镜曰：“汝先自叙，然后变形，当舍汝命。”婢再拜，自陈云：“某是华山府君庙前长松下千岁老狸，大行变惑，罪合至死。遂为府君捕逐，逃于河渭之间。为下邽陈思恭义女[17]，蒙养甚厚。嫁鹦鹉与同乡人柴华。鹦鹉与华意不相惬，逃而东出韩城县，为行人李无傲所执。无傲，粗暴丈夫也，遂劫鹦鹉游行数岁。昨随至此，忽尔见留。不意遭逢天镜，隐形无路。”度又谓曰：“汝本老狸，变形为人，岂不害人也？”婢曰：“变形事人，非有害也。但逃匿幻惑，神道所恶，自当至死耳。”度又谓曰：“欲舍汝可乎？”鹦鹉曰：“辱公厚赐，岂敢忘德。然天镜一照，不可逃形。但久为人形，羞复故体。愿缄于匣，许尽醉而终。”度又谓曰：“缄镜于匣，汝不逃乎？”鹦鹉笑曰：“公适有美言，尚许相舍。缄镜而走，岂不终恩。但天镜一临，窜迹无路，惟希数刻之命，以尽一生之欢耳。”度登时为匣镜，又为致酒。悉召雄家邻里，与宴谑，婢顷大醉。奋衣起舞而歌曰：“宝镜宝镜，哀哉予命。自我离形，于今几姓[18]。生虽可乐，死必不伤。何为眷恋，守此一方。”歌讫，再拜，化为老狸而死，一座惊叹。

大业八年，四月一日，太阳亏[19]。度时在台直[20]，昼卧厅阁。觉日渐昏。诸吏告度以日蚀甚。整衣时，引镜出，自觉镜亦昏昧，无复光色。度以宝镜之作，合于阴阳光景之妙。不然，岂合以太阳失曜而宝镜亦无光乎？叹怪未已，俄而光彩出，日亦渐明。比及日复，镜亦精朗如故。自此之后，每日月薄蚀[21]，镜亦昏昧。

其年八月十五日，友人薛侠者获一铜剑长四尺，剑连于靶，靶盘龙凤之状，左文如火焰[22]，右文如水波。光彩灼烁，非常物也。侠持过度曰：“此剑侠常试之，每月十五日天地清朗，置之暗室，自然有光，傍照数丈，侠持之有日月矣。明公好奇爱古[23]，如饥如渴，愿与君今夕一试。”度喜甚。其夜果遇天地清霁，密闭一室，无复脱隙，与侠同宿。度亦出宝镜，置于座侧。俄而镜上吐光，明照一室。相视如昼。剑横其侧，无复光彩。侠大惊曰：“请内镜于匣。”度从其言。然后剑乃吐光，不过一二尺耳。侠抚剑叹曰：“天下神物，亦有相伏之理也。”是后每至月望[24]，则出镜于暗室，光尝照数丈。若月影入室，则无光也。岂太阳太阴之耀[25]，不可敌也乎。

其年冬，兼著作郎[26]。奉诏撰国史，欲为苏绰立传[27]。度家有奴曰豹生年七十矣，本苏氏部曲[28]。频涉史传，略解属文。见度传草，因悲不自胜。度问其故，谓度曰：“豹生常受苏公厚遇，今见苏公言验，是以悲耳。郎君所有宝镜，是苏公友人河南苗季子所遗苏公者[29]，苏公爱之甚。苏公临亡之岁，戚戚不乐。常召苗生谓曰：‘自度死日不久，不知此镜当入谁手。今欲以蓍筮一卦[30]，先生幸观之也。’便顾豹生取蓍，苏公自揲布卦[31]。卦讫，苏公曰：‘我死十余年，我家当失此镜，不知所在。然天地神物，动静有征。今河汾之间，往往有宝气与卦兆相合，镜其往彼乎。’季子曰：‘亦为人所得乎？’苏公又详其卦云：‘先入侯家，复归王氏。过此以往，莫知所之也。’”豹生言讫涕泣。度问苏氏，果云旧有此镜。苏公薨后，亦失所在，如豹生之言。故度为苏公传，亦具言其事于末篇。论苏公蓍筮绝伦，默而独用，谓此也。

大业九年正月朔旦[32]，有一胡僧行乞而至度家。弟勣出见之[33]，觉其神采不俗，更邀入室，而为具食。坐语良久，胡僧谓勣曰：“檀越家似有绝世宝镜也[34]，可得见耶?”勣曰：“法师何以得知之?”僧曰：“贫道受明录秘术[35]，颇识宝气。檀越宅上，每日常有碧光连日，绛气属月，此宝镜气也。贫道见之两年矣。今择良日，故欲一观。”勣出之，僧跪捧欣跃。又谓勣曰：“此镜有数种灵相，皆当未见。但以金膏涂之，珠粉拭之，举以照日，必影彻墙壁。”僧又叹息曰：“更作法试，应照见腑脏，所恨卒无药耳。但以金烟薰之，玉水洗之，复以金膏珠粉，如法拭之，藏之泥中，亦不晦矣。”遂留金烟玉水等法，行之无不获验。而胡僧遂不复见。

其年秋，度出兼芮城令[36]。令厅前有一枣树围可数丈，不知几百年矣。前后令至，皆祠谒此树，否则殃祸立及也。度以为妖由人兴，淫祀宜绝[37]。县吏皆叩头请度，度不得已，为之以祀。然阴念此树当有精魅所托[38]，人不能除，养成其势。乃密悬此镜于树之间。其夜二鼓许，闻其厅前磊落有声，若雷霆者。遂起视之，则风雨晦暝，缠绕此树，雷光晃耀，忽上忽下。至明，有一大蛇，紫鳞赤尾，绿头白角，额上有王字。身被数创，死于树。度便下收镜，命吏出蛇，焚于县门外。仍掘树，树心有一穴，于地渐大，有巨蛇蟠泊之迹。既而坟之，妖怪遂绝。

其年冬，度以御史带芮城令，持节河北道[39]，开仓粮，赈给陕东。时天下大饥，百姓疾病，蒲陕之间，疠疫尤甚。有河北人张龙驹，为度下小吏。其家良贱数十口，一时遇疾。度悯之，赍此入其家，使龙驹持镜夜照。诸病者见镜，皆惊起云："见龙驹持一月来相照，光阴所及，如冰著体。冷彻腑脏。"即时热定，至晚并愈。以为无害于镜，而所济于众。令密持此镜，遍巡百姓。其夜，镜于匣中泠然自鸣，声甚彻远，良久乃止。度心独怪。明早，龙驹来谓度曰："龙驹昨忽梦一人，龙头蛇身，朱冠紫服。谓龙驹：'我即镜精也，名曰紫珍。常有德于君家，故来相托。为我谢王公。百姓有罪，天与之疾，奈何使我反天救物？且病至后月，当渐愈，无为我苦。'"度感其灵怪，因此志之。至后月，病果渐愈，如其言也。

大业十年，度弟勣，自六合丞弃官归[40]。又将遍游山水，以为长往之策。度止之曰："今天下向乱，盗贼充斥，欲安之乎？且吾与汝同气[41]，未尝远别。此行也，似将高蹈[42]。昔尚子平游五岳[43]，不知所之。汝若追踵前贤[44]，吾所不堪也。"便涕泣对勣。勣曰："意已决矣，必不可留。兄今之达人[45]，当无所不体。孔子曰：'匹夫不夺其志矣。'人生百年，忽同过隙[46]。得情则乐，失志则悲。安遂其欲，圣人之义也。"度不得已，与之决别，勣曰："此别也，亦有所求。兄所宝镜，非尘俗物也。勣将抗志云路，栖踪烟霞[47]，欲兄以此为赠。"度曰："吾何惜于汝也。"即以与之。勣得镜遂行，不言所适[48]。

至大业十三年夏六月，始归长安，以镜归。谓度曰："此镜真宝物也。辞兄之后，先游嵩山少室[49]。降石梁，坐玉坛。属日暮[50]，遇一嵚岩。有一石堂可容三五人，勣栖息止焉。月夜二更后，有两人，一貌胡，须眉皓而瘦，称山公。一面阔，白须眉长，黑而矮，称毛生，谓勣曰：'何人斯居也？'勣曰：'寻幽探穴访奇者。'二人坐与勣谈久，往往有异义出于言外。勣疑其精怪，引手潜后，开匣取镜。镜光出而二人失声俯伏。矮者化为龟，胡者化为猿。悬镜至晓，二身俱殒。龟身带绿毛，猿身带白毛。即入箕山，渡颍水。历太和[51]，视玉井。井傍有池，水湛然绿色。问樵夫，曰：'此灵湫耳[52]，村闾每八节祭之[53]，以祈福佑。若一祭有阙，即池水出黑云大雹，浸堤坏阜。'勣引镜照之，池水沸涌，有雷如震。忽尔池水腾出，池中不遗涓滴。可行二百余步，水落于地。有一鱼，可长丈余，粗细大于臂。首红额白，身作青黄间色，无鳞有涎，龙形蛇角。嘴尖，状如鲟鱼，动而有光。在于泥水，困而不能远去。勣谓鲛也[54]，失水而无能为耳。刃而为炙，甚膏[55]有味，以充数朝口腹。遂出于宋汴[56]。汴主人张琦家有女子患。入夜，哀痛之声，实不堪忍。勣问其故，病来已经年岁，白日即安，夜常如此。勣停一宿，及闻女子声，遂开镜照之。痛者曰：'戴冠郎被杀。'其病者床下，有大雄鸡死矣，乃是主人家七八岁老鸡也。

"游江南。将渡广陵扬子江，忽暗云覆水，黑风波涌，舟子失容，虑有覆没。勣携镜上舟，照江中数步，明朗彻底，风云四敛，波涛遂息。须臾之间，达济天堑。跻摄山[57]，趋芳岭。或攀绝顶，或入深洞。逢其群鸟环人而噪，数熊当路而蹲，以镜挥之，熊鸟奔骇。是时利涉浙江[58]，遇潮出海。涛声振吼，数百里而闻。舟人曰：'涛既近，未可渡南。若不回舟，吾辈必葬鱼腹。'勣出镜照，江波不进，屹如云立。四面江水豁开五十余步。水渐清浅，鼋鼍散走[59]。举帆翩翩，直入南浦。然后却视，涛波洪涌，高数十丈，而至所渡之所也。遂登天台[60]，周览洞壑。夜行佩之山谷，去身百步，四面光彻，纤微皆见。林间宿鸟，惊而乱飞。

"还履会稽[61]。逢异人张始鸾，授勣《周髀》《九章》及明堂、六甲之事[62]。与陈永同归，更游豫章。见道士许藏秘，云是旌阳七代孙[63]，有咒登刀履火之术，说妖怪之次。更言丰城县仓督李慎家[64]有三女遭魅病，人莫能识。藏秘疗之无效。勣故人曰赵丹有才器，任丰城县尉，勣因过之[65]。丹命祗承人指勣停处[66]。勣谓曰：'欲得仓督李敬慎家居止。'丹遽命敬为主礼。勣问其故，敬曰：'三女同居堂内阁子，每至日晚，即靓妆炫服[67]。黄昏后，即归所居阁子，灭灯烛。听之，窃与人言笑声，及至晓眠。非唤不觉，日日渐瘦，不能下食。制之不令妆梳，即欲自缢投井。无奈之何？’勣谓敬曰：‘引示阁子之处。’其阁东有窗，恐其门闭固而难启，遂昼日先刻断窗棂四条，却以物支柱之如旧。至日暮，敬报勣曰：‘妆梳入阁矣。’至一更，听之，言笑自然。勣拔窗棂子，持镜入阁照之。三女叫云：‘杀我婿也。’初不见一物，悬镜至明，有一鼠狼。首尾长一尺三四寸，身无毛齿。有一老鼠，亦无毛齿，其肥大可重五斤。又有守宫[68]，大如人手。身披鳞甲，焕烂五色，头上有两角，长可半寸，尾长五寸已上，尾头一寸色白，并于壁孔前死矣。从此疾愈。

“其后寻真至庐山[69]，婆娑数月[70]。或栖息长林，或露宿草莽。虎豹接尾，豺狼连迹。举镜视之，莫不窜伏。庐山处士苏宾，奇识之士也。洞明易道，藏往知来。谓勣曰：‘天下神物，必不久居人间。今宇宙丧乱，他乡未必可止。吾子此镜尚在，足以自卫[71]，幸速归家乡也。’勣然其言，即时北归，便游河北。夜梦镜谓勣曰：‘我蒙卿兄厚礼，今当舍人间远去，欲得一别，卿请早归长安也。’勣梦中许之。及晓，独居思之，恍恍发悸。即时西首秦路[72]。今既见兄，勣不负诺矣，终恐此灵物亦非兄所有。”数月，勣还河东。

大业十三年七月十五日，匣中悲鸣，其声纤远，俄而渐大，若龙咆虎吼，良久乃定。开匣视之，即失镜矣。

注释

[1] 汾阴：地名，因在汾水之南而得名，在今山西省万荣县。

[2] 鼻：镜鼻，镜子的把手。

[3] 十二辰位：即十二生辰之位。

[4] 具畜：全都配有动物。

[5] 辰畜：十二生辰及其相对的动物。

[6] 字书：即古代的字典。这也就是说无法辨认这些字形。

[7] 二十四气：即二十四节气。

[8] 岁祀攸远，图书寂寞：年代久远，书籍也不见记载。

[9] 杨氏纳环：东汉时人杨宝在九岁时曾救过一只受伤的黄雀，后梦一黄衣童子，以四个白环相赠，说它是西王母的使者，为报救命之恩，会让他子孙显贵，后果然应验。

[10] 张公丧剑：西晋人张华，一次看到天上有紫气，问朋友雷焕，雷焕说是丰城地下宝剑的剑气，后果从丰城得到了龙泉与太阿两把宝剑，张华得其一。至张华被赵王伦所杀，剑即不知去向。

[11] 今度遭世扰攘：现在我王度遭遇许多艰难世事。

[12] 大业：隋炀帝年号（605—618）。

[13] 河东：地名，今山西省永济市。

[14] 税驾：即解驾，停车。税，通“脱”。

[15] 比：近来。

[16] 精魅：妖物。

[17] 下邽：地名，在今陕西省渭南市东北。

[18] 几姓：指换了几个朝代。

[19] 太阳亏：即日蚀。

[20] 台直：在御史台值宿。

[21] 日月薄蚀：薄为日月的全食与环食；蚀为其偏食。

[22] 文：即“纹”。

[23] 明公：对权贵长官的尊称。

[24] 望：阴历每月的十五日。

[25] 太阴：月亮。

[26] 著作郎：官名，专掌国史的编纂。

[27] 苏绰：北朝政治家、文人。

[28] 部曲：豪门大族的私人军队。

[29] 遗（wèi）：赠送。

[30] 蓍筮（shī shì）：蓍是一种草，古人用来算卦；而筮就是用蓍占卜的过程。

[31] 揲（shé）：分合蓍草的动作。

[32] 朔：阴历每月的初一。

[33] 勣（jì）：即王绩，王度之弟，唐初著名的隐逸诗人，有《王无功文集》。

[34] 檀越：梵语，即施主。

[35] 明录：佛家的符箓。

[36] 芮城令：芮城的县令。芮城即今山西省芮城县。

[37] 淫祀：古代对不正当祭祀的称呼。

[38] 阴念：暗地里想。

[39] 持节：皇帝所派特使所持的证物。

[40] 六合丞：六合，今江苏省南京市六合区。丞，县令副职。

[41] 同气：指同胞兄弟。

[42] 高蹈：指隐居。

[43] 尚子平：当为向子平，东汉人。其读《易经》，忽然长叹曰：“吾已知富不如贫，贵不如贱，但未知死何如生耳？”然后便游五岳而去，不知所终。

[44] 追踵：追随。踵，脚后跟。

[45] 达人：旷达的人。

[46] 忽同过隙：快得如同白驹过隙一样。

[47] 抗志云路，栖踪烟霞：都是说他有隐居的志向。

[48] 不言所适：不说到哪里去。

[49] 少室：山峰名，在嵩山西面。

[50] 属日暮：快到天黑的时候。

[51] 太和：地名，在今安徽省。

[52] 湫：水潭。

[53] 八节：即立春、立夏、立秋、立冬、春分、秋分、夏至、冬至八个节气。

[54] 鲛：通“蛟”，古代传说中龙的一种。

[55] 甚膏：油很多。

[56] 宋汴：两地名。宋即今河南省商丘市，汴即今河南省开封市。

[57] 跻：攀登。摄山：即栖霞山，在江苏省南京市栖霞区。

[58] 利涉：顺利渡河。

[59] 鼋鼍（yuán tuó）：中国神话传说中指巨鳖和猪婆龙（扬子鳄）。《国语·晋语九》：“鼋鼍鱼鳖，莫不能化。”王安石《金山寺》诗：“扣栏出鼋鼍，幽姿可时睹。”孙枝蔚《金山》（其一）：“僧老鼋鼍大，钟残鼓角哀。”

[60] 天台：即天台山，在浙江省天台县北。

[61] 会稽：隋时县名，今浙江省绍兴市。

[62]《周髀》：指《周髀算经》。《九章》：指《九章算术》。两者均为古代数学著作。明堂、

六甲：均为古代五行方术之一，即算命看风水之类。

[63] 旌阳：晋朝人许逊曾做过旌阳县令，故世称之为许旌阳。传说他曾学得仙术，后来白日飞升。

[64] 仓督：主管粮仓的官吏。

[65] 过：拜访。

[66] 祗承人：即仆人。祗，恭敬之意。

[67] 靓：打扮。

[68] 守宫：即壁虎，因它经常守伏在屋檐等处捕食虫蛾，故得名。

[69] 寻真：寻访仙人。

[70] 婆娑：此指流连。

[71] 足以自卫：足以保护自己。

[72] 西首秦路：西首，向西走。秦路，即陕西一带，这里代指长安。

作者简介

王度，隋末唐初文学家。绛州龙门（今山西省河津市）人。隋末大儒王通、诗人王绩之兄。曾任御史、著作郎、芮城令。有志怪小说《古镜记》传世。

名家点评

汪辟疆《唐人小说》："古今小说纪镜异者，此为大观矣。其事有无，姑勿论。即观其侈陈灵异，辞旨诙诡，后人摹拟，汗流莫及。上承六朝志怪之余风，下开有唐藻丽之新体，洵唐人小说之开山也。"

7. 梦里不知身是客

——李公佐《南柯太守传》赏析

导读

中国文学中爱用梦境来形容人生。这是因为梦境的似真似幻、变幻莫测和人生命运的起伏跌宕、难以捉摸，大梦初醒的怅然若失和暮年回首的唏嘘慨叹无尽贴合。

提到中国文学中最著名的梦境，莫过于南柯一梦。这个故事已成为著名成语，用来形容人生的无常、富贵的虚妄，如同元曲名家马致远所说："穷通皆命也。得又何欢，失又何愁，恰似南柯一梦。"但是成语的出处——唐传奇中的传世名篇《南柯太守传》，传达给我们的其实远远不止浮生若梦、富贵无常的佛老宿命观。

故事中大梦一场的主角淳于棼是将门之后，本来家境富足，却因为自身的酗酒放荡、不更世事导致丢官败家、落魄度日。就是这样一个人，在醉后的梦中靠所谓父亲的机缘在槐安国飞黄腾达起来。不仅当上了驸马，更被委任为南柯郡太守；就连他的酒友周弁和田子华也鸡犬升天、身居要职，帮助他打理政务。主理南柯郡的二十年中，淳于棼万事顺遂，政事通达，备受百姓爱戴；与公主妻子恩爱不疑，生下五男二女，家族兴旺。这时的淳于棼，所行之处皆是鲜花掌声，所交之人皆是达官显贵。得到一切都那么轻而易举，轻易到让人感到一种如梦似幻的荒诞。从淳于棼初见蚁王时的惊慌失措，到婚礼前夜与女客们的虚与委蛇，再到与公主举行婚礼时的惴惴不安，我们可以看出这个人的才能、人品无一能够匹配他所得到的一切。果然，随着战争失利、公主病死，淳于棼一夜之间从权势的顶峰上重重跌落。国王猜忌他"久镇外藩，结好中国"，"交游宾从，威福日盛"，直至最后被遣返还乡、南柯梦碎，逐渐向读者揭开美梦的面纱：淳于棼之流的成功与败落，无不是官场间的裙带势力的相互争夺和倾轧，与个人的才学与德行没有丝毫关系。再回头看，现实如梦境一般荒唐，梦境逼真如同现实，倏然一生，真幻莫辨。

南柯一梦的写就，其实有着非常现实的社会背景。唐代安史之乱后，有识之士希望借助孔孟之道恢复唐王朝专制统治的辉煌。但在藩镇割据、宦官专权和朋党之争的政坛阴影之下，眼见“贵极禄位，权倾国都”的社会蠹虫越来越多，李公佐也只能通过写《南柯一梦》，借李肇所作的赞语高声痛骂：“达人视此，蚁聚何殊。”在他看来，此时的唐王朝的庙堂正像一个巨大的蚁窟，那些通过政治权斗、裙带互利获得高官厚禄的碌碌无为之徒便如蚁聚。对于庸碌之人来说，一切都是漂浮不定的，像梦一样来无影去无踪，富贵显达是梦，朝不保夕也是梦。今天我们再重读此文，不由感慨梦里不知身是客的同时，梦外的我们却要在世上一步一个脚印、踏踏实实地走好每一步。（凤轶群导读）

原文

南柯太守传

东平淳于棼[1]，吴楚游侠之士，嗜酒使气[2]，不守细行，累巨产，养豪客。曾以武艺补淮南军裨将[3]，因使酒忤帅，斥逐落魄，纵诞饮酒为事。家住广陵郡东十里，所居宅南有大古槐一株，枝干修密，清阴数亩，淳于生日与群豪大饮其下。唐贞元七年九月[4]，因沉醉致疾，时二友人于坐扶生归家，卧于堂东庑之下[5]。二友谓生曰：“子其寝矣，余将秣马濯足[6]，俟子小愈而去。”

生解巾就枕，昏然忽忽，仿佛若梦。见二紫衣使者，跪拜生曰：“槐安国王遣小臣致命奉邀[7]。”生不觉下榻整衣，随二使至门。见青油小车，驾以四牡，左右从者七八，扶生上车，出大户，指古槐穴而去，使者即驱入穴中。生意颇甚异之，不敢致问。忽见山川风候，草木道路，与人世甚殊。前行数十里，有郛郭城堞[8]，车舆人物，不绝于路。生左右传车者传呼甚严[9]，行者亦争辟于左右[10]。又入大城，朱门重楼，楼上有金书，题曰“大槐安国”。执门者趋拜奔走。旋有一骑传呼曰：“王以驸马远降，令且息东华馆。”因前导而去。

俄见一门洞开，生降车而入。彩槛雕楹，华木珍果，列植于庭下；几案茵褥，帘帏肴膳，陈设于庭上。生心甚自悦。复有呼曰：“右相且至。”生降阶祗奉[11]。有一人紫衣象简前趋[12]，宾主之仪敬尽焉。右相曰：“寡君不以弊国远僻，奉迎君子，托以姻亲。”生曰：“某以贱劣之躯，岂敢是望。”右相因请生同诣其所。行可百步，入朱门，矛戟斧钺，布列左右，军吏数百，辟易道侧[13]。生有平生酒徒周弁者，亦趋其中。生私心悦之，不敢前问。

右相引生升广殿，御卫严肃，若至尊之所[14]。见一人长大端严，居王位，衣素练服，簪朱华冠。生战栗，不敢仰视。左右侍者令生拜，王曰：“前奉贤尊命[15]，不弃小国。许令次女瑶芳奉事君子。”生但俯伏而已，不敢致词。王曰：“且就宾宇，续造仪式[16]。”有旨，右相亦与生偕还馆舍。生思念之，意以为父在边将，因殁虏中[17]，不知存亡。将谓父北蕃交逊[18]，而致兹事[19]，心甚迷惑，不知其由。

是夕，羔雁币帛[20]，威容仪度，妓乐丝竹，殽膳灯烛，车骑礼物之用，无不咸备。有群女，或称华阳姑，或称青溪姑，或称上仙子，或称下仙子，若是者数辈，皆侍从数十，冠翠凤冠，衣金霞帔，彩碧金钿[21]，目不可视。遨游戏乐，往来其门，争以淳于郎为戏弄。风态妖丽，言词巧艳，生莫能对。

复有一女谓生曰：“昨上巳日[22]，吾从灵芝夫人过禅智寺，于天竺院观石延舞婆罗门[23]，吾与诸女坐北牖石榻上[24]。时君少年，亦解骑来看，君独强来亲洽，言调笑谑。吾与琼英妹结绛巾，挂于竹枝上，君独不忆念之乎？又七月十六日，吾于孝感寺侍上真子，听契玄法师讲《观音经》。吾于讲下舍金凤钗两只[25]，上真子舍水犀合子一枚，时君亦讲筵中，于师处请钗合视之，赏叹再三，嗟异良久。顾余辈曰：‘人之与物，皆非世间所有。’或问吾氏，或访吾里[26]，吾亦不答。情意恋恋，瞩盼不舍。君岂不思念之乎？”生曰：“中心藏之，何日忘之。”群女曰：“不意今日与君为眷属。”

复有三人，冠带甚伟，前拜生曰：“奉命为驸马相者[27]。”中一人，与生且故，生指曰：“子非冯翊田子华乎[28]？”田曰：“然。”生前，执手叙旧久之。生谓曰：“子何以居此？”子华曰：“吾放游，获受知于右相武成侯段公，因以栖托[29]。”生复问曰：“周弁在此，知之乎？”子华曰：“周生贵人也，职为司隶[30]，权势甚盛，吾数蒙庇护。”言笑甚欢，俄传声曰：“驸马可进矣。”三子取剑佩冕服更衣之。子华曰：“不意今日获睹盛礼。无以相忘也。”有仙姬数十，奏诸异乐，婉转清亮，曲调凄悲，非人间之所闻听。有执烛引导者亦数十，左右见金翠步障[31]，彩碧玲珑，不断数里。生端坐车中，心意恍惚，甚不自安，田子华数言笑以解之。向者群女姑娣，各乘凤翼辇，亦往来其间。至一门，号修仪宫，群仙姑姊，亦纷然在侧。令生降车辇拜，揖让升降，一如人间。撤障去扇，见一女子，云号金枝公主，年可十四五，严若神仙。交欢之礼，颇亦明显。

生自尔情义日洽，荣曜日盛，出入车服，游宴宾御，次于王者。王命生与群僚备武卫，大猎于国西灵龟山。山阜峻秀，川泽广远，林树丰茂，飞禽走兽，无不蓄之。师徒大获[32]，竟夕而还。生因他日启王曰：“臣顷结好之日，大王云奉臣父之命。臣父顷佐边将，用兵失利，陷没胡中，尔来绝书信十七八岁矣。王既知所在，臣请一往拜觐。”王遽谓曰：“亲家翁职守北上，信问不绝。卿但具书状知闻，未用便去。”遂命妻致馈贺之礼，一以遣之[33]。数夕还答。生验书本意，皆父平生之迹，书中忆念教诲，情意委曲，皆如昔年。复问生亲戚存亡，闾里兴废。复言路道乖远，风烟阻绝，词意悲苦，言语哀伤，又不令生来觐。云岁在丁丑，当与女相见。生捧书悲咽，情不自堪。

他日，妻谓生曰：“子岂不思为政乎？”生曰：“我放荡不习政事。”妻曰：“卿但为之，余当奉赞。”妻遂白于王。累日，谓生曰：“吾南柯政事不理，太守黜废，欲借卿才，可曲屈之。便与小女同行。”生敦授教命。王遂敕有司备太守行李[34]，因出金玉锦绣，箱奁仆妾车马列于广衢，以饯公主之行。生少游侠，曾不敢有望，至是甚悦。因上表曰：“臣将门余子，素无艺术[35]。猥当大任[36]，必败朝章[37]。自悲负乘[38]，坐致覆餗[39]。今欲广求贤哲，以赞不逮。伏见司隶颍川周弁[40]忠亮刚直，守法不回[41]，有毗佐之器[42]。处士冯翊田子华[43]清慎通变[44]，达政化之源。二人与臣有十年之旧，备知才用，可托政事。周请署南柯司宪[45]，田请署司农，庶使臣政绩有闻，宪章不紊也[46]。”王并依表以遣之。

其夕，王与夫人饯于国南[47]。王谓生曰："南柯国之大郡，土地丰壤[48]，人物豪盛，非惠政不能以治之，况有周田二赞，卿其勉之，以副国念。"夫人戒公主曰："淳于郎性刚好酒，加之少年，为妇之道，贵乎柔顺，尔善事之，吾无忧矣。"南柯虽封境不遥，晨昏有间[49]，今日睽别，宁不沾巾。生与妻拜首南去，登车拥骑，言笑甚欢，累夕达郡。郡有官吏僧道耆老，音乐车轝，武卫銮铃[50]，争来迎奉。人物阗咽[51]，钟鼓喧哗不绝。十数里，见雉堞台观[52]，佳气郁郁。入大城门，门亦有大榜，题以金字，曰"南柯郡城"。见朱轩棨户[53]，森然深邃。生下车[54]，省风俗，疗病苦，政事委以周田，郡中大理。自守郡二十载，风化广被，百姓歌谣，建功德碑，立生祠字。王甚重之，赐食邑锡爵[55]，位居台辅[56]。周田皆以政治著闻，递迁大位。生有五男二女。男以门荫授官，女亦聘于王族，荣耀显赫，一时之盛，代莫比之。

是岁，有檀萝国者，来伐是郡。王命生练将训师以征之，乃表周弁将兵三万，以拒贼之众于瑶台城。弁刚勇轻进，师徒败绩，弁单骑裸身潜遁，夜归城。贼亦收辎重铠甲而还。生因囚弁以请罪，王并舍之。是月，司宪周弁疽发背卒[57]。生妻公主遘疾，旬日又薨。生因请罢郡，护丧赴国。王许之，便以司农田子华行南柯太守事。生哀恸发引[58]，威仪在途，男女叫号，人吏奠馔[59]，攀辕遮道者，不可胜数，遂达于国。王与夫人素衣哭于郊，候灵轝之至。谥公主曰"顺仪公主"，备仪仗羽葆鼓吹[60]，葬于国东十里盘龙冈。

是月，故司宪子荣信亦护丧赴国。生久镇外藩，结好中国[61]，贵门豪族，靡不是洽。自罢郡还国，出入无恒，交游宾从，威福日盛，王意疑惮之。时有国人上表云："玄象谪见[62]，国有大恐，都邑迁徙，宗庙崩坏。衅起他族，事在萧墙。"时议以生侈僭之应也，遂夺生侍卫，禁生游从，处之私第[63]。生自恃守郡多年，曾无败政，流言怨悖，郁郁不乐。王亦知之，因命生曰："姻亲二十余年，不幸小女夭枉[64]，不得与君子偕老，良用痛伤。夫人因留孙自鞠育之[65]。"又谓生曰："卿离家多时，可暂归本里，一见亲族，诸孙留此，无以为念。后三年，当令迎生。"生曰："此乃家矣，何更归焉？"王笑曰："卿本人间，家非在此。"生忽若惛睡[66]，瞢然久之，方乃发悟前事，遂流涕请还。王顾左右以送生，生再拜而去。

复见前二紫衣使者从焉，至大户外，见所乘车甚劣，左右亲使御仆，遂无一人，心甚叹异。生上车行可数里，复出大城，宛是昔年东来之途，山川源野，依然如旧。所送二使者，甚无威势，生逾怏怏。生问使者曰："广陵郡何时可到？"二使讴歌自若，久之乃答曰："少顷即至。"

俄出一穴，见本里闾巷，不改往日。潸然自悲，不觉流涕。二使者引生下车，入其门，升其阶，己身卧于堂东庑之下。生甚惊畏，不敢前近。二使因大呼生之姓名数声，生遂发寤如初[67]，见家之僮仆，拥彗于庭，二客濯足于榻，斜日未隐于西垣，余樽尚湛于东牖。梦中倏忽，若度一世矣。生感念嗟叹，遂呼二客而语之，惊骇，因与生出外，寻槐下穴。生指曰："此即梦中所惊入处。"二客将谓狐狸木媚之所为祟[68]，遂命仆夫荷斤斧，断拥肿[69]，折查枿[70]，寻穴究源。旁可袤丈[71]，有大穴，根洞然明朗，可容一榻。上有积土壤，以为城郭台殿之状，有蚁数斛，隐聚其中。中有小台，其色若丹，二大蚁处之，素翼朱首，长可三寸，左右大蚁数十辅之，诸蚁不敢近，此其王矣，即槐安国都也。又穷一穴，直上南枝可四丈，宛转方中[72]，亦有上城小楼，群蚁亦处其中，即生所领南柯郡也。又一穴，西去二丈，磅礴空圬[73]，嵌窞异状[74]，中有一腐龟壳，大如斗，积雨浸润，小草丛生，繁茂翳荟，掩映振壳，即生所猎灵龟山也。又穷一穴，东去丈余，古根盘屈，若龙虺之状[75]，中有小土壤，高尺余，即生所葬妻盘龙冈之墓也。追想前事，感叹于怀，披阅穷迹，皆符所梦。不欲二客坏之，遽令掩塞如旧。是夕，风雨暴发。旦视其穴，遂失群蚁，莫知所去。故先言国有大恐，都邑迁徙，此其验矣。复念檀萝征伐之事，又请二客访迹于外。宅东一里，有古涸涧，侧有大檀树一株，藤萝拥织，上不见日，旁有小穴，亦有群蚁隐聚其间，檀萝之国，岂非此耶！

嗟呼！蚁之灵异，犹不可穷，况山藏木伏之大者所变化乎？时生酒徒周弁、田子华，并居六合县[76]，不与生过从旬日矣。生遽遣家僮疾往候之。周生暴疾已逝，田子华亦寝疾于床。生感南柯之浮虚，悟人世之倏忽，遂栖心道门，绝弃酒色。后三年，岁在丁丑，亦终于家，时年四十七，将符宿契之限矣。公佐贞元十八年秋八月，自吴之洛[77]，暂泊淮浦[78]，偶觌淳于生棼[79]，询访遗迹。翻覆再三，事皆摭实[80]，辄编录成传，以资好事。虽稽神语怪，事涉非经[81]，而窃位著生[82]，冀将为戒。后之君子，幸以南柯为偶然，无以名位骄于天壤间云。

前华州参军李肇赞曰[83]："贵极禄位，权倾国都，达人视此[84]，蚁聚何殊。"

注释

［1］东平：唐郡名，今在山东省东平县东。

［2］使气：任性逞强，盛气凌人。

［3］补：补官，即补充官员缺额的专称。淮南军：指淮南节度使所属的军队。淮南，唐道名，治所在今扬州，约辖湖北长江以北、汉水以东，及江苏、安徽长江以北、淮河以南的地区。裨将：副将。

［4］贞元：唐德宗的年号（785—805）。

［5］庑（wǔ）：厅堂周围的廊房。

［6］秣（mò）：喂。

［7］致命：传达命令。

［8］郛（fú）郭：外城。城堞（dié）：城上的矮墙。泛指城墙。

［9］传车者：官员出行时供应车马、随从照料的人员。传呼：喝道。古时大官出行时，由侍卫在前面吆喝行人避让。

［10］辟：同"避"。

［11］祗奉：恭敬地迎候。

［12］紫衣象简：指右相的装束。身穿三品以上大官的紫色袍服，手持象牙制成的上朝时所用的手板。

［13］辟易：退避。

［14］至尊：皇帝。

［15］贤尊：对别人父亲的尊称。

［16］续造仪式：眼下就安排婚礼的意思。

［17］殁：同"没"，陷身。

［18］北蕃：指当时北方少数民族政权。交逊：指与敌国暗通。一作"交通"。

［19］兹事：指其父来书同意大槐安国公主嫁淳于棼事。

［20］羔雁币帛：指行婚礼时赠送的各种珍贵礼物。

［21］钿：用金片做成的花朵形的首饰。

［22］昨上巳日：从前的三月三日那一天。上巳，古以上巳日（农历三月上旬的巳日，魏以后定为三月初三）为游乐和洗濯的节日，以为可以除病消灾，青年男女也借此机会进行联欢。

［23］《婆罗门》：一种音乐舞蹈的名称，从婆罗门国传入，后改名为"霓裳羽衣舞"。

［24］牖（yǒu）：窗户。

［25］讲下：讲席之下。

［26］访吾里：打听我居住的地方。

［27］相者：相，陪伴新郎或新娘的人。

［28］冯翊：唐郡名，治所在今陕西大荔。

［29］栖托：栖身寄托，投靠为生。

［30］司隶：古官名，汉置，唐代有"京畿采访使"，负责京畿地区的治安缉捕之事，与司隶相近。

[31] 步障：古代贵族妇女出行时用来挡风或遮蔽尘土的屏障。

[32] 师徒：军队。

[33] 一以遣之：派专人送去。

[34] 有司：主管官吏。

[35] 艺术：技艺学术，泛指学问。

[36] 猥：苟且，马虎。

[37] 朝章：指国家大事。

[38] 负乘：有负于皇帝的信任。

[39] 覆𫗧（sù）：把鼎中的食品打翻，比喻因不能胜任而将事情办坏。

[40] 颍川：唐郡名，即许州，治所在今河南许昌。

[41] 不回：不屈曲。

[42] 毗佐：辅助。

[43] 处士：有才能而没有做官的人。

[44] 清慎通变：清廉谨慎，通晓事变。

[45] 署：充在。司宪：掌监察刑狱的官吏。

[46] 宪章不紊：国家的法度得到很好地执行。

[47] 国南：京城的南门外。

[48] 丰壤：丰收。壤，同“穰”，五谷丰登。

[49] 间：阻隔，指早晚不能向父母请安。

[50] 銮铃：天子车上的铃，这里借指太守所乘之车。

[51] 阗（tián）咽：繁华热闹的样子。

[52] 雉堞：城上短墙。

[53] 棨（qǐ）户：挂着棨戟的大门。棨是一种木制的画戟，挂在门前以示主人官品之高和权势之大。

[54] 下车：到任。

[55] 锡：赐。

[56] 台辅：宰相。

[57] 疽（jū）：背上长的一种毒疮。

[58] 发引：出殡。引，用来牵引灵柩的白布。

[59] 奠馔：陈设食品来祭奠。

[60] 羽葆：用羽毛装饰的华盖，是身份极高的仪仗。

[61] 中国：国中，朝中。

[62] 玄象谪见：天象表现出请责下方的征兆。玄象，天象。见，同“现”。

[63] 处之私第：软禁在家中。

[64] 夭枉：夭折。

[65] 鞠育：抚养。

[66] 惽：昏昏沉沉。

[67] 寤：睡醒。

[68] 木媚：木魅，树精。

[69] 拥肿：指粗大鼓胀的树根。

[70] 查枿（niè）：同“楂蘖”，砍伐以后又新长出的枝丫。这里泛指树枝。

[71] 袤：长度。

[72] 宛转方中：曲折而中呈方形。

[73] 圬：用泥涂墙。

[74] 嵌窞（dàn）：洞穴凹陷很深。

[75] 虺（huǐ）：一种毒蛇。

[76] 六合县：在今江苏省南京市六合区。

[77] 自吴之洛：从吴郡到洛阳。

[78] 淮浦：淮水岸边。

[79] 觌（dí）：会面。

[80] 摭（zhí）实：据实采录。

[81] 非经：不合常理。

[82] 窃位著生：窃取高位而求得生存的人。

[83] 华州参军：华州，故治在今陕西省渭南市华州区。参军，唐时府州地方长官的属官称为参军。李肇：唐宪宗元和时期人，官至翰林院学士，著有《翰林志》《国史补》等。赞：论赞，史传文后面的评论。

[84] 达人：达观的人。

作者简介

李公佐，唐代小说家，生卒年不详。字颛蒙，陇西（今甘肃省东南部）人。举进士，宪宗元和年间为江南西道观察使判官，元和八年（813）春罢职。淹留于上元、常州、苏州一带，至十三年夏，始归长安。又《旧唐书·宣宗纪》载有李公佐，于武宗会昌初为扬州录事参军，宣宗大中二年（848）因事削两任官。与小说家李公佐是否一人，不能确定。其自作传奇今存《南柯太守传》《谢小娥传》《庐江冯媪传》《古岳渎经》（一名《李汤》）4篇。《全唐文》录其文1篇，即《谢小娥传》。又《直斋书录解题》“杂史类”著录《建中河朔记》6卷，今不传。

名家点评

鲁迅《中国小说史略》：“篇末言命仆发穴，以究根源，乃见蚁聚，悉符前梦，则假实证幻，余韵悠然，虽未尽于物情，已非《枕中》之所及矣。”

8. 凄厉的诅咒

——蒋防《霍小玉传》赏析

导读

文学作品中众多的山盟海誓容易令人头晕目眩，但是也别忘了爱情还有另一种始乱终弃的可憎面目。唐人传奇的压卷之作《霍小玉传》正是用一个凄厉的诅咒黯淡了人世间的脂粉气。漫长岁月中痴情女子负心汉的故事不知轮番上演过多少回，但是没有一出像霍小玉的故事这样惊心动魄，催人泪下。

霍小玉本是王府千金，父亲霍王在世时不惜万金令宫廷玉工为她精制紫玉钗。可惜霍王早逝，因霍小玉母亲原是霍王家歌舞伎，母女备受王府中人欺辱直至被赶出家门沦落为娼。霍小玉虽沦落风尘却在心底存着一份对爱情的希望，期待寻觅“好儿郎格调相称者”托付终身。终于，她等来了李益。她以为她是幸运的，却不知这正是不幸的开始。自古“易求无价宝，难得有情郎”，霍小玉懂得秦楼楚馆间男人们“十年一觉扬州梦，赢得青楼薄幸名”的本性，但又对李益抱有一丝不同的期待。所以在李益辞别应官之际，小玉流泪表白，她明知自己无法与李益成为终身眷侣，只希望求得八年的相伴时光，之后遁入空门，青灯古佛了却余生。这是一个何等卑微的愿望，这是一个何等聪慧、通透又痴情的女子，这又是一份何等无私的奉献！可就连这样的愿望，李益都不愿实现。

李益一去不返之后，小玉在男人的谎言和世道的蹉跎中奄奄一息，最终在黄衫侠客的帮助下才得以与李益相见。此时的小玉卧病已久，但“更衣而出，恍若有神”。这个曾经痴情过、柔软过的女人，在遭受了愚弄、背叛和遗弃之后，在生命的最后一刻，要将她所有的怨恨和不忿都还给这个始作俑者。“我为女子，薄命如斯！君是丈夫，负心若此！韶颜稚齿，饮恨而终。……李君李君，今当永诀！我死之后，必为厉鬼，使君妻妾，终日不安！”这段控诉，字字泣血，声声含泪，诉说着这个深情女子一生的不平和郁愤。从开始的“低鬟微笑”到“含怒凝视，不复有言”，霍小玉的形象也完成了最后的蜕变，透过纸面而显得熠熠生辉。

从《诗经》中的《氓》到唐传奇《霍小玉传》，我们总能看到中国历史上被辜负的女性的坚强形象。但是相较于《氓》的“反是不思，亦已焉哉”，霍小玉的诅咒更像一把利剑，无时无刻不狠狠刺向薄幸无耻的负心汉和散发阵阵恶臭的封建世俗。只因为前者彻底放下了，而霍小玉还深爱着，她用最凄厉的诅咒时刻告诫着善男信女们，爱情不仅仅有两情相悦的美好，还有令人心碎的背叛。（**凤轶群导读**）

原文

霍小玉传

大历中[1]，陇西李生名益[2]，年二十，以进士擢第。其明年，拔萃[3]，俟试于天官[4]。夏六月，至长安，舍于新昌里。生门族清华[5]，少有才思，丽词嘉句，时谓无双，先达丈人[6]，翕然推伏[7]。每自矜风调，思得佳偶，博求名妓，久而未谐。长安有媒鲍十一娘者[8]，故薛驸马家青衣也[9]，折券从良[10]，十余年矣。性便辟[11]，巧言语，豪家戚里，无不经过，追风挟策[12]，推为渠帅[13]。常受生诚托厚赂，意颇德之。

经数月，李方闲居舍之南亭，申未间[14]，忽闻扣门甚急，云是鲍十一娘至。摄衣从之，迎问曰：“鲍卿，今日何故忽然而来？”鲍笑曰：“苏姑子作好梦也未[15]？有一仙人，谪在下界，不邀财货，但慕风流。如此色目，共十郎相当矣。”生闻之惊跃，神飞体轻，引鲍手且拜且谢曰：“一生作奴，死亦不惮。”因问其名居。鲍具说曰：“故霍王小女[16]字小玉，王甚爱之。母曰净持，净持即王之宠婢也。王之初薨，诸弟兄以其出自贱庶，不甚收录，因分与资财，遣居于外。易姓为郑氏，人亦不知其王女。资质秾艳，一生未见。高情逸态，事事过人，音乐诗书，无不通解。昨遣某求一好儿郎，格调相称者。某具说十郎，他亦知有李十郎名字，非常欢惬。住在胜业坊古寺曲[17]，甫上车门宅是也[18]。已与他作期约，明日午时，但至曲头觅桂子[19]，即得矣。”

鲍既去，生便备行计。遂令家僮秋鸿，于从兄京兆参军尚公处，假青骊驹[20]、黄金勒。其夕，生浣衣沐浴，修饰容仪，喜跃交并，通夕不寐。迟明[21]，巾帻[22]，引镜自照，惟惧不谐也。徘徊之间，至于亭午[23]。遂命驾疾驱，直抵胜业。至约之所，果见青衣立候，迎问曰：“莫是李十郎否?”即下马，令牵入屋底，急急锁门。见鲍果从内出来，遥笑曰：“何等儿郎造次入此?”生调诮未毕，引入中门。庭间有四樱桃树，西北悬一鹦鹉笼，见生入来，即语曰：“有人入来，急下帘者。”生本性雅淡，心犹疑惧，忽见鸟语，愕然不敢进。逡巡，鲍引净持下阶相迎，延入对坐。年可四十余，绰约多姿，谈笑甚媚。因谓生曰：“素闻十郎才调风流，今又见仪容雅秀，名下固无虚士。某有一女子，虽拙教训，颜色不至丑陋，得配君子，颇为相宜。频见鲍十一娘说意旨，今亦便令永奉箕帚[24]。”生谢曰：“鄙拙庸愚，不意顾盼[25]，倘垂采录[26]，生死为荣。”

遂命酒馔，即命小玉自堂东阁子中而出，生即拜迎。但觉一室之中，若琼林玉树，互相照曜，转盼精彩射人。既而遂坐母侧，母谓曰：“汝尝爱念‘开帘风动竹，疑是故人来’。即此十郎诗也。尔终日念想，何如一见?”玉乃低鬟微笑，细语曰：“见面不如闻名。才子岂能无貌?”生遂连起拜曰：“小娘子爱才，鄙夫重色，两好相映，才貌相兼。”母女相顾而笑，遂举酒数巡。生起，请玉唱歌，初不肯，母固强之。发声清亮，曲度精奇。

酒阑及暝，鲍引生就西院憩息。闲庭邃宇，帘幕甚华。鲍令侍儿桂子、浣沙，与生脱靴解带。须臾玉至，言叙温和，辞气宛媚。解罗衣之际，态有余妍，低帏昵枕，极其欢爱，生自以为巫山洛浦不过也。中宵之夜，玉忽流涕观生曰：“妾本倡家，自知非匹，今以色爱，托其仁贤。但虑一旦色衰，恩移情替，使女萝无托[27]，秋扇见捐[28]。极欢之际，不觉悲至。”生闻之，不胜感叹，乃引臂替枕，徐谓玉曰：“平生志愿，今日获从。粉骨碎身，誓不相舍。夫人何发此言?请以素缣，著之盟约。”玉因收泪，命侍儿樱桃，褰幄执烛，授生笔研。玉管弦之暇，雅好诗书，筐箱笔研，皆王家之旧物。遂取绣囊，出越姬乌丝栏素缣三尺以授生。生素多才思，援笔成章，引谕山河，指诚日月，句句恳切，闻之动人。染毕，命藏于宝箧之内。自尔婉娈相得[29]，若翡翠之在云路也[30]。如此二岁，日夜相从。

其后年春，生以书判拔萃登科，授郑县主簿。至四月，将之官，便拜庆于东洛[31]。长安亲戚，多就筵饯。时春物尚余，夏景初丽，酒阑宾散，离思萦怀。玉谓生曰："以君才地名声，人多景慕，愿结婚媾，固亦众矣。况堂有严亲，室无冢妇[32]，君之此去，必就佳姻，盟约之言，徒虚语耳。然妾有短愿，欲辄指陈，永委君心，复能听否？"生惊怪曰："有何罪过，忽发此辞，试说所言，必当敬奉。"玉曰："妾年始十八，君才二十有二。迨君壮室之秋[33]，犹有八岁。一生欢爱，愿毕此期，然后妙选高门，以谐秦晋[34]，亦未为晚。妾便舍弃人事，剪发披缁[35]，夙昔之愿，于此足矣。"生且愧且感，不觉涕流，因谓玉曰："皎日之誓，死生以之。与卿偕老，犹恐未惬素志，岂敢辄有二三？固请不疑，但端居相待。至八月，必当却到华州，寻使奉迎，相见非远。"更数日，生遂诀别东去。

到任旬日，求假往东都觐亲[36]。未至家日，太夫人已与商量表妹卢氏，言约已定。太夫人素严毅，生逡巡不敢辞让，遂就礼谢，便有近期。卢亦甲族也[37]，嫁女于他门，聘财必以百万为约，不满此数，义在不行。生家素贫，事须求贷，便托假故，远投亲知，涉历江淮，自秋及夏。生自以孤负盟约，大愆回期[38]，寂不知闻，欲断其望。遥托亲故，不遗漏言。

玉自生逾期，数访音信。虚词诡说，日日不同。博求师巫，遍询卜筮，怀忧抱恨，周岁有余，羸卧空闺，遂成沉疾[39]。虽生之书题竟绝，而玉之想望不移。赂遗亲知[40]，使通消息，寻求既切，资用屡空。往往私令侍婢潜卖箧中服玩之物[41]，多托于西市寄附铺侯景先家货卖[42]。曾令侍婢浣沙，将紫玉钗一只，诣景先家货之[43]。路逢内作老玉工，见浣沙所执，前来认之曰："此钗吾所作也。昔岁霍王小女，将欲上鬟[44]，令我作此，酬我万钱，我尝不忘。汝是何人？从何而得？"浣沙曰："我小娘子即霍王女也。家事破散，失身于人，夫婿昨向东都，更无消息。悒怏成疾[45]，今欲二年。令我卖此，赂遗于人，使求音信。”玉工凄然下泣曰：“贵人男女，失机落节[46]，一至于此。我残年向尽，见此盛衰，不胜伤感。”遂引至延先公主宅[47]，具言前事。公主亦为之悲叹良久，给钱十二万焉。

时生所定卢氏女在长安，生即毕于聘财，还归郑县。其年腊月，又请假入城就亲，潜卜静居，不令人知。有明经崔允明者[48]，生之中表弟也，性甚长厚。昔岁常与生同欢于郑氏之室，杯盘笑语，曾不相间，每得生信，必诚告于玉。玉常以薪刍衣服[49]资给于崔，崔颇感之。生既至，崔具以诚告玉，玉恨叹曰：“天下岂有是事乎！”遍请亲朋，多方召致，生字以愆期负约，又知玉疾候沉绵[50]，惭耻忍割，终不肯往。晨出暮归，欲以回避。玉日夜涕泣，都忘寝食，期一相见，竟无因由。冤愤益深，委顿床枕。自是长安中稍有知者，风流之士，共感玉之多情；豪侠之伦，皆怒生之薄行。

时已三月，人多春游，生与同辈五六人诣崇敬寺玩牡丹花[51]，步于西廊，递吟诗句。有京兆韦夏卿者，生之密友，时亦同行。谓生曰：“风光甚丽，草木荣华。伤哉郑卿，衔冤空室。足下终能弃置，实是忍人[52]。丈夫之心，不宜如此，足下宜为思之。”叹让之际[53]，忽有一豪士，衣轻黄纻衫，挟朱弹，丰神隽美，衣服轻华，唯有一剪头胡雏从后[54]，潜行而听之，俄而前揖生曰：“公非李十郎者乎？某族本山东，姻连外戚，虽乏文藻，心尝乐贤。仰公声华，常思觏止[55]，今日幸会，得睹清扬[56]。某之敝居，去此不远，亦有声乐，足以娱情。妖姬八九人，骏马十数匹，唯公所欲。但愿一过。”生之侪辈[57]，共聆斯语，更相叹美。因与豪士策马同行，疾转数坊，遂至胜业。生以近郑之所止，意不欲过。便托事故，欲回马首。豪士曰：“敝居咫尺，忍相弃乎？”乃挽挟其马，牵引而行，迁延之间，已及郑曲。生神情恍惚，鞭马欲回。豪士遽命奴仆数人，抱持而进，疾走推入车门，便令锁却。报云：“李十郎至也。”一家惊喜，声闻于外。

先此一夕，玉梦黄衫丈夫抱生来，至席，使玉脱鞋。惊寤而告母[58]，因自解曰：“鞋者谐也，夫妇再合。脱者解也，既合而解，亦当永诀。由此征之，必遂相见，相见之后，当死矣。”凌晨，请母妆梳。母以其久病，心意惑乱，不甚信之。黾勉之间[59]，强为妆梳。妆梳才毕，而生果至。玉沉绵日久，转侧须人[60]，忽闻生来，欻然自起，更衣而出，恍若有神。遂与生相见，含怒凝视，不复有言。羸质娇姿，如不胜致，时复掩袂，返顾李生。感物伤人，坐皆欷歔[61]。顷之，有酒肴数十盘自外而来，一座惊视。遽问其故，悉是豪士之所致也。因遂陈设，相就而坐。玉乃侧身转面，斜视生良久，遂举杯酒酹地曰[62]："我为女子，薄命如斯；君是丈夫，负心若此。韶颜稚齿[63]，饮恨而终。慈母在堂，不能供养。绮罗弦管[64]，从此永休。徵痛黄泉[65]，皆君所致。李君李君，今当永诀，我死之后，必为厉鬼，使君妻妾，终日不安。"乃引左手握生臂，掷杯于地，长恸号哭数声而绝。母乃举尸置于生怀，令唤之，遂不复苏矣。生为之缟素[66]，旦夕哭泣甚哀。将葬之夕，生忽见玉穗帷之中[67]，容貌妍丽，宛若平生。着石榴裙，紫袦裆[68]，红绿帔子[69]，斜身倚帷，手引绣带，顾谓生曰："愧君相送，尚有余情。幽冥之中，能不感叹？"言毕，遂不复见。明日，葬于长安御宿原[70]，生至墓所，尽哀而返。

后月余，就礼于卢氏。伤情感物，郁郁不乐。夏五月，与卢氏偕行，归于郑县。至县旬日，生方与卢氏寝，忽帐外叱叱作声，生惊视之，则见一男子，年可二十余，姿状温美，藏身映幔，连招卢氏。生惶遽走起，绕幔数匝，倏然不见。生自此心怀疑恶，猜忌万端，夫妻之间，无聊生矣。或有亲情，曲相劝喻，生意稍解。后旬日，生复自外归，卢氏方鼓琴于床，忽见自门抛一斑犀钿花合子[71]，方圆一寸余，中有轻绢，作同心结，坠于卢氏怀中。生开而视之，见相思子二[72]，叩头虫一[73]，发杀觜一[74]，驴驹媚少许[75]。生当时愤怒叫吼，声如豺虎，引琴撞击其妻，诘令实告。卢氏亦终不自明。尔后往往暴加捶楚[76]，备诸毒虐[77]，竟讼于公庭而遣之。

卢氏既出[78]，生或侍婢媵妾之属[79]，暂同枕席，便加妬忌，或有因而杀之者。生尝游广陵[80]，得名姬曰营十一娘者，容态润媚，生甚悦之。每相对坐，尝谓营曰："我尝于某处得某姬，犯某事，我以某法杀之。"日日陈说，欲令惧己，以肃清闺门。出则以浴斛覆营于床[81]，周回封署[82]，归必详视，然后乃开。又畜一短剑[83]，甚利，顾谓侍婢曰："此信州葛溪铁[84]，唯断作罪过头。"大凡生所见妇人，辄加猜忌，至于三娶，率皆如初焉[85]。

注释

［1］大历：唐代宗李豫年号（766—779）。

［2］陇西李生名益：李益，唐代诗人。字君虞，陇西姑臧（今甘肃武威）人。大历进士。

［3］拔萃：科举考试之一种。唐代考中进士只是取得了做官的资格，还要经过一段时间，才能选任为官，就要通过吏部主持的任官考试，即“拔萃”。

［4］俟（sì）：等待。天官：吏部的别称。

［5］门族清华：出身门第高贵。陇西李姓是唐代五大望族之一，李益又是肃宗朝宰相的族子。

［6］先达丈人：有地位、有声誉的前辈先生。

［7］翕然：一致的样子。

［8］鲍十一娘：姓鲍排行十一的妇女。唐代通常以排行作称呼。

［9］驸马：驸马都尉的简称。皇帝的女婿照例授此虚衔。青衣：婢女。

［10］折券：毁去文书。

［11］便辟：喜欢讨好奉承人。

［12］追风挟策：形容媒婆撮合男女之事的本事。追风，原为秦始皇骏马名，后喻作快疾迅速。挟策，手持书册竹简，比喻知识广博。

［13］渠帅：原指盗贼的首领。此作首领、头子解。

［14］申未间：未时与申时之间，即下午三时左右。

［15］苏姑子作好梦也未：当时的谚语。意思是有了男女结合的喜事，梦里该有佳兆，现在问他有没有作好梦。

［16］霍王：唐高祖的儿子李远轨，被封为霍王。从时间上推算，这里的霍王是李远轨的四代孙李晖。这里是小说的附会。

［17］胜业坊：长安街坊名。曲：街里的小巷。

［18］甫：刚。上车门：左边供车驾出入的专用门。

［19］桂子：名叫桂子的侍女。

［20］京兆参军：京兆府的属员。参军，唐时军府和州郡的属官，分录事参军和诸曹参军。假：借。

［21］迟明：黎明。

［22］巾帻：戴上包裹鬓发、遮掩发髻的巾帕。

［23］亭午：正午。

［24］永奉箕帚：永远侍奉的意思。是古时女子出嫁为妻的谦词。

［25］不意顾盼：未料到能被看重。

［26］采录：这里指收留。

［27］女萝：松萝，一种丝状的蔓生植物，多攀附在别的树上生长。这里用以比喻女子。

［28］秋扇见捐：秋凉时扇被弃置不用，比喻妇女因色衰而遗弃不用。典出汉代班婕妤的《怨歌行》。

［29］婉娈相得：亲热和谐地一起生活。

［30］翡翠：鸟名。雄的叫翡，羽毛多赤色；雌的叫翠，羽毛多青色，常双飞双栖。比喻男女恩爱。

［31］拜庆：“拜家庆”的简称，唐代子女离家后回去探望父母，叫“拜家庆”。东洛：唐朝东都洛阳。

［32］冢妇：正妻，主妇。

［33］迨（dài）：到。壮室之秋：古代以男子

三十岁为娶妻纳妾的适当年龄。

[34] 秦晋：春秋时期，秦晋两国世世约为婚姻，后来就称缔结婚姻为“秦晋之好”。

[35] 剪发披缁（zī）：指出家当尼姑。缁，黑色。

[36] 觐亲：探望父母。

[37] 甲族：贵族，名门望族。

[38] 愆：耽误、错过。

[39] 沉疾：指患重病。

[40] 赂遗：赠送财物。亲知：亲友，知己。

[41] 箧：竹制的方形箱子。

[42] 寄附铺：一种代人保管或出售珍贵物品的商行。也称“柜房”。唐代时期，多设在西市。

[43] 诣：到。货：卖。

[44] 上鬟：上头。古代女子十五岁将披垂的头发梳上去，插上簪子，表示自己成年待嫁，又称为“及笄”。

[45] 悒怏：忧郁不快乐。

[46] 失机落节：错过机会。这里指命运不好。

[47] 延先公主：唐肃宗的女儿郜国公主曾受封“延光”。这里“先”当是“光”之误。

[48] 明经：科举考试的一个种类。唐科举考试制度分为秀才、明经、进士等六科。以诗赋取中的为进士，以经义取中的为明经。

[49] 薪刍：薪材和牧草，泛指生活用品。

[50] 沉绵：疾病缠身，经久不愈。

[51] 崇敬寺：在长安靖安坊，与霍小玉所在的胜业只相隔五六坊。

[52] 忍人：残忍和心肠坚硬之人。

[53] 让：责备。

[54] 胡雏：卖身为奴的幼年胡人。唐代泛称北方、西方等地的少数民族为“胡”。

[55] 觏（gòu）止：会见。觏，遇见。止，语气助词。

[56] 清扬：指眉清目秀的容貌。这里引申为敬称，即“尊容”的意思。

[57] 侪（chái）辈：同辈、朋辈。

[58] 惊寤：惊醒。

[59] 黾（mǐn）勉：勉强。

[60] 转侧须人：转个身都需要有人帮助。

[61] 欷歔：本意是哭泣后不由自主地急促呼吸。这里指感慨，叹息。同“唏嘘”。

[62] 酹（lèi）地：把酒浇在地上，表示誓愿。苏轼有词句“一樽还酹江月”。

[63] 韶颜稚齿：形容年轻美貌。

[64] 绮罗：绫罗绸缎。弦管：丝竹管弦。

[65] 徵（zhēng）痛：受惩罚，遭痛苦。徵，通“惩”。

[66] 缟素：白色衣服，这里指丧服。

[67] 穗帷：灵帐。

[68] 裲裆：夹衣。

[69] 帔子：古代妇女披在肩背上的服饰。

[70] 御宿原：埋葬死人的地方，在长安城南。

[71] 斑犀钿花合子：用有斑纹的犀牛角做成的首饰盒子，上面用金银镶嵌着花纹。合，同“盒”。

[72] 相思子：红豆，表相思。

[73] 叩头虫：一种昆虫的名字，又叫“叩甲”，被人捉住后作叩头状。其与男女爱情有何关系，不详。

[74] 发杀觜（zuǐ）：不详，有人猜测为一种媚药。觜，同“嘴”。

[75] 驴驹媚：《物类相感志》云：“凡驴驹初生，未堕地，口中有一物，如肉，名‘媚’，妇人带之能媚。”这是一种迷信说法。

[76] 捶楚：杖击、鞭打。

[77] 备诸毒虐：百般虐待。

[78] 出：古时丈夫将妻子赶出家门，即“休妻”。

[79] 媵（yìng）妾：陪嫁的女子，这里指妾。

[80] 广陵：古代郡名，现在的江苏省扬州市。
[81] 浴斛：澡盆。
[82] 周回封置：周围加上封条。周回，犹“周围”。
[83] 畜：同“蓄”，储藏。
[84] 信州：今江西省上饶市一带。上饶葛溪铁，以精工著名。
[85] 率：一律。

作者简介

蒋防（792—835），唐代文学家，字子微（一作子徵），又字如城，常州义兴（今江苏省宜兴市）人。青年时才名就播扬远近。受牛（僧孺）李（德裕）党争影响被调出京师任汀州刺史，后又改任连州刺史。郁郁不得志，年仅44岁就离开了人世。遗作仅存诗12首（收入《全唐诗》）。赋及杂文一卷。蒋防工诗文，尤长于传奇，所撰《霍小玉传》为传诵名篇。

名家点评

（明）胡应麟《少室山房笔丛》：“唐人小说纪闺阁事，绰有情致。此篇尤为唐人最精彩动人之传奇，故传诵弗衰。”

9. 是真英雄自洒脱

——杜光庭《虬髯客传》赏析

导读

中国历史上历来不缺乏侠客英雄形象。中国侠文化起源于春秋战国时期，当时原本依附于贵族的士人阶层成为游走四方的侠士，他们有勇有谋、嫉恶如仇、重义信诺、扶贫济弱，在中华民族英雄谱系中留下了一抹不可磨灭的剪影。《虬髯客传》是唐代传奇小说中豪侠题材的代表作，塑造了“风尘三侠”的英雄形象。经过儒家文化不断地浸染改造，在大唐勇武进取的文化风尚的影响下，唐代的侠客英雄便有了不同以往的精神气度。

唐朝开疆拓土，国力兴盛，士人崇侠尚武，仗剑边庭，追求积极进取、建功立业的豪迈人生。“风尘三侠”，李靖、红拂女和虬髯客，以随性和洒脱的性格著称。一介布衣李靖谒见司空杨素，献治国之策，指出在英雄竞起的时代，应广泛收罗人才，以图天下安定，并直斥其面对宾客倨傲失礼，令杨素心生敬意，“敛容而起”。李靖心怀天下，拒与昏聩无能的政治势力同流合污，表现出超凡的治国谋略与凛然正气。红拂，虽为杨素侍妓，但深谙人情世故，善于察言观色，练就了慧眼识人的眼光。她厌弃杨素昏聩无能，识得李靖超凡胆识，便改妆夜奔，积极辅助其成就辅国安民的大业，表现出热烈追求幸福生活的勇气。面对虬髯客的无礼鲁莽，她镇定自若，仔细打量虬髯客，主动上前攀谈，与之慷慨结拜。虬髯客是小说的核心人物，他一出场便显现出豪放不羁的气质，他“赤髯如虬”，长着红色茂密而蜷曲的胡须，行为粗狂不羁，“乘蹇驴”，“投革囊于炉前”，“取枕敧卧”。他从革囊中取出天下负心者的心肝共食，刚烈的性格和嫉恶如仇的精神跃然纸上。他素有王霸之志，但是他识时务、顺人心，当遇到比自己更适合治理天下的人物时，他真心折服，毅然放弃逐鹿中原的打算，将家财尽赠李靖夫妇，助其辅佐李世民兴唐，自己则远走海外，在东南方建立扶余国。虬髯客的让贤之举，尽显豪爽洒脱的气度。“风尘三侠”皆有胆有识、豪爽洒脱，李靖不畏权贵，红拂聪明果断，虬髯客豪爽磊落。三人接连出场，人物的才略胆识与豪爽洒脱的精神气度都更胜一筹。

“风尘三侠”的随性洒脱不同于一般的江湖侠客，他们相识于江湖，但是他们不纠缠于个人的江湖恩怨与名利得失，也不炫弄争强斗狠的高超武艺，而是以匡扶正义、平定天下为己任。李靖与红拂一心辅佐真主，实现了儒家士子的人生理想；虬髯客崇正义之行，杀天下负心者，其让贤之举，让饱受战乱之苦的天下百姓避免了战争的灾难，尽显大济苍生的儒家政治理想。然而，不可否认的是李靖的归附与虬髯客的让贤，包括观天象识真主的情节安排，使得小说不可避免地带有过分美化唐太宗形象的倾向以及宿命论的观点，显示了封建思想的影响与桎梏。(倪雪坤导读)

原文

虬髯客传

隋炀帝之幸江都[1]也，命司空杨素守西京[2]。素骄贵，又以时乱，天下之权重望崇者，莫我若也，奢贵自奉，礼异人臣。每公卿入言，宾客上谒，未尝不踞床而见，令美人捧出，侍婢罗列，颇僭于上。末年愈甚，无复知所负荷，有扶危持颠之心。

一日，卫公李靖以布衣上谒，献奇策。素亦踞见。公前揖曰：“天下方乱，英雄竞起。公为帝室重臣，须以收罗豪杰为心，不宜踞见宾客。”素敛容而起，谢公，与语大悦，收其策而退。

当公之骋辩也，一妓有殊色，执红拂，立于前，独目公。公既去，而执拂者临轩，指吏曰：“问去者处士第几？住何处？”公具以对。妓诵而去。

公归逆旅。其夜五更初，忽闻叩门而声低者，公起问焉。乃紫衣戴帽人，杖揭一囊。公问：“谁？”曰：“妾，杨家之红拂妓也。”公遽延入。脱衣去帽，乃十八九佳丽人也。素面华衣而拜。公惊答拜。曰：“妾侍杨司空久，阅天下之人多矣，无如公者。丝萝非独生，愿托乔木，故来奔耳。”公曰：“杨司空权重京师，如何？”曰：“彼尸居余气，不足畏也。诸妓知其无成，去者众矣。彼亦不甚逐也。计之详矣。幸无疑焉。”问其姓，曰：“张。”问其伯仲之次，曰：“最长。”观其肌肤、仪状、言词、气性，真天人也。公不自意获之，愈喜愈惧，瞬息万虑不安，而窥户者无停履[3]。数日，亦闻追访之声，意亦非峻。乃雄服[4]乘马，排闼而去。

将归太原，行次灵石[5]旅舍。既设床，炉中烹肉且熟。张氏以发长委地，立梳床前。公方刷马。忽有一人，中形，赤髯而虬，乘蹇驴而来。投革囊于炉前，取枕欹卧，看张梳头。公怒甚，未决，犹刷马。张熟视其面，一手握发，一手映[6]身摇示公，令勿怒。急急梳头毕。裣衽问其姓。卧客答曰：“姓张。”对曰：“妾亦姓张。合是妹。”遽拜之。问第几，曰：“第三。”问妹第几，曰：“最长。”遂喜曰：“今夕幸逢一妹。”张氏遥呼：“李郎且来见三兄!”公骤拜之。

遂环坐。曰：“煮者何肉?”曰：“羊肉，计已熟矣。”客曰：“饥。”公出市胡饼。客抽腰间匕首，切肉共食。食竟，余肉乱切送驴前，食之甚速。客曰：“观李郎之行，贫士也。何以致斯异人?”曰：“靖虽贫，亦有心者焉。他人见问，故不言。兄之问，则不隐耳。”具言其由。曰：“然则将何之?”曰：“将避地太原。”曰：“然吾故非君所能致也[7]。”曰：“有酒乎?”曰：“主人西，则酒肆也。”公取酒一斗。既巡，客曰：“吾有少下酒物，李郎能同之乎?”曰：“不敢。”于是开革囊，取一人头并心肝。却收头囊中，以匕首切心肝，共食之。曰：“此人天下负心者，衔之十年，今始获之。吾憾释矣。”又曰：“观李郎仪形器宇，真丈夫也。亦闻太原有异人乎?”曰：“尝识一人，愚谓之真人也。其余，将帅而已。”曰：“何姓?”曰：“靖之同姓。”曰：“年几?”曰：“仅[8]二十。”曰：“今何为?”曰：“州将之子。”曰：“似矣。亦须见之。李郎能致吾一见乎?”曰：“靖之友刘文静者，与之狎。因文静见之可也。然兄何为?”曰：“望气者言太原有奇气，使访之。李郎明发，何日到太原?”靖计之日。曰：“达之明日，日方曙，候我于汾阳桥[9]。”言讫，乘驴而去，其行若飞，回顾已失。公与张氏且惊且喜。久之，曰：“烈士不欺人。固无畏。”促鞭而行。

及期，入太原。果复相见。大喜，偕诣刘氏。诈谓文静曰：“有善相者思见郎君，请迎之。”文静素奇其人，一旦闻有客善相，遽致使迎之。使回而至，不衫不履，裼裘而来，神气扬扬，貌与常异。虬髯默然居末坐，见之心死，饮数杯，招靖曰：“真天子也！”公以告刘，刘益喜，自负。既出，而虬髯曰：“吾得十八九矣。然须道兄见。李郎宜与一妹复入京。某日午时，访我于马行[10]东酒楼。下有此驴及瘦驴，即我与道兄俱在其上矣。到即登焉。”又别而去，公与张氏复应之。

及期访焉，宛见二乘。揽衣登楼，虬髯与一道士方对饮，见公惊喜，召坐。围饮十数巡，曰：“楼下柜中有钱十万。择一深隐处驻[11]一妹。某日复会于汾阳桥。”如期至，即道士与虬髯已到矣。俱谒文静。时方弈棋，揖而话心焉。文静飞书迎文皇看棋。道士对弈，虬髯与公傍待焉。俄而文皇到来，精采惊人，长揖而坐。神气清朗，满坐风生，顾盼炜如也。道士一见惨然，下棋子曰：“此局全输矣！于此失却局哉！救无路矣！复奚言！”罢弈而请去。既出，谓虬髯曰：“此世界非公世界。他方可也。勉之，勿以为念。”因共入京。虬髯曰：“计李郎之程，某日方到。到之明日，可与一妹同诣某坊曲小宅相访。李郎相从一妹，悬然如磬。欲令新妇祗谒，兼议从容，无前却也。”言毕，吁嗟而去。

公策马而归。即到京，遂与张氏同往。至一小版门子，扣之，有应者，拜曰：“三郎令候李郎一娘子久矣。”延入重门，门愈壮。婢四十人，罗列廷前。奴二十人，引公入东厅。厅之陈设，穷极珍异，巾箱妆奁冠镜首饰之盛，非人间之物。巾栉妆饰毕，请更衣，衣又珍异。既毕，传云：“三郎来！”乃虬髯纱帽裼裘而来，亦有龙虎之状，欢然相见。催其妻出拜，盖亦天人耳。遂延中堂，陈设盘筵之盛，虽王公家不侔也。四人对馔讫，陈女乐二十人，列奏于前，似从天降，非人间之曲。

食毕，行酒。家人自堂东舁出二十床，各以锦绣帕覆之。既陈，尽去其帕，乃文簿钥匙耳。虬髯曰：“此尽宝货泉贝[12]之数。吾之所有，悉以充赠。何者？欲于此世界求事，当或龙战三二十载，建少功业。今既有主，住亦何为？太原李氏，真英主也。三五年内，即当太平。李郎以奇特之才，辅清平之主，竭心尽善，必极人臣。一妹以天人之姿，蕴不世之艺，从夫之贵，以盛轩裳。非一妹不能识李郎，非李郎不能荣一妹。起陆之贵，际会如期，虎啸风生，龙吟云萃，固非偶然也。持余之赠，以佐真主，赞功业也，勉之哉！此后十年，当东南数千里外有异事，是吾得事之秋也。一妹与李郎可沥酒东南相贺。”因命家童列拜，曰：“李郎一妹，是汝主也！”言讫，与其妻从一奴，乘马而去。数步，遂不复见。

公据其宅，乃为豪家，得以助文皇帝之赀，遂匡天下。贞观十年，公以左仆射平章事。适南蛮入奏曰：“有海船千艘，甲兵十万，入扶余国[13]，杀其主自立。国已定矣。”公心知虬髯得事也。归告张氏，具衣拜贺，沥酒东南祝拜之。乃知真人之兴也，非英雄所冀。况非英雄者乎？人臣之谬思乱者，乃螳臂之拒走轮耳。我皇家垂福万叶，岂虚然哉。或曰：“卫公之兵法，半乃虬髯所传耳。”

注释

[1] 江都：即今江苏省扬州市。

[2] 西京：隋建都大兴城（今陕西省西安市），炀帝以洛阳为东京，故称大兴城为西京。

[3] 瞬息万虑不安，而窥户者无停屦：一刹那间心里顾虑重重，坐立不安，脚不停步地到门口张望。

[4] 雄服：穿上男装。

[5] 灵石：隋县名，今属山西省。

[6] 映：隐。

[7] 然吾故非君所能致也：其实我本来就已在猜测您这样的贫士自己是不可能得到红拂女这样的佳人的。

[8] 仅：近，将近。

[9] 汾阳桥：在太原城东汾河上。

[10] 马行：隋大兴城中街道名。

[11] 驻：安置，安顿。

[12] 泉贝：钱财。

[13] 扶余国：古国名，在今辽宁、吉林一带。

作者简介

杜光庭（850—933），处州缙云（今属浙江）人，字宾圣，一作圣宾，号东瀛子、青城先生，广成先生。唐懿宗咸通年间应九经（儒家的九种经典）举不第，入天台山学道。后事前蜀，任光禄大夫等，加“传真天师”称号。解官后，归隐青城山白云溪，潜心修道终老。作有《神仙感遇传》《虬髯客传》等。

名家点评

（明）胡应麟《少室山房类稿》：“唐人传奇小传，如《柳毅》《陶岘》《红线》《虬髯客》诸篇，撰述浓至，有范晔、李延寿之所不及。”

10. 做人生的勇者

——白行简《李娃传》赏析

导读

在中国漫长的封建社会进程中，受传统封建思想的束缚，女性群体大多数掩身于重楼闺阁，多以伤春自怜或依附者的形象出现在文学创作之中，幽怨的情感、凄凉的命运构成了她们人生的底色。能够主宰自我的命运，在人生困厄之中仍能始终保持无畏与清醒的女性，屈指可数。勇敢无畏历来是中国女性极为珍贵的品质。

《李娃传》是唐代传奇小说中爱情题材的代表作。小说讲述了李娃与荥阳公子历经磨难、圆满结合的故事。李娃与荥阳公子相遇，命运轨迹发生了巨大的转折。她原本是一个倚门调笑的娼门之女，与荥阳公子初见时，“回眸凝睇”，“情甚相慕”，心生好感。再见时，“诙谐调笑，无所不至”。待荥阳公子金尽之时，却不动声色、不留痕迹地设计将他驱逐。计谋得逞之后，就敛迹藏身，不再露面。李娃作为一个精明老到的风尘名妓，其性格中卑劣冷酷的一面，是金钱之“利”主导使然。她不允许自己沉浸在没有物质加持的虚幻爱情中，清醒冷静地压制住内心的情感，果断地将荥阳公子驱逐。然而，当李娃看到荥阳公子四处乞讨、“枯瘠疥厉”、“殆非人状”时，“前抱其颈”，“以绣襦拥而归于西厢”，失声长恸，深自痛悔。她没有料到荥阳公子竟然会沦为乞丐，作为一个同样被侮辱、被迫害者，李娃感同身受，绽放出了性格中纯洁善良、有情有义的一面。当内心的纯良被唤醒时，她不能坐视不管。于是她果断放弃锦衣玉食的生活，一心一意救助一无所有的荥阳公子，伴其苦读。在救助荥阳公子的过程中，李娃供其衣食，助其求举学业，登科举，授官爵，终得功名。但当荥阳公子功成名就之时，她自知身份地位的现实差距，不愿贪图富贵，被动受辱，主动提出“君当结媛鼎族”，哪怕荥阳公子泣曰“子若弃我，当自刭以就死”，“娃固辞不从”。她果断而冷静地拒绝与荥阳公子结合，既是对等级森严的门阀制度的清醒认知，也是其一心践行情义的人格追求。李娃最终得到荥阳公子的认可，成为一个妇道甚修、治家严整的贤妻良母，获得皇帝嘉奖册封。

从娼门之女到被封汧国夫人，李娃命运的转折与其性格中多重复杂性与冲突紧密相关。李娃的性格中存在着利、情、义多重因素的掣肘，与鸨母合谋驱逐荥阳公子，是利压倒了情，源于冷酷的生存现实；救助荥阳公子，是情义战胜了利，是善良人性的复苏。李娃最终克服了自身性格中的矛盾冲突，绽放出善良仁义的人格魅力。最值得称道的是，李娃始终遵从内心的认知，掌握着自我命运转动的齿轮，无论身处何种境遇，都表现得冷静理智、果决刚烈。无论是面对荥阳公子“驱高车”、“持金装”、穷困潦倒或是功成名就，她都勇于接受，宠辱不惊，显示出勇敢自主、沉稳笃定的精神气度。她的地位虽然是卑贱的，但是她直面生活的勇气却是高贵的。作为一个封建社会被迫害的下层女性，这无疑是具有极大进步意义的。（倪雪坤导读）

原文

李娃传

汧国夫人李娃，长安之倡女也。节行瑰奇，有足称者，故监察御史白行简为传述。

天宝中，有常州刺史荥阳[1]公者，略其名氏不书，时望甚崇，家徒甚殷。知命之年，有一子，始弱冠矣。隽朗有词藻，迥然不群，深为时辈推伏。其父爱而器之，曰：“此吾家千里驹也。”应乡赋秀才举[2]，将行，乃盛其服玩车马之饰，计其京师薪储之费，谓之曰：“吾观尔之才，当一战而霸。今备二载之用，且丰尔之给，将为其志也。”生亦自负，视上第如指掌。

自毗陵[3]发，月余抵长安，居于布政里。尝游东市还，自平康东门入，将访友于西南。至鸣珂曲[4]，见一宅，门庭不甚广，而室宇严邃。阖一扉，有娃方凭一双鬟青衣立，妖姿要妙[5]，绝代未有。生忽见之，不觉停骖[6]久之，徘徊不能去。乃诈坠鞭于地，候其从者，敕[7]取之。累眄于娃。娃回眸凝睇，情甚相慕。竟不敢措辞而去。

生自尔意若有失，乃密征其友游长安之熟者，以讯之。友曰："此狭邪女[8]李氏宅也。"曰："娃可求乎？"对曰："李氏颇赡[9]。前与通之者多贵戚豪族，所得甚广。非累百万，不能动其志也。"生曰："苟患其不谐，虽百万何惜！"

他日，乃洁其衣服，盛宾从而往。扣其门。俄有侍儿启扃。生曰："此谁之第耶？"侍儿不答，驰走大呼曰："前时遗策郎也！"娃大悦，曰："尔姑止之。吾当整妆易服而出。"生闻之私喜。乃引至萧墙间，见一姥垂白上偻[10]，即娃母也。生跪拜，前致词曰："闻兹地有隙院[11]，愿税以居，信乎？"姥曰："惧其浅陋湫隘[12]，不足以辱长者所处，安敢言直耶？"延生于迟宾之馆，馆宇甚丽。与生偶坐，因曰："某有女娇小，技艺薄劣，欣见宾客，愿将见之。"乃命娃出。明眸皓腕，举步艳冶。生遽惊起，莫敢仰视。与之拜毕，叙寒燠[13]，触类妍媚，目所未睹。复坐，烹茶斟酒，器用甚洁。

久之，日暮，鼓声四动。姥访其居远近。生绐之曰："在延平门外数里。"冀其远而见留也。姥曰："鼓已发矣。当速归，无犯禁。"生曰："幸接欢笑，不知日之云夕。道里辽阔，城内又无亲戚，将若之何？"娃曰："不见责僻陋，方将居之，宿何害焉。"生数目姥。姥曰："唯唯。"生乃召其家僮，持双缣[14]，请以备一宵之馔。娃笑而止之曰："宾主之义，且不然也。今夕之费，愿以贫窭之家，随其粗粝以进之。其余以俟他辰。"固辞，终不许。俄徙坐西堂，帏幕帘榻，焕然夺目，妆奁衾枕，亦皆侈丽。乃张烛进馔，品味甚盛。彻馔，姥起。生娃谈话方切，诙谐调笑，无所不至。生曰："前偶过卿门，遇卿适在屏间。厥后心常勤念，虽寝与食，未尝或舍。"娃答曰："我心亦如之。"生曰："今之来，非直求居而已。愿偿平生之志。但未知命也若何？"言未终，姥至，询其故，具以告。姥笑曰："男女之际，大欲存焉。情苟相得，虽父母之命，不能制也。女子固陋，曷足以荐君子之枕席？"生遂下阶，拜而谢之曰："愿以己为厮养[15]。"姥遂目之为郎[16]，饮酣而散。及旦，尽徙其囊橐，因家于李之第。

自是生屏迹戢身[17]，不复与亲知相闻。日会倡优侪类[18]，狎戏游宴。囊中尽空，乃鬻骏乘及其家僮。岁余，资财仆马荡然。迩来姥意渐怠，娃情弥笃。

他日，娃谓生曰："与郎相知一年，尚无孕嗣。常闻竹林神者，报应如响[19]，将致荐酹[20]求之，可乎？"生不知其计，大喜。乃质衣于肆，以备牢醴[21]，与娃同谒祠宇而祷祝焉。信宿而返。策驴而后，至里北门，娃谓生曰："此东转小曲中，某之姨宅也。将憩而觐之，可乎？"生如其言，前行不逾百步，果见一车门。窥其际，甚弘敞。其青衣自车后止之曰："至矣。"生下，适有一人出访曰："谁？"曰："李娃也。"乃入告。俄有一妪至，年可四十余，与生相迎，曰："吾甥来否？"娃下车，妪逆访[22]之曰："何久疏绝？"相视而笑。娃引生拜之。既见，遂偕入西戟门偏院。中有山亭，竹树葱茜，池榭幽绝。生谓娃曰："此姨之私第耶？"笑而不答，以他语对。俄献茶果，甚珍奇。食顷，有一人控大宛[23]，汗流驰至，曰："姥遇暴疾，颇甚，殆不识人。宜速归。"娃谓姨曰："方寸乱矣。某骑而前去，当令返乘，便与郎偕来。"生拟随之。其姨与侍儿偶语[24]，以手挥之，令生止于户外，曰："姥且殁矣。当与某议丧事以济其急。奈何遽相随而去？"乃止，共计其凶仪斋祭[25]之用。日晚，乘不至。姨言曰："无复命，何也？郎骤往视之，某当继至。"生遂往，至旧宅，门扃钥甚密，以泥缄之。生大骇，诘其邻人。邻人曰："李本税而居，约已周[26]矣。第主自收。姥徙居，而且再宿矣。"征徙何处，曰："不详其所。"生将弛赴宣阳[27]，以诘其姨，日已晚矣，计程不能达。乃弛其装服，质馔而食，赁榻而寝。生恚怒方甚，自昏达旦，目不交睫。质明[28]，乃策蹇而去。既至，连扣其扉，食顷无人应。生大呼数四，有宦者徐出，生遽访之："姨氏在乎？"曰："无之。"生曰："昨暮在此，何故匿之？"访其谁氏之第，曰："此崔尚书[29]宅。昨者有一人税此院，云迟[30]中表之远至者。未暮去矣。"生惶惑发狂，罔知所措，因返访布政旧邸。

邸主哀而进膳。生怨懑，绝食三日，构疾甚笃，旬余愈甚。邸主惧其不起，徙之于凶肆[31]之中。绵缀[32]移时，合肆之人共伤叹而互饲之。后稍愈，杖而能起。由是凶肆日假[33]之，令执穗帷[34]，获其直以自给。累月，渐复壮。每听其哀歌，自叹不及逝者，辄呜咽流涕不能自止，归则效之。生，聪敏者也。无何，曲尽其妙，虽长安无有伦比。

初，二肆之佣凶器[35]者，互争胜负。其东肆，车舆皆奇丽，殆不敌，唯哀挽[36]劣焉。其东肆长知生妙绝，乃醵钱[37]二万索顾焉。其党耆旧[38]，共较其所能者，阴教生新声，而相赞和。累旬，人莫知之。其二肆长相谓曰："我欲各阅所佣之器于天门街[39]，以较优劣。不胜者罚直五万，以备酒馔之用，可乎？"二肆许诺。乃邀立符契，署以保证，然后阅之。

士女大和会，聚至数万。于是里胥告于贼曹[40]，贼曹闻于京尹。四方之士，尽赴趋焉，巷无居人。自旦阅之，及亭午[41]，历举辇舆威仪之具[42]，西肆皆不胜，师[43]有惭色。乃置层榻于南隅，有长髯者，拥铎[44]而进，翊卫[45]数人。于是奋髯扬眉，扼腕顿颡[46]而登，乃歌《白马》之词。恃其夙胜[47]，顾眄左右，旁若无人，齐声赞扬之，自以为独步一时，不可得而屈也。有顷，东肆长于北隅上设连榻，有乌巾少年，左右五六人，秉翣[48]而至，即生也。整衣服，俯仰甚徐，申喉发调，容若不胜。乃歌《薤露》之章，举声清越，响振林木。曲度未终，闻者嘘欷掩泣。西肆长为众所诮，益惭耻。密置所输之直于前，乃潜遁焉。四坐愕眙[49]，莫之测也。

先是，天子方下诏，俾外方之牧[50]，岁一至阙下，谓之入计。时也适遇生之父在京师，与同列者易服章窃往观焉。有老竖，即生乳母婿也，见生之举措辞气，将认之而未敢，乃泫然流涕。生父惊而诘之。因告曰："歌者之貌，酷似郎之亡子。"父曰："吾子以多财为盗所害。奚至是耶？"言讫亦泣。及归，竖间[51]驰往，访于同党。曰："向歌者谁？若斯之妙欤？"皆曰："某氏之子。"征其名，且易之矣。竖凛然大惊，徐往，迫而察之。生见竖，色动回翔[52]，将匿于众中。竖遂持其袂曰："岂非某乎？"相持而泣。遂载以归。

至其室，父责曰："志行若此，污辱吾门。何施面目，复相见也？"乃徒行出，至曲江西杏园东，去其衣服，以马鞭鞭之数百。生不胜其苦而毙。父弃之而去。其师命相狎昵者阴随之，归告同党，共加伤叹。令二人赍苇席瘗[53]焉。至，则心下微温。举之，良久气稍通。因共荷而归，以苇筒灌勺饮，经宿乃活。月余，手足不能自举。其楚挞之处皆溃烂，秽甚，同辈患之。一夕，弃于道周。行路咸伤之，往往投其余食，得以充肠。十旬，方杖策而起。被布裘，裘有百结，褴缕如悬鹑[54]。持一破瓯，巡于闾里，以乞食为事。自秋徂冬，夜入于粪壤窟室，昼则周游廛肆。

一旦大雪，生为冻馁所驱，冒雪而出，乞食之声甚苦，闻见者莫不凄恻。时雪方甚，人家外户多不发。至安邑东门，循里垣北转第七八，有一门独启左扉，即娃之第也。生不知之，遂连声疾呼“饥冻之甚”，音响凄切，所不忍听。娃自阁中闻之，谓侍儿曰：“此必生也，我辨其音矣。”连步而出。见生枯瘠疥厉[55]，殆非人状。娃意感焉，乃谓曰：“岂非某郎也？”生愤懑绝倒，口不能言，颔颐[56]而已。娃前抱其颈，以绣襦拥而归于西厢。失声长恸曰：“令子一朝及此，我之罪也！”绝而复苏。

姥大骇，奔至，曰：“何也？”娃曰：“某郎。”姥遽曰：“当逐之。奈何令至此？”娃敛容却睇曰：“不然。此良家子也。当昔驱高车，持金装，至某之室，不逾期而荡尽。且互设诡计，舍而逐之，殆非人行。令其失志，不得齿于人伦。父子之道，天性也。使其情绝，杀而弃之。又困踬若此，天下之人尽知为某也。生亲戚满朝，一旦当权者熟察其本末，祸将及矣。况欺天负人，鬼神不祐，无自贻其殃也。某为姥子，迨今有二十岁矣。计其赀，不啻直千金。今姥年六十余，愿计二十年衣食之用以赎身，当与此子别卜所诣[57]。所诣非遥，晨昏得以温凊[58]。某愿足矣。”姥度其志不可夺，因许之。

给姥之余，有百金。北隅四五家税一隙院。乃与生沐浴，易其衣服。为汤粥，通其肠；次以酥乳，润其脏。旬余，方荐水陆之馔。头巾履袜，皆取珍异者衣之。未数月，肌肤稍腴；卒岁，平愈如初。

异时，娃谓生曰：“体已康矣，志已壮矣。渊思寂虑，默想曩昔之艺业，可温习乎？”生思之，曰：“十得二三耳。”娃命车出游，生骑而从。至旗亭南偏门鬻坟典之肆[59]，令生拣而市之，计费百金，尽载以归。因令生斥弃百虑以志学，俾夜作昼，孜孜矻矻[60]。娃常偶坐，宵分乃寐。伺其疲倦，即谕之缀诗赋。二岁而业大就，海内文籍，莫不该览。生谓娃曰：“可策名试艺矣。”娃曰：“未也，且令精熟，以俟百战。”更一年，曰：“可行矣。”于是遂一上登甲科[61]，声振礼闱。虽前辈见其文，罔不敛衽[62]敬羡，愿女之[63]而不可得。娃曰：“未也。今秀士，苟获擢一科第[64]，则自谓可以取中朝之显职，擅天下之美名。子行秽迹鄙，不侔[65]于他士。当砻淬利器[66]，以求再捷，方可以连衡多士[67]，争霸群英。”生由是益自勤苦，声价弥甚。其年遇大比[68]，诏征四方之隽。生应直言极谏策科[69]，名第一，授成都府[70]参军。三事以降，皆其友也。

将之官，娃谓生曰：“今之复子本躯，某不相负也。愿以残年，归养老姥。君当结媛鼎族，以奉蒸尝[71]。中外婚媾，无自黩也。勉思自爱，某从此去矣。”生泣曰：“子若弃我，当自刭以就死。”娃固辞不从，生勤请弥恳。娃曰：“送子涉江，至于剑门，当令我回。”生许诺。

月余，至剑门。未及发而除书[72]至，生父由常州诏入，拜成都尹，兼剑南采访使。浃辰[73]，父到。生因投刺[74]，谒于邮亭[75]。父不敢认，见其祖父官讳，方大惊，命登阶，抚背恸哭。移时，曰：“吾与尔父子如初。”因诘其由，具陈其本末。大奇之，诘娃安在。曰：“送某至此，当令复还。”父曰：“不可。”翌日，命驾与生先之成都，留娃于剑门，筑别馆以处之。明日，命媒氏通二姓之好，备六礼以迎之，遂如秦晋之偶。

娃既备礼，岁时伏腊[76]，妇道甚修，治家严整，极为亲所眷尚。向后数岁，生父母偕殁，持孝甚至。有灵芝产于倚庐[77]，一穗三秀[78]，本道上闻[79]。又有白燕数十，巢其层甍[80]。天子异之，宠锡加等[81]。终制，累迁清显之任。十年间，至数郡。娃封汧国夫人。有四子，皆为大官，其卑者犹为太原尹。弟兄姻媾皆甲门，内外隆盛，莫之与京[82]。

嗟乎！倡荡之姬，节行如是，虽古先烈女，不能逾也。焉得不为之叹息哉！

予伯祖尝牧晋州，转户部，为水陆运使，三任皆与生为代，故谙详其事。贞元中，予与陇西公佐话妇人操烈之品格，因遂述汧国之事。公佐拊掌竦[83]听，命予为传。乃握管濡翰，疏而存之。时乙亥[84]岁秋八月，太原白行简云。

注释

[1] 荥阳：唐县名，故治在今河南荥阳。

[2] 应乡赋秀才举：由州县推荐到京城参加进士考试。

[3] 毗（pí）陵：即唐代的常州郡，治所在今江苏武进。

[4] 鸣珂曲：平康里中的一条小巷。

[5] 妖姿要（yāo）妙：姿容妖艳美好。

[6] 停骖（cān）：停马。骖，原指三匹马驾的车子，这里泛指坐骑。

[7] 敕（chì）：命令。

[8] 狭邪女：即妓女。

[9] 赡：富足。

[10] 垂白上偻（lǚ）：头发花白而驼背。

[11] 隙院：空房。

[12] 湫隘：低洼窄小。

[13] 寒燠（yù）：寒暄，主客见面时的应酬话。

[14] 双缣：两匹绢。唐代可以绢绸代货币使用。

[15] 愿以己为厮养：自己愿意为你家做仆役。

[16] 郎：女婿。

[17] 屏迹戢身：敛迹藏身。

[18] 侪（chái）类：同类。

[19] 如响：十分灵验。

[20] 荐酹（lèi）：进献瓜果酒食并将酒洒在地上祭神。

[21] 牢：猪、牛、羊三牲。醴：酒。

[22] 逆访：迎问。

[23] 大宛（yuān）：古西域国名，盛产名马，因以地名代指名马。

[24] 偶语：两人对话。

[25] 凶仪斋祭：丧葬和祭奠。

[26] 约已周：租约已经到期。

[27] 宣阳：长安地名，丹凤门街之第六坊。

[28] 质明：天亮。

[29] 尚书：官名。唐代尚书省下辖六部（吏、户、礼、兵、刑、工）的长官称尚书。

[30] 迟：等候。

[31] 凶肆：专门为人办丧事的店铺，即殡仪店。

[32] 绵缀：病势很重。

[33] 假：借，雇用。

[34] 执穗帷：牵引灵帐。

[35] 佣凶器：出租办理丧葬的器物。

[36] 哀挽：出丧时唱的挽歌。

[37] 醵（jù）钱：凑钱。

[38] 其党耆旧：挽歌手中的老手。

[39] 天门街：即承天门街，唐代宫城门外之南北大街。

[40] 贼曹：负责治安的官员。

[41] 亭午：正午。

[42] 辇舆威仪之具：丧葬时使用的车、轿及仪仗用具。

[43] 师：这指殡葬铺的老板。

[44] 铎：大铃铛。

[45] 翊（yì）卫：簇拥保护的人。

[46] 扼腕顿颡（sǎng）：一种表示得意的动作神情。

[47] 夙胜：一向擅长。

[48] 秉翣：手里拿着出殡时放在柩车两旁状似掌扇的仪具。

[49] 愕眙：惊诧发愣。眙：直视。

[50] 外方之牧：各州郡的地方行政长官。

[51] 间（jiàn）：乘间，找个机会。

[52] 回翔：像鸟一样很快转过身去。

[53] 瘗（yì）：埋葬。

[54] 悬鹑：鹑，鸟名，尾秃，像古时敝衣短

结，故古人常以“悬鹑”形容衣服破烂。

[55] 疥厉（lài）：疥疮。厉同“癞”。

[56] 领颐：点头。

[57] 别卜所诣：另找住处。

[58] 温凊（qìng）：问寒问暖。

[59] 鬻坟典之肆：出售古籍的商店。

[60] 孜孜矻（kù）矻：形容勤奋不息，刻苦用功。

[61] 登甲科：考中了甲科。唐代进士考试分为甲乙两等，甲科即甲等，成绩优异，授官位品也较高。

[62] 敛衽：会客时整理一下衣襟，以表示对对方的尊重。

[63] 女（nǜ）之：把女儿嫁给他。

[64] 擢一科第：指考中进士。

[65] 侔：同。

[66] 砻淬（lóng cuì）利器：这里把科举艺业比作利器，如像在石上磨、先烧红再浸入水中淬火一样，必须刻苦琢磨钻研。

[67] 连衡多士：在众多士子中成为争相结交的人物。

[68] 大比：三年举行一次的科举考试，这里指皇帝特命举行的制科考试。

[69] 直言极谏策科：制科考试的科目之一，内容为向皇帝的政治措施大胆直率地提出批评建议。

[70] 成都府：唐府名，肃宗时改益州为成都府，治所在今四川成都。

[71] 奉蒸尝：做家庭主妇的代称。古时冬天祭祀曰“蒸”，秋天祭祀曰“尝”，而祭祀祖先时家庭主妇的重要职责。

[72] 除书：授任官职的诏书。

[73] 浃（jiā）辰：古以地支记日，从子到亥十二时辰为一周，即十二天。浃，指一个循环。

[74] 刺：名片。

[75] 邮亭：驿站。

[76] 岁时伏腊：逢年过节和夏天祭祀（伏）与冬天祭祀（腊），都是妇女婚后尽主妇之责的重要时节。

[77] 倚庐：古时守孝所居的草屋。

[78] 一穗三秀：谷类一穗上开三朵花是极少见的，古人认为是一种祥瑞。

[79] 上闻：向皇帝报告。

[80] 甍（méng）：屋脊。

[81] 宠锡加等：格外地给予赏赐嘉奖。

[82] 莫之与京：没有谁能与之相比。京，大。

[83] 竦：恭敬、严肃。

[84] 乙亥：贞元十一年（795）。

作者简介

白行简（776—826），字知退，下邽（今陕西渭南）人，白居易之弟。贞元末进士，曾任司门员外郎、主客郎中等职。作有《李娃传》《三梦记》等。

名家点评

《虞初志》卷四李贽评语：“汧国夫人说母卜居、买书劝读、倍业辞婚，若大经济，若大主张，逼真女中侠烈也！谁谓须眉中便无男子首！”

《虞初志》卷四屠隆评语：“人情吐弃，娃独收之。狼藉之余，拥抱护持，长恸欲绝。谁谓语烟花中无贞女烈妇！”

（清）俞正燮《癸巳存稿》卷十四：“《太平广记·李娃传》，文笔极工。”

11. 情义结合的奇幻爱情

——李朝威《柳毅传》赏析

导读

情义是中国人的文化品格。“情”是情感，是变动不拘、浪漫炽热的内心涌动；“义”是道义，是持续稳固、冷静克制的信念坚持。情义结合是中国人理想的人际模式，是感性与理性相结合的产物，它孕育在人类心灵与情感的深处，是人类最深沉的情感，悠远绵长，饱含着最为日常的仁爱与善意。

《柳毅传》是唐代传奇小说中灵怪、爱情与侠义多重主题兼备融汇的代表作。小说描述了柳毅与龙女充满奇幻浪漫色彩的爱情故事，由柳毅传书和龙女报恩两部分组成。落第儒生柳毅在回乡途中，遇见洞庭君女儿道旁牧羊，柳毅为其不幸的婚姻生活义愤，为龙女传书。洞庭君的弟弟钱塘君性格暴烈，化身巨龙，杀婿取女而归。龙女心怀感恩，然而性情暴烈的钱塘君欲强迫柳毅与龙女成婚，遭到柳毅严词拒绝，龙女与柳毅的婚姻无望。回家后柳毅两次丧妻，第三次又娶卢氏，然而卢氏即龙女化身。柳毅与龙女经历重重波折，冲破重重阻碍，终得大团圆。其中，洞庭水府的描绘、钱塘君出战的形容，穿插其间，有声有色，奇幻浪漫。

柳毅与龙女奇幻浪漫爱情故事的精神内核是中国传统“义”伦理。作者在文末点名了文章写作的目的“愚义之，为斯文”，突出了“义”主题，歌颂了主要人物追求义行的高尚品德。柳毅的“义”表现在他听闻龙女不幸遭遇时的义愤，自称“吾义夫也。闻子之说，气血俱动。恨无毛羽，不能奋飞”。他信守诺言，寻得龙宫，面对款待，始终谦逊，无居功求报之意。面对钱塘君请婚，他严词拒绝，维护追求义行的初衷，表现出不畏强暴、刚烈不屈的正气。龙女的“义”表现在她受恩知报，她有感于柳毅救她于水火之中的恩义，誓心求报，拒绝父母再次婚配，一直等到柳毅迁至金陵，丧妻再娶，终得实现愿望。在爱情发展进程中，柳毅始终无私心杂念，坚守道义，龙女始终遵循本心，执着报恩。柳毅与龙女的爱情体现了中国传统“义”伦理为核心的爱情建构模式。

然而，如果有义无情，爱情书写就失了炽热。小说对龙女婚后复杂的心理活动进行了细腻传神的刻画，龙女剖析离别后的心路历程，言感念恩情，但因不能确定柳毅的心意，只得暂隐身份，即使已生下一子，仍忧虑不能相守，心中忐忑不安，喜惧交并，备受煎熬。柳毅虽然出于义愤救人，出于正气拒婚，但是他善良易感。在路旁遇见龙女的时候，就觉其有“殊色”，“然而蛾脸不舒，巾袖无光”。他眼中的龙女是美貌又令人同情的。与洞庭君夫人及龙女拜别时，已“有叹恨之色”，流露出惋惜悔恨神色，为后续爱情故事的发展埋下伏笔。直至有感于龙女缜密挚情，表达了“永奉欢好”的誓言。小说对柳毅爱情心理的描写，完善了柳毅情义并重的性格。

柳毅与龙女的爱情故事展示了一个真实热烈又崇高可贵的中国人的爱情世界，既有缠绵悱恻的浪漫爱情，又有冷静克制的伦理道义，道义的存在节制了人性中的自私和冲动，浓烈的情感又还原了爱情本来的面貌，造成缠绵悱恻、感人至深的艺术效果。（倪雪坤导读）

原文

柳毅传

唐仪凤[1]中，有儒生柳毅者，应举下第，将还湘滨。念乡人有客于泾阳[2]者，遂往告别。至六七里，鸟起马惊，疾逸道左，又六七里，乃止。见有妇人，牧羊于道畔。毅怪视之，乃殊色也。然而蛾脸不舒，巾袖无光，凝听翔立[3]，若有所伺。毅诘之曰：“子何苦，而自辱如是？”妇始楚[4]而谢，终泣而对曰：“贱妾不幸，今日见辱问于长者。然而恨贯肌骨，亦何能愧避？幸一闻焉。妾，洞庭龙君小女也。父母配嫁泾川次子，而夫婿乐逸，为婢仆所惑，日以厌薄。既而将诉于舅姑[5]，舅姑爱其子，不能御制。迨诉频切，又得罪舅姑。舅姑毁黜[6]以至此。”言讫，嘘欷流涕，悲不自胜。又曰：“洞庭于兹，相远不知其几多也？长天茫茫，信耗莫通。心目断尽，无所知哀。闻君将还吴，密通洞庭。或以尺书，寄托使者，未卜将以为可乎？”毅曰：“吾义夫也。闻子之说，气血俱动。恨无毛羽，不能奋飞。是何可否之谓乎！然而洞庭，深水也。吾行尘间，宁可致意耶？惟恐道途显晦[7]。不相通达，致负诚托，又乖恳愿。子有何术，可导我耶？”女悲泣且谢，曰：“负载珍重，不复言矣。脱[8]获回耗，虽死必谢。君不许，何敢言。既许而问，则洞庭之与京邑，不足为异也。”毅请闻之。女曰：“洞庭之阴，有大橘树焉，乡人谓之社橘。君当解去兹带，束以他物。然后叩树三发，当有应者。因而随之，无有碍矣。幸君子书叙之外，悉以心诚之话倚托，千万无渝[9]。”毅曰：“敬闻命矣。”女遂于襦间解书，再拜以进，东望愁泣，若不自胜。毅深为之戚。乃置书囊中，因复谓曰：“吾不知子之牧羊，何所用哉？神祇岂宰杀乎？”女曰：“非羊也，雨工也。”“何为雨工？”曰：“雷霆[10]之类也。”数顾视之，则皆矫顾怒步，饮龁甚异，而大小毛角，则无别羊焉。毅又曰：“吾为使者，他日归洞庭，幸勿相避。”女曰：“宁止不避，当如亲戚耳。”语竟，引别东去。不数十步，回望女与羊，俱亡所见矣。

其夕，至邑而别其友。月余，到乡还家，乃访于洞庭。洞庭之阴，果有社橘，遂易带向树，三击而止。俄有武夫出于波间，再拜请曰：“贵客将自何所至也？”毅不告其实，曰：“走谒大王耳。”武夫揭水指路，引毅以进。谓毅曰：“当闭目，数息可达矣。”毅如其言，遂至其宫。

始见台阁相向，门户千万，奇草珍木，无所不有。夫乃止毅，停于大室之隅，曰：“客当居此以伺焉。”毅曰：“此何所也？”夫曰：“此灵虚殿也。”谛视之，则人间珍宝，毕尽于此。柱以白璧，砌以青玉。床以珊瑚，帘以水精，雕琉璃于翠楣，饰琥珀于虹栋。奇秀深杳，不可殚言。然而王久不至。毅谓夫曰：“洞庭君安在哉？”曰：“吾君方幸玄珠阁，与太阳道士讲《火经》，少选[11]当毕。”毅曰：“何谓《火经》。”夫曰：“吾君，龙也。龙以水为神，举一滴可包陵谷。道士，乃人也。人以火为神圣，发一灯可燎阿房。然而灵用不同，玄化[12]各异。太阳道士精于人理，吾君邀以听焉。”

语毕而宫门辟。景从云合[13]而见一人，披紫衣，执青玉。夫跃曰：“此吾君也。”

乃至前以告之。君望毅而问曰："岂非人间之人乎？"毅对曰："然。"毅遂设拜，君亦拜，命坐于灵虚之下。谓毅曰："水府幽深，寡人暗昧，夫子不远千里，将有为乎？"毅曰："毅，大王之乡人也。长于楚，游学于秦。昨下第，闲驱泾水之涘，见大王爱女牧羊于野，风环雨鬓，所不忍视，毅因诘之，谓毅曰：'为夫婿所薄，舅姑不念，以至于此'。悲泗淋漓，诚怛人心。遂托书于毅。毅许之，今以至此。"因取书进之。洞庭君览毕，以袖掩面而泣曰："老父之罪，不能鉴听，坐贻聋瞽，使闺窗孺弱，远罹构害。公乃陌上人[14]也，而能急之。幸被齿发[15]，何敢负德。"词毕，又哀咤良久，左右皆流涕。时有宦人密侍君者，君以书授之，令达宫中。须臾宫中皆恸哭。君惊，谓左右曰："疾告宫中，无使有声，恐钱塘所知。"毅曰："钱塘，何人也？"曰："寡人之爱弟。昔为钱塘长，今则致政[16]矣。"毅曰："何故不使知？"曰："以其勇过人耳。昔尧遭洪水九年者，乃此子一怒也。近与天将失意，塞其五山。上帝以寡人有薄德于古今，遂宽其同气之罪。然犹縻系于此，故钱塘之人，日日候焉。"

语未毕，而大声忽发，天拆地裂。宫殿摆簸，云烟沸涌。俄有赤龙长千余尺，电目血舌，朱鳞火鬣，项掣金锁，锁牵玉柱，千雷万霆，激绕其身，霰雪雨雹，一时皆下。乃擘[17]青天而飞去。毅恐蹶仆地。君亲起持之曰："无惧，固无害。"毅良久稍安，乃获自定。因告辞曰："愿得生归，以避复来。"君曰："必不如此。其去则然，其来则不然。幸为少尽缱绻。"因命酌互举，以款人事[18]。

俄而祥风庆云，融融怡怡，幢节玲珑[19]，箫韶[20]以随。红妆千万，笑语熙熙中，有一人，自然蛾眉，明珰满身，绡縠[21]参差。迫而视之，乃前寄辞者。然若喜若悲，零泪如丝。须臾，红烟蔽其左，紫气舒其右，香气环旋，入于宫中。君笑谓毅曰："泾水之囚人至矣。"君乃辞归宫中。须臾，又闻怨苦，久而不已。

有顷，君复出，与毅饮食。又有一人，披紫裳，执青玉，貌耸神溢，立于君左右。君谓毅曰："此钱塘也。"毅起，趋拜之。钱塘亦尽礼相接，谓毅曰："女侄不幸，为顽童所辱。赖明君子信义昭彰，致达远冤。不然者，是为泾陵之土矣。飨德怀恩[22]，词不悉心。"毅㧑退[23]辞谢，俯仰唯唯。然后回告兄曰："向者辰发灵虚，已至泾阳，午战于彼，未还于此。中间驰至九天，以告上帝。帝知其冤，而宥其失。前所谴责，因而获免。然而刚肠激发，不遑辞候，惊扰宫中，复忤宾客。愧惕惭惧，不知所失。”因退而再拜。君曰：“所杀几何？”曰：“六十万。”“伤稼乎？”曰：“八百里。”“无情郎安在？”曰：“食之矣。”君怃然曰：“顽童之为是心也，诚不可忍，然汝亦太草草。赖上帝显圣，谅其至冤。不然者，吾何辞焉？从此已去，勿复如是。”钱塘君复再拜。

是夕，遂宿毅于凝光殿。明日，又宴毅于凝碧宫。会友戚，张广乐，具以醪醴，罗以甘洁。初，笳角鼙鼓，旌旗剑戟，舞万夫于其右。中有一夫前曰：“此《钱塘破阵乐》。”旌鉦[24]杰气，顾骤悍栗。坐客视之，毛发皆竖。复有金石丝竹，罗绮珠翠，舞千女于其左。中有一女前进曰：“此《贵主还宫乐》。”清音宛转，如诉如慕，坐客听下，不觉泪下。二舞既毕，龙君大悦，锡[25]以纨绮，颁于舞人。然后密席贯坐，纵酒极娱。酒酣，洞庭君乃击席而歌曰：

大天苍苍兮，大地茫茫。
人各有志兮，何可思量。
狐神鼠圣兮，薄社依墙[26]。
雷霆一发兮，其孰敢当？
荷真人[27]兮信义长，令骨肉兮还故乡。
齐言惭愧兮何时忘。

洞庭君歌罢，钱塘君再拜而歌曰：

上天配合兮，生死有途。
此不当妇兮，彼不当夫。
腹心[28]辛苦兮，泾水之隅。
风霜满鬓兮，雨雪罗襦。
赖明公兮引素书，令骨肉兮家如初。
永言珍重兮无时无。

钱塘君歌阕，洞庭君俱起，奉觞于毅。毅踧踖[29]而受爵，饮讫，复以二觞奉二君，乃歌曰：

碧云悠悠兮，泾水东流。

伤美人兮，雨泣花愁。

尺书远达兮，以解君忧。

哀冤果雪兮，还处其休[30]。

荷和雅[31]兮感甘羞。

山家寂寞兮难久留，欲将辞去兮悲绸缪[32]。

歌罢，皆呼万岁。洞庭君因出碧玉箱，贮以开水犀；钱塘君复出红珀盘，贮以照夜玑，皆起进毅。毅辞谢而受。然后宫中之人，咸以绡彩珠璧投于毅侧。重叠焕赫，须臾埋没前后。毅笑语四顾，愧揖不暇。洎[33]酒阑欢极，毅辞起，复宿于凝光殿。

翌日，又宴毅于清光阁。钱塘因酒作色，踞[34]谓毅曰："不闻'猛石可裂不可卷，义士可杀不可羞'邪？愚有衷曲，欲一陈于公。如可，则俱在云霄；如不可，则皆夷粪壤。足下以为何如哉？"毅曰："请闻之。"钱塘曰："泾阳之妻，则洞庭君之爱女也。淑性茂质[35]，为九姻[36]所重。不幸见辱于匪人。今则绝矣，将欲求托高义[37]，世为亲戚。使受恩者知其所归，怀爱者知其所付，岂不为君子始终之道者？"毅肃然而作，欻然[38]而笑曰："诚不知钱塘君孱困[39]如是！毅始闻跨九州，怀五岳，泄其愤怒；复见断金锁，制玉柱，赴其急难。毅以为刚决明直无如君者。盖犯之者不避其死[40]，感之者不爱其生，此真丈夫之志。奈何萧管方洽，亲宾正和，不顾其道，以威加人？岂仆人素望哉！若遇公于洪波之中，玄山之间，鼓以鳞须，被以云雨，将迫毅以死，毅则以禽兽视之，亦何恨哉。今体被衣冠，坐谈礼义，尽五常之志性，负百行之微旨[41]，虽人世贤杰，有不如者。况江河灵类乎？而欲以蠢然之躯，悍然之性，乘酒假气，将迫于人，岂近直哉！且毅之质[42]，不足以藏王一甲之间。然而敢以不伏之心，胜王不道之气。惟王筹之。"钱塘乃逡巡致谢曰："寡人生长宫房，不闻正论。向者词述狂妄，搪突高明。退自循顾，戾不容责。幸君子不为此乖间[43]可也。"

其夕，复饮宴，其乐如旧。毅与钱塘遂为知心友。

明日，毅辞归。洞庭君夫人别宴毅于潜景殿。男女仆妾等，悉出预会。夫人泣谓毅曰："骨肉受君子深恩，恨不得展愧戴[44]，遂至睽别。"使前泾阳女当席拜毅以致谢。夫人又曰："此别岂有复相遇之日乎？"毅其始虽不诺钱塘之情，然当此席，殊有叹恨之色。宴罢辞别，满宫凄然。赠遗珍宝，怪不可述。毅于是复循途出江岸，见从者十余人，担囊以随，至其家而辞去。

毅因适广陵宝肆，鬻其所得。百未发一，财已盈兆[45]。故淮右富族，咸以为莫如。遂娶于张氏，亡，又娶韩氏。数月，韩氏又亡。徙家金陵。常以鳏旷多感，或谋新匹。有媒氏告之曰："有卢氏女，范阳人也。父名曰浩，尝为清流宰。晚岁好道，独游云泉，今则不知所在矣。母曰郑氏。前年适清河张氏，不幸而张夫早亡。母怜其少，惜其慧美，欲择德以配焉。不识何如？"毅乃卜日[46]就礼。既而男女二姓，俱为豪族，法用礼物[47]，尽其丰盛。金陵之士，莫不健仰。居月余，毅因晚入户，视其妻，深觉类于龙女，而艳逸丰厚，则又过之。因与话昔事，妻谓毅曰："人世岂有如是之理乎？"经岁余有一子。毅益重之。

既产逾月，乃浓饰换服，召毅于帘室之间，笑谓毅曰："君不忆余之于昔也？"毅曰："夙[48]非姻好，何以为忆？"妻曰："余即洞庭君之女也。泾川之冤，君使得白。衔君之恩，誓心求报。洎钱塘季父论亲不从，遂至睽违，天各一方，不能相问。父母欲配嫁于濯锦小儿某。惟以心誓难移，亲命难背，既为君子弃绝，分无见期。而当初之冤，虽得以告诸父母，而誓报不得其志。复欲驰白于君子，值君子累娶，当娶于张，已而又娶于韩。迨张、韩继卒，君卜居于兹，故余之父母乃喜余得遂报君之意。今日获奉君子，咸善终世，死无恨矣。"因呜咽，泣涕交下。对毅曰："始不言者，知君无重色之心。今乃言者，知君有感余之意。妇人匪薄，不足以确厚永心，故因君爱子，以托贱质。未知君意如何？愁惧兼心，不能自解。君附书之日，笑谓妾曰：'他日归洞庭，慎无相避。'诚不知当此之际，君岂有意于今日之事乎？其后季父请于君，君固不许。君乃诚将不可邪，抑忿然邪？君其话之。"毅曰："似有命者。仆始见君子于长泾之隅，枉抑憔悴，诚有不平之志。然自约其心者，达君之冤，余无及也。初言慎无相避者，偶然耳，岂思哉？洎钱塘逼迫之际，唯理有不可直，乃激人之怒耳。夫始以义行为之志，宁有杀其婿而纳其妻者邪？一不可也。善素以操真为志尚，宁有屈于己而伏于心[49]者乎？二不可也。且以率肆胸臆，酬酢[50]纷纶，唯直是图，不遑避害。然而将别之日，见君有依然之容，心甚恨之。终以人事扼束，无由报谢。吁，今日，君，卢氏也，又家于人间。则吾始心未为惑矣。从此以往，永奉欢好，心无纤虑也。”妻因深感娇泣，良久不已。有顷，谓毅曰：“勿以他类，遂为无心，固当知报耳。夫龙寿万岁，今与君同之。水陆无往不适。君不以为妄也？”毅嘉之曰：“吾不知国客乃复为神仙之饵。”乃相与觐洞庭。

既至，而宾主盛礼，不可具纪。后徙居南海，仅四十年，其邸第舆马，珍鲜服玩，虽侯伯之室，无以加也。毅之族咸遂濡泽[51]。以其春秋积序[52]，容状不衰，南海之人，靡不惊异。洎开元中，上方属意于神仙之事，精索道术。毅不得安，遂相与归洞庭。凡十余岁，莫知其迹。

至开元末，毅之表弟薛嘏为京畿令，谪官东南。经洞庭，晴昼长望，俄见碧山出于远波，舟人皆侧立，曰：“此本无山，恐水怪耳。”指顾之际，山与舟相逼，乃有彩船自山驰来，迎问于嘏。其中有一人呼之曰：“柳公来候耳。”嘏省然[53]记之，乃促至山下，摄衣疾上。山有宫阙如人世，见毅立于宫室之中，前列丝竹，后罗珠翠，物玩之盛，殊倍人间。毅词理益玄，容颜益少。初迎嘏于砌，持嘏手曰：“别来瞬息，而发毛已黄。”嘏笑曰：“兄为神仙，弟为枯骨，命也。”毅因出药五十丸遗嘏，曰：“此药一丸，可增一岁耳。岁满复来，无久居人世，以自苦也。”欢宴毕，嘏乃辞行。自是已后，遂绝影响[54]。嘏常以是事告于人世。殆四纪[55]，嘏亦不知所在。

陇西李朝威叙而叹曰：五虫之长[56]，必以灵者，别斯见矣。人，裸也。移信鳞虫。洞庭含纳大直，钱塘迅疾磊落，宜有承焉。嘏咏而不载，独可邻其境。愚义之，为斯文。

注释

［1］仪凤：唐高宗年号（676—679）。
［2］泾阳：唐县名，故治在今陕西泾阳东南。
［3］翔立：一动不动地伫立。
［4］楚：悲痛貌。
［5］舅姑：公婆。
［6］毁黜（chù）：虐待，凌辱。
［7］道途显晦：意思是人和神是两个（一显一晦）不同的世界。
［8］脱：如果。
［9］无渝：不要改变。
［10］雷霆：指雷神。古代传说雷神的相貌如人间的六畜，故这里说羊为雨工。
［11］选：通“须”，等待。
［12］玄化：神奇的变化。
［13］景从云合：形容许多随从像影不离形和白云聚合那样簇拥着龙君。
［14］陌上人：路人，素不相识而偶然相遇的人。
［15］被齿发：长着牙齿和头发，即人类。
［16］致政：交出政权，即被罢职。
［17］擘（bò）：分开。
［18］以款人事：以尽款待客人的情谊。
［19］幢（chuáng）节玲珑：仪仗很精致。
［20］箫韶：相传为虞舜时的乐曲，这里泛指音乐。
［21］绡縠（xiāo hú）：这里泛指华贵漂亮的丝绸衣服。
［22］飨（xiǎng）德怀恩：感恩戴德。
［23］㧑（huī）退：谦让。
［24］鋋：字书不载，当为武器一类。
［25］锡：同“赐”。
［26］“狐神鼠圣”句：狐狸依靠城墙做窝、老鼠依靠神社做穴，人们要消灭狐鼠怕伤及城墙和神社。薄，迫近。
［27］真人：正直有德行的人，指柳毅。
［28］腹心：犹“骨肉”，指龙女。
［29］踧踖（cù jí）：恭敬不安的样子。
［30］休：幸福、欢乐。
［31］和雅：形容乐曲的美好。
［32］绸缪（chóu móu）：别意缠绵。
［33］洎（jì）：到。
［34］踞：蹲着，一种对人傲慢无理的姿势。
［35］淑性茂质：温顺的性格，美好的人品。
［36］九姻：泛指各种亲戚关系。
［37］求托高义：女方向男方的求婚之辞。高义，赞美柳毅为品德高尚的人。
［38］欻（xū）然：忽然。
［39］孱（càn）困：卑劣无能。
［40］犯之者不避其死：对于侵犯自己的人，不避死亡的危险去抵抗和惩治他。
［41］百行之微旨：各种行为道德的精妙道理。
［42］质：这里指身体。
［43］乖间（jiàn）：隔阂，疏远。
［44］愧戴：感恩戴德的惭愧之情。
［45］盈兆：超过一万亿。
［46］卜日：选择一个好日子。
［47］法用礼物：结婚仪式中所规定的礼物。
［48］夙：原来。
［49］屈于己而伏于心：因自己被压制而心伏。
［50］酬酢（zuò）：酒席上主客间的劝酒应酬。
［51］濡泽：沾光。
［52］春秋积序：年岁一年年增长。
［53］省（xǐng）然：忽然想起的样子。
［54］影响：消息。
［55］四纪：四十八年。古以十二年为一纪。

[56] 五虫之长：指人类。虫，动物的通称。五虫即五种动物：倮虫为人类，羽虫为鸟类，毛虫为兽类，鳞虫为鱼类，介虫为龟类。

作者简介

李朝威（约766—约820），唐代著名传奇作家，陇西人，具体事迹不详。其创作活动大约在德宗贞元年间（785—805）至宪宗元和年间（806—820）。作品仅存《柳毅传》和《柳参军传》两篇。其中《柳毅传》为代表作，他本人被誉为唐代传奇小说的开山鼻祖。

名家点评

鲁迅《中国小说史略》："唐人传奇留遗不少，而后来煊赫如是者，惟此篇及李朝威《柳毅传》而已。"

12. 宦海沉浮见闻录

——沈既济《枕中记》赏析

导读

中国文学爱书写梦境，庄周的蝴蝶之梦、杜丽娘的游园之梦抑或曹雪芹的红楼一梦，无不令人心念感动。梦境固然美好，但是创作者的目的显然并不在梦境本身，而是借助梦境抒发对人生的感悟、对社会的认知。文学中的梦境是作者内心情感与思想的潜藏表达，或诉相思之苦悼亡之悲，或发思乡愁绪兴亡感伤，或抒报国之志生命之叹，古今之梦，莫不如此。

《枕中记》编织了一场儒家知识分子的宦海之梦。唐代士人卢生在邯郸道上的旅舍里，偶遇道士吕翁，两人相谈甚欢。卢生自认为富有才学，应当在仕途上大显身手，不免感叹自己人到中年仍郁郁不得志。吕翁授其青瓷枕，言如枕其枕，可实现愿望。入梦后的卢生娶清河女，举进士，登仕途。他凿河治水，抵御外侮，百姓立石以颂，皇帝号之为“贤相”，深受百姓爱戴与皇帝信任。但是，他的仕途并非一帆风顺。正当卢生屡建军功，“归朝册勋，恩礼极盛”之时，却“为时宰所忌，以飞语中之，贬为端州刺史”。当他复得恩宠，拜相执政之时，“同列害之，复诬与边将交结，所图不轨。下制狱”。卢生遍历人间荣华富贵，也不断遭到同朝官员的忌恨和诬陷，被贬官下狱，甚至被逼得几乎“引刃自刎”。卢生几经命运沉浮，其间两遭陷害，入监狱，遭流放，又蒙恩赦，年逾八十病逝而终。作者写尽了卢生宦海生涯跌宕起伏的一生。

《枕中记》是唐代传奇小说讽世主题的代表作，小说借助“入枕成梦”的寓言故事，对唐代社会官场生活进行真实再现。唐中期之后朝廷内部斗争激烈，《资治通鉴》记载，唐玄宗统治后期将政事委于李林甫，李林甫“妒贤嫉能，排抑胜己，以保其位；屡起大狱，诛逐贵臣，以张其势。自皇太子以下，畏之侧足”。文中卢生宦海沉浮所涉及的事件及人物，比如吐蕃攻陷瓜沙、节度使王君㚟被杀，萧中令嵩、裴侍中光庭执政，经学者反复对比考证，在唐朝确有其事，大大增强了历史真实感。作者沈既济饱尝政坛的险恶，他初为宰相杨炎赏识，被荐为官，后因杨炎在政坛失势而遭贬谪。沈既济把自身对唐代官场的深切观察与体悟，把自己的生活感受、遭际经历和个性气质都熔铸于小说的字里行间，借卢生的官场遭际表达了对政治黑暗和统治阶级内部互相构陷倾轧的残酷现实的批判。

耐人寻味的是，作者让卢生的宦海之梦终究是醒来了。现实中卢生“衣短褐”，“适壮而犹勤畎亩”，梦境中卢生出将入相，享尽富贵荣华。现实与梦幻相互参证，形成巨大反差。梦境中卢生的愿望已全部实现，但却时时与困境相伴，现实中的卢生平淡却可贵。梦醒之后的卢生，领受了“窒欲”之教。所谓“窒欲”，即窒塞对人世间功名富贵的欲望。这既是作者曲折沧桑的宦海经历的折射，也是唐代佛道思想流行造成的出世思想的影响。（倪雪坤导读）

原文

枕中记

开元七年，道士有吕翁者，得神仙术。行邯郸[1]道中，息邸舍，设榻施席，摄帽弛带，解囊而坐。俄见旅中少年，乃卢生也。衣短褐，乘青驹，将适于田，亦止于邸中，与翁共席而坐，言笑殊畅。久之，卢生顾其衣装敝亵，乃长叹息曰：“大丈夫生世不谐，困如是也！”翁曰：“观子形体，无苦无恙。谈谐方适，而叹其困者，何也？”生曰：“吾此苟生耳，何适之谓？”翁曰：“此不谓适，而何谓适？”答曰：“士之生世，当建功树名，出将入相，列鼎而食，选声而听，使族益昌而家益肥，然后可以言适乎。吾尝志于学，富于游艺，自惟当年，青紫可拾。今已适壮，犹勤畎亩，非困而何？”言讫而目昏思寐。时主人方蒸黄粱为馔，共待其熟。翁乃探囊中枕以授之，曰：“子枕吾枕，当令子荣适如志。”

其枕青瓷，而窍其两端。生俯首就之，见其窍渐大，明朗，乃举身而入，遂至其家。数月，娶清河崔氏[2]女。女容甚丽，生资愈厚。生大悦，由是衣装服驭，日益鲜盛。明年，举进士，登第。释褐秘校[3]。应制[4]，转渭南尉。俄迁监察御史。转起居舍人，知制诰。三载，出典同州，迁陕牧[5]。生性好上功，自陕西凿河八十里，以济不通，邦人利之，刻石纪德。移节汴州，领河南道采访使，征为京兆尹。是岁，神武皇帝[6]方事戎狄，恢宏土宇。会吐蕃悉抹逻及烛龙莽布支攻陷瓜沙[7]，而节度使王君㚟[8]新被杀，河湟[9]震动。帝思将帅之才，遂除生御史中丞、河西道节度。大破戎虏，斩首七千级，开地九百里，筑三大城以遮要害。边人立石于居延山[10]以颂之。归朝册勋，恩礼极盛。转吏部侍郎，迁户部尚书兼御史大夫。时望清重，群情翕习，大为时宰所忌，以飞语中之，贬为端州刺史。三年，征为常侍。未几，同中书门下平章事。与萧中令嵩[11]、裴侍中光庭[12]同执大政十余年，嘉谟密命，一日三接。献替启沃，号为贤相。同列害之，复诬与边将交结，所图不轨。下制狱。府吏引从至其门而急收之。生惶骇不测，谓妻子曰："吾家山东，有良田五顷，足以御寒馁。何苦求禄？而今及此，思衣短褐、乘青驹，行邯郸道中，不可得也。"引刃自刎，其妻救之，获免。其罹者皆死，独生为中官保之，减罪死，投驩州[13]。数年，帝知冤，复追为中书令，封燕国公，恩旨殊异。生五子，曰俭、曰传、曰位、曰倜、曰倚，皆有才器。俭进士登第，为考功员外；传为侍御史；位为太常丞；倜为万年尉。倚最贤，年二十八，为左襄[14]。其姻媾皆天下望族，有孙十余人。两窜荒徼，再登台铉。出入中外，徊翔台阁，五十余年，崇盛赫奕。性颇奢荡，甚好佚乐。后庭声色，皆第一绮丽。前后赐良田、甲第、佳人、名马，不可胜数。后年渐衰迈，屡乞骸骨，不许。病，中人候问，相踵于道。名医上药，无不至焉。将殁，上疏曰：

臣本山东诸生，以田圃为娱。偶逢圣运，得列官叙。过蒙殊奖，特秩鸿私。出拥节旌，入升台辅。周旋中外，绵历岁时。有忝天恩，无裨圣化。负乘贻寇，履薄增忧。日惧一日，不知老至。今年逾八十，位极三公，钟漏并歇，筋骸俱耄。弥留沉顿，待时益尽。顾无成效，上答休明，空负深恩，永辞圣代。无任感恋之至，谨奉表陈谢。

诏曰：

卿以俊德，作朕元辅。出拥藩翰，入赞雍熙。升平二纪，实卿所赖。比婴疾疹，日谓痊平。岂斯沉痼，良用悯恻。今令骠骑大将军高力士就第候省。其勉加针石，为予自爱。犹冀无妄，期于有瘳。

是夕，薨。

卢生欠伸而悟，见其身方偃于邸舍，吕翁坐其傍，主人蒸黄粱尚未熟，触类如故。生蹶然而兴，曰："岂其梦寐也？"翁谓生曰："人生之适，亦如是矣。"生怃然良久，谢曰："夫宠辱之道，穷达之运，得丧之理，死生之情，尽知之矣。此先生所以窒[15]吾欲也。敢不受教。"稽首再拜而去。

注释

[1] 邯郸：地名，在今河北省。

[2] 清河崔氏：清河为崔氏郡望，清河崔氏为唐著名大姓。

[3] 释褐秘校：褐为麻布衣。释褐，脱去布衣，指入仕做官。秘校，秘书省校书郎的简称。此谓卢生科举及第后入秘书省做官。

[4] 应制：应制科考试，由皇帝亲自出题选拔。

[5] 迁陕牧：指升迁为陕州刺史或陕西观察使之类以"牧民"为职的地方长官。

[6] 神武皇帝：指唐玄宗，他于先天二年十一月上尊号为"开元圣文神武皇帝"。

[7] 瓜沙：瓜州和沙州，辖境在今甘肃酒泉、敦煌一带。

[8] 王君㚟（chuò）：唐河西节度使，开元十五年（727）遭回纥人袭击，被杀。

[9] 河湟：黄河与湟水之间的地区，在今青海一带。

[10] 居延山：指居延泽附近的山，在今甘肃额济纳旗一带，汉初为匈奴聚居处，唐时为属地。

[11] 萧中令嵩：指中书令萧嵩，中书令时中书省长官。

[12] 裴侍中光庭：指侍中裴光庭，侍中为门下省长官。

[13] 驩（huān）州：州名，在今越南境内，是隋唐时发配罪犯之处。

[14] 左襄：唐时一种官职的俗称，可能指左补阙、左拾遗之类官。

[15] 窒（zhì）：遏止。

作者简介

沈既济（约750—约797），吴（今江苏苏州）人。宰相杨炎荐其有良史才，召拜左拾遗、史馆修撰。后杨炎得罪，沈既济贬处州司户参军。复入朝，位礼部员外郎。

作有《建中实录》十卷,《枕中记》《任氏传》等。

名家点评

（五代）李肇《唐国史补》:“沈既济撰《枕中记》，庄生寓言之类；韩愈撰《毛颖传》，其文尤高，不下史迁。二篇真良史才也。”

13. 痴与烈

——冯梦龙《警世通言·杜十娘怒沉百宝箱》赏析

导读

爱情是文学作品永恒的主题。有梁山伯与祝英台为爱殉情最终幻化成蝶的传奇；有崔莺莺与张君瑞在西厢房再续前缘的圆满；有贾宝玉和林黛玉青梅竹马、心心相印却生离死别的遗憾；也有孟姜女万里寻夫，痛哭城下，最终于绝望之中投海而死的悲壮……

人们总期待有情人终成眷属，但并非每一份爱情都能开出绚烂之花，尤其是在封建社会，爱情更是像奢侈品一般，让人望尘莫及。

杜十娘，一个流落烟花之地的女子，十三岁开始迎来送往，弱小是她身为封建社会青楼女子的标签，但能在数年间攒下巨额资产"百宝箱"，又足见其内心的强大。早已将绚丽青春埋葬于夜夜笙歌的她，习惯了无心无爱的逢场作戏，却仍在心灵深处为美好的爱情留着一席之地，这是一个十九岁少女不曾泯灭的天真烂漫。但她在面对李甲，这一"真命天子"时，却又隐瞒自己拥有"百宝箱"的家底，本可毫不费力地拿出三百两给李甲，让他为自己赎身，却又有所保留，只拿出一百五十两，让李甲自己筹措另一半。可见，在她与李甲的爱情中，她也在提防、试探，这是她多年养成的复杂与犹疑。但她又是果敢的。当她满心欢喜地以为自己终于踏上幸福旅途时，却得知自己深爱的李甲薄情寡义，将自己卖与他人。她没有一丝犹豫、没有半点迟疑，毅然地、愤怒地，抱着百宝箱投江赴死。

在小说最后，有这样一个细节：

杜十娘当众打开百宝箱，故意让李甲和孙富看到其中的珍宝，然后在一句"妾不负郎君，郎君自负妾耳"后，抱匣投江。

面对心爱之人的背叛，杜十娘没有忍气吞声，也没有寄希望于李甲的回心转意，而是用她的“百宝箱”痛斥李甲的背叛，用生命和财富维护自己最后的尊严和信仰，在表达愤怒与悲哀的同时，也让自责与后悔成为套在李甲身上的一个永恒的道德枷锁。

而此时的百宝箱，也早已不仅仅是夜明珠、祖母绿、猫儿眼等诸般异宝，它更是杜十娘价值的象征和希望的寄托，是对自由和平等的向往。对于一个渴望摆脱非人处境的青楼女子而言，她当众打开百宝箱，也是在努力向世人证明自己的价值，证明自己值得被爱，也配得上世间珍贵的爱情。可在礼法严苛、等级森严的封建社会，对杜十娘这样一个身份低微的人而言，一切“值得”对她似乎都是门户锁闭的。无论她怎样的美丽、真诚、热情、聪慧，都始终无法与残酷的现实抗衡。因此，杜十娘怒沉的百宝箱，不仅仅是百宝箱，也是人性、是道义、是良知。

她悲哀又刚烈的遗言，也绝不仅仅是对自己的悲歌，更是对那个时代的社会和伦理道德的控诉，深刻地揭示了当时社会对女性的束缚和压迫，同时也表明女性在困境中所能发挥的坚定和勇敢的力量，反映出杜十娘敢于反抗、渴望爱情、追求自我价值的性格特点。

对爱情幸福的单纯痴念，对背叛痛斥的毅然刚烈，抱匣投江的杜十娘无疑是可悲的，而所谓的悲剧，也正如鲁迅先生所说“悲剧将人生的有价值的东西毁灭给人看”，以使人们怀有更多的同情和惋惜，获得生命的觉醒与灵魂的升华。（**陶静导读**）

原文

第三十二卷　杜十娘怒沉百宝箱

扫荡残胡立帝畿，龙翔凤舞势崔嵬；

左环沧海天一带，右拥太行山万围。

戈戟九边雄绝塞，衣冠万国仰垂衣；

太平人乐华胥世，永永金瓯共日辉。

这首诗，单夸我朝燕京建都之盛。说起燕都的形势，北倚雄关，南压区夏，真乃金城天府，万年不拔之基。当先洪武爷扫荡胡尘，定鼎金陵，是为南京。到永乐爷从北平起兵靖难，迁于燕都，是为北京。只因这一迁，把个苦寒地面，变作花锦世界。自永乐爷九传至于万历爷，此乃我朝第十一代的天子。这位天子，聪明神武，德福兼全，十岁登基，在位四十八年，削平了三处寇乱。哪三处？

日本关白[1]平秀吉，西夏哱承恩，播州杨应龙。

平秀吉侵犯朝鲜，哱承恩、杨应龙是土官谋叛，先后削平。远夷莫不畏服，争来朝贡。真个是：

一人有庆民安乐，四海无虞国太平。

话中单表万历二十年间，日本国关白作乱，侵犯朝鲜。朝鲜国王上表告急，天朝发兵泛海往救。有户部官奏准：目今兵兴之际，粮饷未充，暂开纳粟入监之例。原来纳粟入监的，有几般便宜：好读书，好科举，好中，结末来又有个小小前程结果。以此宦家公子，富室子弟，到不愿做秀才，都去援例做太学生。自开了这例，两京太学生，各添至千人之外。内中有一人，姓李名甲，字干先，浙江绍兴府人氏。父亲李布政所生三儿，惟甲居长。自幼读书在庠，未得登科，援例入于北雍。因在京坐监，与同乡柳遇春监生同游教坊司院内，与一个名姬相遇。那名姬姓杜名媺，排行第十，院中都称为杜十娘，生得：

浑身雅艳，遍体娇香，两弯眉画远山青，一对眼明秋水润。脸如莲萼，分明卓氏文君，唇似樱桃，何减白家樊素。可怜一片无瑕玉，误落风尘花柳中。

那杜十娘自十三岁破瓜，今一十九岁，七年之内，不知历过了多少公子王孙，一个个情迷意荡，破家荡产而不惜。院中传出四句口号来，道是：

坐中若有杜十娘，斗筲之量饮千觞；

院中若识杜老媺，千家粉面都如鬼。

却说李公子，风流年少，未逢美色，自遇了杜十娘，喜出望外，把花柳情怀，一担儿挑在他身上。那公子俊俏庞儿，温存性儿，又是撒漫的手儿，帮衬的勤儿，与十娘一双两好，情投意合。十娘因见鸨儿贪财无义，久有从良之志；又见李公子忠厚志诚，甚有心向他。奈李公子惧怕老爷，不敢应承。虽则如此，两下情好愈密，朝欢暮乐，终日相守，如夫妇一般，海誓山盟，各无他志。真个：

恩深似海恩无底，义重如山义更高。

再说杜妈妈女儿，被李公子占住，别的富家巨室，闻名上门，求一见而不可得。初时李公子撒漫用钱，大差大使，妈妈胁肩谄笑，奉承不暇。日往月来，不觉一年有余，李公子囊箧渐渐空虚，手不应心，妈妈也就怠慢了。老布政在家闻知儿子嫖院，几遍写字来唤他回去。他迷恋十娘颜色，终日延挨。后来闻知老爷在家发怒，越不敢回。古人云："以利相交者，利尽而疏。"那杜十娘与李公子真情相好，见他手头愈短，心头愈热。妈妈也几遍教女儿打发李甲出院，见女儿不统口，又几遍将言语触突李公子，要激怒他起身。公子性本温克，词气愈和，妈妈没奈何，日逐只将十娘叱骂道："我们行户人家，吃客穿客，前门送旧，后门迎新，门庭闹如火，钱帛堆成垛。自从那李甲在此，混帐一年有余，莫说新客，连旧主顾都断了，分明接了个钟馗老，连小鬼也没得上门。弄得老娘一家人家，有气无烟，成什么模样！"杜十娘被骂，耐性不住，便回答道："那李公子不是空手上门的，也曾费过大钱来。"妈妈道："彼一时，此一时，你只教他今日费些小钱儿，把与老娘办些柴米，养你两口也好。别人家养的女儿便是摇钱树，千生万活，偏我家晦气，养了个退财白虎，开了大门七件事，般般都在老身心上。到替你这小贱人白白养着穷汉，教我衣食从何处来？你对那穷汉说：有本事出几两银子与我，到得你跟了他去，我别讨个丫头过活却不好？"十娘道："妈妈，这话是真是假？"妈妈晓得李甲囊无一钱，衣衫都典尽了，料他没处设法。便应道："老娘从不说谎，当真哩。"十娘道："娘，你要他许多银子？"妈妈道："若是别人，千把银子也讨了，可怜那穷汉出不起，只要他三百两，我自去讨一个粉头代替。只一件，须是三日内交付与我。左手交银，右手交人。若三日没有银时，老身也不管三七二十一，公子不公子，一顿孤拐，打那光棍出去。那时莫怪老身！"十娘道："公子虽在客边乏钞，谅三百金还措办得来。只是三日忒近，限他十日便好。"妈妈想道："这穷汉一双赤手，便限他一百日，他那里来银子。没有银子，便铁皮包脸，料也无颜上门。那时重整家风，媺儿也没得话讲。"答应道："看你面，便宽到十日。第十日没有银子，不干老娘之事。”十娘道：“若十日内无银，料他也无颜再见了。只怕有了三百两银子，妈妈又翻悔起来。”妈妈道：“老身年五十一岁了，又奉十斋，怎敢说谎？不信时与你拍掌为定。若翻悔时，做猪做狗。”

从来海水斗难量，可笑虔婆意不良；

料定穷儒囊底竭，故将财礼难娇娘。

是夜，十娘与公子在枕边，议及终身之事。公子道：“我非无此心。但教坊落籍，其费甚多，非千金不可。我囊空如洗，如之奈何！”十娘道：“妾已与妈妈议定只要三百金，但须十日内措办。郎君游资虽罄，然都中岂无亲友，可以借贷。倘得如数，妾身遂为君之所有，省受虔婆之气。”公子道：“亲友中为我留恋行院，都不相顾。明日只做束装起身，各家告辞，就开口假贷路费，凑聚将来，或可满得此数。”起身梳洗，别了十娘出门。十娘道：“用心作速，专听佳音。”公子道：“不须分付。”公子出了院门，来到三亲四友处，假说起身告别，众人到也欢喜。后来叙到路费欠缺，意欲借贷。常言道：“说着钱，便无缘。”亲友们就不招架。他们也见得是，道李公子是风流浪子，迷恋烟花，年许不归，父亲都为他气坏在家。他今日抖然要回，未知真假。倘或说骗盘缠到手，又去还脂粉钱，父亲知道，将好意翻成恶意，始终只是一怪，不如辞了干净。便回道：“目今正值空乏，不能相济，惭愧！惭愧！”人人如此，个个皆然，并没有个慷慨丈夫，肯统口许他一十二十两。李公子一连奔走了三日，分毫无获，又不敢回决十娘，权且含糊答应。到第四日又没想头，就羞回院中。平日间有了杜家，连下处也没有了，今日就无处投宿。只得往同乡柳监生寓所借歇。柳遇春见公子愁容可掬，问其来历。公子将杜十娘愿嫁之情，备细说了。遇春摇首道：“未必，未必。那杜嫩曲中第一名姬，要从良时，怕没有十斛明珠，千金聘礼。那鸨儿如何只要三百两？想鸨儿怪你无钱使用，白白占住他的女儿，设计打发你出门。那妇人与你相处已久，又碍却面皮，不好明言。明知你手内空虚，故意将三百两卖个人情，限你十日。若十日没有，你也不好上门。便上门时，他会说你笑你，落得一场亵渎，自然安身不牢，此乃烟花逐客之计。足下三思，休被其惑。据弟愚意，不如早早开交为上。”公子听说，半晌无言，心中疑惑不定。

遇春又道："足下莫要错了主意。你若真个还乡，不多几两盘费，还有人搭救。若是要三百两时，莫说十日，就是十个月也难。如今的世情，那肯顾缓急二字的。那烟花也算定你没处告债，故意设法难你。"公子道："仁兄所见良是。"口里虽如此说，心中割舍不下。依旧又往外边东央西告，只是夜里不进院门了。公子在柳监生寓中，一连住了三日，共是六日了。杜十娘连日不见公子进院，十分着紧，就教小厮四儿街上去寻。四儿寻到大街，恰好遇见公子。四儿叫道："李姐夫，娘在家里望你。"公子自觉无颜，回复道："今日不得功夫，明日来罢。"四儿奉了十娘之命，一把扯住，死也不放。道："娘叫咱寻你。是必同去走一遭。"李公子心上也牵挂着婊子，没奈何，只得随四儿进院。见了十娘，嘿嘿无言。十娘问道："所谋之事如何？"公子眼中流下泪来。十娘道："莫非人情淡薄，不能足三百之数么？"公子含泪而言，道出二句："不信上山擒虎易，果然开口告人难。一连奔走六日，并无铢两，一双空手，羞见芳卿，故此这几日不敢进院。今日承命呼唤，忍耻而来，非某不用心，实是世情如此。"十娘道："此言休使虔婆知道。郎君今夜且住，妾别有商议。"十娘自备酒肴，与公子欢饮。睡至半夜，十娘对公子道："郎君果不能办一钱耶？妾终身之事，当如何也？"公子只是流涕，不能答一语。渐渐五更天晓。十娘道："妾所卧絮褥内藏有碎银一百五十两，此妾私蓄，郎君可持去。三百金，妾任其半，郎君亦谋其半，庶易为力。限只四日，万勿迟误。"十娘起身将褥付公子，公子惊喜过望。唤童儿持褥而去。径到柳遇春寓中，又把夜来之情与遇春说了。将褥拆开看时，絮中都裹着零碎银子，取出兑时果是一百五十两。遇春大惊道："此妇真有心人也。既系真情，不可相负。吾当代为足下谋之。"公子道："倘得玉成，决不有负。"当下柳遇春留李公子在寓，自出头各处去借贷。两日之内，凑足一百五十两交付公子道："吾代为足下告债，非为足下，实怜杜十娘之情也。"李甲拿了三百两银子，喜从天降，笑逐颜开，欣欣然来见十娘，刚是第九日，还不足十日。十娘问道："前日分毫难借，今日如何就有一百五十两？"公子将柳监生事情，又述了一遍。十娘以手加额道："使吾二人得遂其愿者，柳君之力也。"两个欢天喜地，又在院中过了一晚。次日十娘早起，对李甲道："此银一交，便当随郎君去矣。舟车之类，合当预备。妾昨日于姊妹中借得白银二十两，郎君可收下为行资也。”公子正愁路费无出，但不敢开口，得银甚喜。说犹未了，鸨儿恰来敲门叫道：“媺儿，今日是第十日了。”公子闻叫，启户相延道：“承妈妈厚意，正欲相请。”便将银三百两放在桌上。鸨儿不料公子有银，嘿然变色，似有悔意。十娘道：“儿在妈妈家中八年，所致金帛，不下数千金矣。今日从良美事，又妈妈亲口所订，三百金不欠分毫，又不曾过期。倘若妈妈失信不许，郎君持银去，儿即刻自尽。恐那时人财两失，悔之无及也。”鸨儿无词以对。腹内筹画了半晌，只得取天平兑准了银子，说道：“事已如此，料留你不住了。只是你要去时，即今就去。平时穿戴衣饰之类，毫厘休想。”说罢，将公子和十娘推出房门，讨锁来就落了锁。此时九月天气。十娘才下床，尚未梳洗，随身旧衣，就拜了妈妈两拜。李公子也作了一揖。一夫一妇，离了虔婆大门。

鲤鱼脱却金钩去，摆尾摇头再不来。

公子教十娘且住片时：“我去唤个小轿抬你，权往柳荣卿寓所去，再作道理。”十娘道：“院中诸姊妹平昔相厚，理宜话别。况前日又承他借贷路费，不可不一谢也。”乃同公子到各姊妹处谢别。姊妹中惟谢月朗、徐素素与杜家相近，尤与十娘亲厚。十娘先到谢月朗家。月朗见十娘秃髻旧衫，惊问其故。十娘备述来因。又引李甲相见。十娘指月朗道：“前日路资，是此位姐姐所贷，郎君可致谢。”李甲连连作揖。月朗便教十娘梳洗，一面去请徐素素来家相会。十娘梳洗已毕，谢徐二美人各出所有，翠钿金钏，瑶簪宝珥，锦袖花裙，鸾带绣履，把杜十娘装扮得焕然一新，备酒作庆贺筵席。月朗让卧房与李甲杜媺二人过宿。次日，又大排筵席，遍请院中姊妹。凡十娘相厚者，无不毕集。都与他夫妇把盏称喜。吹弹歌舞，各逞其长，务要尽欢，直饮至夜分。十娘向众姊妹一一称谢。众姊妹道：“十姊为风流领袖，今从郎君去，我等相见无日。何日长行，姊妹们尚当奉送。”月朗道：“候有定期，小妹当来相报。但阿姊千里间关，同郎君远去，囊箧萧条，曾无约束，此乃吾等之事。当相与共谋之，勿令姊有穷途之虑也。”众姊妹各唯唯而散。是晚，公子和十娘仍宿谢家。至五鼓，十娘对公子道：“吾等此去，何处安身？郎君亦曾计议有定着否？”公子道：“老父盛怒之下，若知娶妓而归，必然加以不堪，反致相累。展转寻思，尚未有万全之策。”十娘道：“父子天性，岂能终绝。既然仓卒难犯，不若与郎君于苏杭胜地，权作浮居。郎君先回，求亲友于尊大人面前劝解和顺，然后携妾于归，彼此安妥。”公子道：“此言甚当。”次日，二人起身辞了谢月朗，暂往柳监生寓中，整顿行装。杜十娘见了柳遇春，倒身下拜，谢其周全之德：“异日我夫妇必当重报。”遇春慌忙答礼道：“十娘钟情所欢，不以贫窭易心，此乃女中豪杰。仆因风吹火，谅区区何足挂齿！”三人又饮了一日酒。次早，择了出行吉日，雇倩轿马停当。十娘又遣童儿寄信，别谢月朗。临行之际，只见肩舆纷纷而至，乃谢月朗与徐素素拉众姊妹来送行。月朗道：“十姊从郎君千里间关，囊中消索，吾等甚不能忘情。今合具薄赆，十姊可检收，或长途空乏，亦可少助。”说罢，命从人挈一描金文具至前，封锁甚固，正不知什么东西在里面。十娘也不开看，也不推辞，但殷勤作谢而已。须臾，舆马齐集，仆夫催促起身。柳监生三杯别酒，和众美人送出崇文门外，各各垂泪而别。正是：

他日重逢难预必，此时分手最堪怜。

再说李公子同杜十娘行至潞河，舍陆从舟，却好有瓜州差使船转回之便，讲定船钱，包了舱口。比及下船时，李公子囊中并无分文余剩。你道杜十娘把二十两银子与公子，如何就没了？公子在院中嫖得衣衫褴褛，银子到手，未免在解库中取赎几件穿着，又制办了铺盖，剩来只勾轿马之费。公子正当愁闷，十娘道：“郎君勿忧，众姊妹合赠，必有所济。”乃取钥开箱。公子在傍自觉惭愧，也不敢窥觑箱中虚实。只见十娘在箱里取出一个红绢袋来，掷于桌上道：“郎君可开看之。”公子提在手中，觉得沉重。启而观之，皆是白银，计数整五十两。十娘仍将箱子下锁，亦不言箱中更有何物。但对公子道：“承众姊妹高情，不惟途路不乏，即他日浮寓吴越间，亦可稍佐吾夫妻山水之费矣。”公子且惊且喜道：“若不遇恩卿，我李甲流落他乡，死无葬身之地矣。此情此德，白头不敢忘也。”自此每谈及往事，公子必感激流涕。十娘亦曲意抚慰，一路无话。不一日，行至瓜州，大船停泊岸口，公子别雇了民船，安放行李。约明日侵晨，剪江而渡。其时仲冬中旬，月明如水，公子和十娘坐于舟首。公子道：“自出都门，困守一舱之中，四顾有人，未得畅语。今日独据一舟，更无避忌。且已离塞北，初近江南，宜开怀畅饮，以舒向来抑郁之气，恩卿以为何如？”十娘道：“妾久疏谈笑，亦有此心，郎君言及，足见同志耳。”公子乃携酒具于船首，与十娘铺毡并坐，传杯交盏。饮至半酣，公子执卮对十娘道：“恩卿妙音，六院推首。某相遇之初，每闻绝调，辄不禁神魂之飞动。心事多违，彼此郁郁，鸾鸣凤奏，久矣不闻。今清江明月，深夜无人，肯为我一歌否？”十娘兴亦勃发，遂开喉顿嗓，取扇按拍，呜呜咽咽，歌出元人施君美《拜月亭》杂剧上“状元执盏与婵娟”一曲，名《小桃红》。真个：

声飞霄汉云皆驻，响入深泉鱼出游。

却说他舟有一少年，姓孙名富字善赉，徽州新安人氏。家资巨万，积祖扬州种盐[2]。年方二十，也是南雍中朋友。生性风流，惯向青楼买笑，红粉追欢，若嘲风弄月，到是个轻薄的头儿。事有偶然，其夜亦泊舟瓜洲渡口，独酌无聊。忽听得歌声嘹亮，凤吟鸾吹，不足喻其美。起立船头，伫听半晌，方知声出邻舟。正欲相访，音响倏已寂然。乃遣仆者潜窥踪迹，访于舟人。但晓得是李相公雇的船，并不知歌者来历。孙富想道：“此歌者必非良家，怎生得他一见？”展转寻思，通宵不寐。挨至五更，忽闻江风大作。及晓，彤云密布，狂雪飞舞。怎见得，有诗为证：

千山云树灭，万径人踪绝；
扁舟蓑笠翁，独钓寒江雪。

因这风雪阻渡，舟不得开。孙富命艄公移船，泊于李家舟之傍，孙富貂帽狐裘，推窗假作看雪。值十娘梳洗方毕，纤纤玉手，揭起舟傍短帘，自泼盂中残水，粉容微露，却被孙富窥见了，果是国色天香。魂摇心荡，迎眸注目，等候再见一面，杳不可得。沉思久之，乃倚窗高吟高学士[3]《梅花诗》二句，道：

雪满山中高士卧，月明林下美人来。

李甲听得邻舟吟诗，舒头出舱，看是何人。只因这一看，正中了孙富之计。孙富吟诗，正要引李公子出头，他好乘机攀话。当下慌忙举手，就问：“老兄尊姓何讳？”李公子叙了姓名乡贯，少不得也问那孙富。孙富也叙过了。又叙了些太学中的闲话，渐渐亲熟。孙富便道："风雪阻舟，乃天遣与尊兄相会，实小弟之幸也。舟次无聊，欲同尊兄上岸，就酒肆中一酌，少领清诲，万望不拒。"公子道："萍水相逢，何当厚扰？"孙富道："说那里话！'四海之内，皆兄弟也'。"喝教艄公打跳，童儿张伞，迎接公子过船，就于船头作揖。然后让公子先行，自己随后，各各登跳上涯。行不数步，就有个酒楼，二人上楼，拣一副洁净座头，靠窗而坐。酒保列上酒肴。孙富举杯相劝，二人赏雪饮酒。先说些斯文中套话。渐渐引入花柳之事。二人都是过来之人，志同道合，说得入港[4]，一发成相知了。孙富屏去左右，低低问道："昨夜尊舟清歌者，何人也？"李甲正要卖弄在行，遂实说道："此乃北京名姬杜十娘也。"孙富道："既系曲中姊妹，何以归兄？"公子遂将初遇杜十娘，如何相好，后来如何要嫁，如何借银讨他，始末根由，备细述了一遍。孙富道："兄携丽人而归，固是快事，但不知尊府中能相容否？"公子道："贱室不足虑。所虑者，老父性严，尚费踌躇耳！"孙富将机就机，便问道："既是尊大人未必相容，兄所携丽人，何处安顿？亦曾通知丽人，共作计较否？"公子攒眉而答道："此事曾与小妾议之。"孙富欣然问道："尊宠必有妙策。"公子道："他意欲侨居苏杭，流连山水。使小弟先回，求亲友宛转于家君之前。俟家君回嗔作喜，然后图归，高明以为何如？"孙富沉吟半晌，故作愀然之色，道："小弟乍会之间，交浅言深，诚恐见怪。"公子道："正赖高明指教，何必谦逊？"孙富道："尊大人位居方面[5]，必严帷薄[6]之嫌，平时既怪兄游非礼之地，今日岂容兄娶不节之人。况且贤亲贵友，谁不迎合尊大人之意者？兄枉去求他，必然相拒。就有个不识时务的进言于尊大人之前，见尊大人意思不允，他就转口了。兄进不能和睦家庭，退无词以回复尊宠。即使留连山水，亦非长久之计。万一资斧困竭，岂不进退两难！"公子自知手中只有五十金，此时费去大半，说到资斧困竭，进退两难，不觉点头道是。孙富又道："小弟还有句心腹之谈，兄肯俯听否？"公子道："承兄过爱，更求尽言。"孙富道："疏不间亲，还是莫说罢。"公子道："但说何妨。"孙富道："自古道：'妇人水性无常。'况烟花之辈，少真多假。他既系六院名姝，相识定满天下；或者南边原有旧约，借兄之力，挈带而来，以为他适之地。"公子道："这个恐未必然。"孙富道："即不然，江南子弟，最工轻薄，兄留丽人独居，难保无逾墙钻穴之事。若挈之同归，愈增尊大人之怒。为兄之计，未有善策。况父子天伦，必不可绝。若为妾而触父，因妓而弃家，海内必以兄为浮浪不经之人。异日妻不以为夫，弟不以为兄，同袍不以为友，兄何以立于天地之间？兄今日不可不熟思也！”公子闻言，茫然自失，移席问计：“据高明之见，何以教我？”孙富道：“仆有一计，于兄甚便。只恐兄溺枕席之爱，未必能行，使仆空费词说耳！”公子道：“兄诚有良策，使弟再睹家园之乐，乃弟之恩人也。又何惮而不言耶？”孙富道：“兄飘零岁余，严亲怀怒，闺阁离心，设身以处兄之地，诚寝食不安之时也。然尊大人所以怒兄者，不过为迷花恋柳，挥金如土，异日必为弃家荡产之人，不堪承继家业耳！兄今日空手而归，正触其怒。兄倘能割衽席之爱，见机而作，仆愿以千金相赠。兄得千金，以报尊大人，只说在京授馆，并不曾浪费分毫，尊大人必然相信。从此家庭和睦，当无间言。须臾之间，转祸为福。兄请三思，仆非贪丽人之色，实为兄效忠于万一也！”李甲原是没主意的人，本心惧怕老子，被孙富一席话，说透胸中之疑，起身作揖道：“闻兄大教，顿开茅塞。但小妾千里相从，义难顿绝，容归与商之。得其心肯，当奉复耳。”孙富道：“说话之间，宜放婉曲。彼既忠心为兄，必不忍使兄父子分离，定然玉成兄还乡之事矣。”二人饮了一回酒，风停雪止，天色已晚。孙富教家僮算还了酒钱，与公子携手下船。正是：

逢人且说三分话，未可全抛一片心。

却说杜十娘在舟中，摆设酒果，欲与公子小酌，竟日未回，挑灯以待。公子下船，十娘起迎。见公子颜色匆匆，似有不乐之意，乃满斟热酒劝之。公子摇首不饮。一言不发，竟自床上睡了。十娘心中不悦，乃收拾杯盘，为公子解衣就枕，问道：“今日有何见闻，而怀抱郁郁如此？”公子叹息而已，终不启口。问了三四次，公子已睡去了。十娘委决不下，坐于床头而不能寐。到夜半，公子醒来，又叹一口气。十娘道：“郎君有何难言之事，频频叹息？”公子拥被而起，欲言不语者几次，扑簌簌掉下泪来。十娘抱持公子于怀间，软言抚慰道：“妾与郎君情好，已及二载，千辛万苦，历尽艰难，得有今日。然相从数千里，未曾哀戚。今将渡江，方图百年欢笑，如何反起悲伤，必有其故。夫妇之间，死生相共，有事尽可商量，万勿讳也。”公子再四被逼不过，只得含泪而言道：“仆天涯穷困，蒙恩卿不弃，委曲相从，诚乃莫大之德也。但反覆思之，老父位居方面，拘于礼法，况素性方严，恐添嗔怒，必加黜逐。你我流荡，将何底止？夫妇之欢难保，父子之伦又绝。日间蒙新安孙友邀饮，为我筹及此事，寸心如割。”十娘大惊道：“郎君意将如何？”公子道：“仆事内之人，当局而迷。孙友为我画一计颇善，但恐恩卿不从耳！”十娘道：“孙友者何人？计如果善，何不可从？”公子道：“孙友名富，新安盐商，少年风流之士也。夜间闻子清歌，因而问及。仆告以来历，并谈及难归之故，渠意欲以千金聘汝。我得千金，可藉口以见吾父母；而恩卿亦得所天。但情不能舍，是以悲泣。”说罢，泪如雨下。十娘放开两手，冷笑一声道：“为郎君画此计者，此人乃大英雄也。郎君千金之资，既得恢复，而妾归他姓，又不致为行李之累，发乎情，止乎礼，诚两便之策也。那千金在那里？”公子收泪道：“未得恩卿之诺，金尚留彼处，未曾过手。”十娘道：“明早快快应承了他，不可挫过机会。但千金重事，须得兑足交付郎君之手，妾始过舟，勿为贾竖子所欺。”时已四鼓，十娘即起身挑灯梳洗道：“今日之妆，乃迎新送旧，非比寻常。”于是脂粉香泽，用意修饰，花钿绣袄，极其华艳，香风拂拂，光采照人。装束方完，天色已晓。孙富差家童到船头候信。十娘微窥公子，欣欣似有喜色，乃催公子快去回话，及早兑足银子。公子亲到孙富船中，回复依允。孙富道：“兑银易事，须得丽人妆台为信。”公子又回复了十娘，十娘即指描金文具道：“可便抬去。”孙富喜甚。即将白银一千两，送到公子船中。十娘亲自检看，足色足数，分毫无爽。乃手把船舷，以手招孙富。孙富一见，魂不附体。十娘启朱唇，开皓齿道：“方才箱子可暂发来，内有李郎路引[7]一纸，可检还之也。”孙富视十娘已为瓮中之鳖，即命家童送那描金文具，安放船头之上。十娘取钥开锁，内皆抽替[8]小箱。十娘叫公子抽第一层来看，只见翠羽明珰，瑶簪宝珥，充牣于中，约值数百金。十娘遽投之江中。李甲与孙富及两船之人，无不惊诧。又命公子再抽一箱，乃玉箫金管。又抽一箱，尽古玉紫金玩器，约值数千金。十娘尽投之于水，舟中岸上之人，观者如堵。齐声道：“可惜可惜！正不知什么缘故。”最后又抽一箱，箱中复有一匣。开匣视之，夜明之珠，约有盈把。其他祖母绿，猫儿眼，诸般异宝，目所未睹，莫能定其价之多少。众人齐声喝采，喧声如雷。十娘又欲投之于江。李甲不觉大悔，抱持十娘恸哭，那孙富也来劝解。十娘推开公子在一边，向孙富骂道："我与李郎备尝艰苦，不是容易到此，汝以奸淫之意，巧为谗说，一旦破人姻缘，断人恩爱，乃我之仇人。我死而有知，必当诉之神明，尚妄想枕席之欢乎！"又对李甲道："妾风尘数年，私有所积，本为终身之计。自遇郎君，山盟海誓，白首不渝。前出都之际，假托众姊妹相赠，箱中韫藏百宝，不下万金。将润色郎君之装，归见父母，或怜妾有心，收佐中馈，得终委托，生死无憾。谁知郎君相信不深，惑于浮议，中道见弃，负妾一片真心。今日当众目之前，开箱出视，使郎君知区区千金，未为难事。妾椟中有玉，恨郎眼内无珠。命之不辰，风尘困瘁，甫得脱离，又遭弃捐。今众人各有耳目，共作证明，妾不负郎君，郎君自负妾耳！"于是众人聚观者，无不流涕，都唾骂李公子负心薄幸。公子又羞又苦，且悔且泣，方欲向十娘谢罪。十娘抱持宝匣，向江心一跳。众人急呼捞救。但见云暗江心，波涛滚滚，杳无踪影。可惜一个如花似玉的名姬，一旦葬于江鱼之腹。

三魂渺渺归水府，七魄悠悠入冥途。

当时旁观之人，皆咬牙切齿，争欲拳殴李甲和那孙富。慌得李孙二人，手足无措，急叫开船，分途遁去。李甲在舟中，看了千金，转忆十娘，终日愧悔，郁成狂疾，终身不痊。孙富自那日受惊，得病卧床月余，终日见杜十娘在傍诟骂，奄奄而逝。人以为江中之报也。

却说柳遇春在京坐监完满，束装回乡，停舟瓜步。偶临江净脸，失坠铜盆于水，觅渔人打捞。及至捞起，乃是个小匣儿。遇春启匣观看，内皆明珠异宝，无价之珍。遇春厚赏渔人，留于床头把玩。是夜梦见江中一女子，凌波而来，视之，乃杜十娘也。近前万福，诉以李郎薄幸之事。又道："向承君家慷慨，以一百五十金相助，本意息肩之后，徐图报答。不意事无终始；然每怀盛情，悒悒未忘。早间曾以小匣托渔人奉致，聊表寸心，从此不复相见矣。"言讫，猛然惊醒，方知十娘已死，叹息累日。后人评论此事，以为孙富谋夺美色，轻掷千金，固非良士；李甲不识杜十娘一片苦心，碌碌蠢才，无足道者。独谓十娘千古女侠，岂不能觅一佳侣，共跨秦楼之凤，乃错认李公子，明珠美玉，投于盲人，以致恩变为仇，万种恩情，化为流水，深可惜也！有诗叹云：

不会风流莫妄谈，单单情字费人参；

若将情字能参透，唤作风流也不惭。

注释

[1] 关白：日本古代高级大臣，相当于我国古代的宰相，掌握军政大权。

[2] 种盐：做盐商。

[3] 高学士：明诗人高启。

[4] 入港：这里作言语投机解释。

[5] 方面：旧时以一省的最高级官吏为方面官，因为他担负了一方面的职责。李甲的父亲只是布政使，这里是尊谀之词。

[6] 帷薄：旧时官场里面，对于有关家庭或妇女的事情都用帷薄这两个字来概括。帷是幕，薄是帘子，意思是内室的事。

[7] 路引：这里指国子监准许回籍的证件。

[8] 抽替：就是抽屉。

作者简介

冯梦龙（1574—1646），明代文学家、戏曲家。字犹龙，又字子犹、耳犹，别号龙子犹等。长洲（今苏州）人，少为诸生，晚年以贡生历官丹徒县训导、寿宁知县。倡导言情文学，抨击伪道学。虽工诗文，但其对小说、戏曲、民歌、笑话等通俗文学的创作、搜集、整理、编辑，为中国文学做出了独特贡献。其最有名的作品为《喻世明言》《警世通言》《醒世恒言》，合称“三言”。“三言”与明代凌濛初的《初刻拍案惊奇》《二刻拍案惊奇》合称“三言两拍”，是中国白话短篇小说的经典代表。

名家点评

（明末清初）宋存标《情种》：“新安人，天下有情人也！其说李郎也，口若河；其识十娘也，目如电。惜十娘之早遇李生而不遇新安人也！使其遇之，虽文君之于相如，欢如是耳！虽然，女不死不侠，不痴不情，与十娘又有何憾焉？”

14. 智勇双全的忠义之士

——罗贯中《三国演义》第四十一回赏析

导读

在中华民族的历史长河中，很多英雄人物都留下了自己的名字，他们以自身过人的智慧谋略、果敢无畏的精神魅力，赢得后世美誉。有辟土四面、拓地千里的吴起，有联吴抗曹、火烧赤壁的诸葛亮，有谋定后动、背水一战的韩信，有力能扛鼎、才气超群的项羽，还有精忠报国、直捣黄龙的岳飞……他们的事迹，有的被记录在历史课本上，有的被编撰进小说中，成为脍炙人口的故事传奇，在代代流传中一遍遍演奏着忠与义、智与勇的交响乐，凝聚成中华民族伟大的精神力量，谱写着我们特有的根与魂。

而在璀璨的群星中，有一颗明星，同样以其卓越的军事才能、忠诚义胆名留青史，他便是“一身是胆常山将，忠义节烈赵子龙”，他在战场上叱咤风云、惊天动地，在《三国演义》中演绎了一番他的最高光时刻：长坂坡之战。

在这场战役中，刘备被曹操打得大败，他的两位夫人和儿子阿斗被托付给了赵云，不料刘备的军队被打散，赵云也在与敌人的厮杀中，与两位夫人和小主人阿斗失去了联系。为了从曹操的阵地中把他们救出，赵云不顾安危，一手握枪，一手拿剑，在千军万马中边杀边冲，七进七出，一路杀死曹操四十多员大将，就连曹操都惊叹“真虎将也！吾当生致之”。在一路血战之后，赵云最终救出小主人阿斗，并交给刘备，真可谓一名忠心耿耿、勇冠三军的蜀汉名将。

孙武在《孙子兵法》中曾对“将”所应具备的品质概括为：智、信、仁、勇、严。看似是五个单独的品质，但彼此之间却息息相关。在孙武看来，一名将帅的智慧是至关重要的，因此排在首位，毕竟在充满着对抗性和不确定性的战争中，将帅能不能将“知识”转变为“智慧”，再凝练成具体实用的“智谋”，是战争能否制胜的关键。

人们常说的“一念之差”，决定战争胜负。这“一念之差”，反映的便是决策者战略素质的高低。历史上，战争中的一方面临的重大危机，往往会被优秀将帅的正确处置予以化解，比如井陉之战中的韩信，他背水一战，一战成名。相反，也有许多即将到手的胜利，因为将帅的一个错误决策，化为乌有，由胜转败。而“五德”中的“勇”，也绝不仅仅是勇敢，对于将帅而言，他的果敢、决断力，比不怕死更加重要，也就是在关键时刻敢出手、敢拍板、敢承担责任，甚至敢于冒风险的胆气比单纯的勇猛更难能可贵。因为，对于一支军队而言，最忌讳的就是该下决心的时候，犹犹豫豫、瞻前顾后，最后坐失良机，陷入被动。若是赵云在救主时不能果断地选择进攻，在面对糜夫人选择自杀时，犹豫不决，不能果敢地推墙盖井，恐怕也就没有赵云这一生最高光的时刻，也便没有七进七出、一身是胆的“虎将”赵云的传奇故事。

所以，对于将帅而言，有个词语叫“多谋善断”。在战争中，多谋，一定还要加上善断。因为，处事有疑非智，临难不决非勇！

而在《三国演义》第四十一回中，罗贯中还为人们留下了顾全大局、毅然面对死亡的糜夫人，以及宽仁忠厚、礼贤下士的刘备，他们彼此之间的忠与信、诚与爱，融汇成一幅幅暖心又震撼的画面，令人动容。（陶静导读）

原文

第四十一回　刘玄德携民渡江　赵子龙单骑救主

却说张飞因关公放了上流水，遂引军从下流杀将来，截住曹仁混杀。忽遇许褚，便与交锋，许褚不敢恋战，夺路走脱。张飞赶来，接着玄德、孔明，一同沿河到上流。刘封、糜芳已安排船只等候，遂一齐渡河，尽望樊城而去。孔明教将船筏放火烧毁。

却说曹仁收拾残军，就新野屯住，使曹洪去见曹操，具言失利之事。操大怒曰：“诸葛村夫，安敢如此！”催动三军，漫山塞野，尽至新野下寨。传令军士一面搜山，一面填塞白河。令大军分作八路，一齐去取樊城。刘晔曰：“丞相初至襄阳，必须先买民心。今刘备尽迁新野百姓入樊城，若我兵径进，二县为齑粉矣。不如先使人招降刘备，备即不降，亦可见我爱民之心，若其来降，则荆州之地，可不战而定也。”操从其言，便问："谁可为使？"刘晔曰："徐庶与刘备至厚，今现在军中，何不命他一往？"操曰："他去恐不复来。"晔曰："他若不来，贻笑于人矣。丞相勿疑。"操乃召徐庶至，谓曰："我本欲踏平樊城，奈怜众百姓之命。公可往说刘备，如肯来降，免罪赐爵，若更执迷，军民共戮，玉石俱焚。吾知公忠义，故特使公往。愿勿相负。"徐庶受命而行。至樊城，玄德、孔明接见，共诉旧日之情。庶曰："曹操使庶来招降使君，乃假买民心也。今彼分兵八路，填白河而进，樊城恐不可守，宜速作行计。"玄德欲留徐庶，庶谢曰："某若不还，恐惹人笑。今老母已丧，抱恨终天。身虽在彼，誓不为设一谋。公有卧龙辅佐，何愁大业不成？庶请辞。"玄德不敢强留。

徐庶辞回，见了曹操，言玄德并无降意。操大怒，即日进兵。玄德问计于孔明，孔明曰："可速弃樊城，取襄阳暂歇。"玄德曰："奈百姓相随许久，安忍弃之？"孔明曰："可令人遍告百姓，有愿随者同去，不愿者留下。"先使云长往江岸整顿船只，令孙乾、简雍在城中声扬曰："今曹兵将至，孤城不可久守，百姓愿随者，便同过江。"两县之民，齐声大呼曰："我等虽死，亦愿随使君！"即日号泣而行，扶老携幼，将男带女，滚滚渡河，两岸哭声不绝。玄德于船上望见，大恸曰："为吾一人而使百姓遭此大难，吾何生哉！"欲投江而死，左右急救止。闻者莫不痛哭。船到南岸，回顾百姓，有未渡者望南而哭。玄德急令云长催船渡之，方才上马。

行至襄阳东门，只见城上遍插旌旗，壕边密布鹿角。玄德勒马大叫曰："刘琮贤侄，吾但欲救百姓，并无他念。可快开门。"刘琮闻玄德至，惧而不出。蔡瑁、张允径来敌楼上，叱军士乱箭射下。城外百姓，皆望敌楼而哭。城中忽有一将，引数百人径上城楼大喝："蔡瑁、张允卖国之贼！刘使君乃仁德之人，今为救民而来投，何得相拒！"众视其人，身长八尺，面如重枣，乃义阳人也，姓魏，名延，字文长。当下魏延轮刀砍死守门将士，开了城门，放下吊桥，大叫："刘皇叔快领兵入城，共杀卖国之贼！"张飞便跃马欲入，玄德急止之曰："休惊百姓！"魏延只管招呼玄德军马入城。只见城内一将飞马引军而出，大喝："魏延无名小卒，安敢造乱！认得我大将文聘么！"魏延大怒，挺枪跃马，便来交战。两下军兵在城边混杀，喊声大震。玄德曰：

“本欲保民，反害民也！吾不愿入襄阳！”孔明曰：“江陵乃荆州要地，不如先取江陵为家。”玄德曰：“正合吾心。”于是引着百姓，尽离襄阳大路，望江陵而走。襄阳城中百姓，多有乘乱逃出城来，跟玄德而去。魏延与文聘交战，从巳至未，手下兵卒皆已折尽。延乃拨马而逃，却寻不见玄德，自投长沙太守韩玄去了。

却说玄德同行军民共数万，大小车数千辆，挑担背包者不计其数。路过刘表之墓，玄德率众将拜于墓前，哭告曰：“辱弟备无德无才，负兄寄托之重，罪在备一身，与百姓无干。望兄英灵，垂救荆襄之民！”言甚悲切，军民无不下泪。忽哨马报说：“曹操大军已屯樊城，使人收拾船筏，即日渡江赶来也。”众将皆曰：“江陵要地，足可拒守。今拥民众数万，日行十余里，似此几时得至江陵？倘曹兵到，如何迎敌？不如暂弃百姓，先行为上。”玄德泣曰：“举大事者必以人为本。今人归我，奈何弃之？”百姓闻玄德此言，莫不伤感。后人有诗赞之曰：

临难仁心存百姓，登舟挥泪动三军。至今凭吊襄江口，父老犹然忆使君。

却说玄德拥着百姓，缓缓而行。孔明曰：“追兵不久即至，可遣云长往江夏求救于公子刘琦，教他速起兵乘船会于江陵。”玄德从之，即修书令云长同孙乾领五百军往江夏求救；令张飞断后；赵云保护老小；其余俱管顾百姓而行。每日只走十余里便歇。

却说曹操在樊城，使人渡江至襄阳，召刘琮相见。琮惧怕不敢往见，蔡瑁、张允请行。王威密告琮曰：“将军既降，玄德又走，曹操必懈弛无备。愿将军奋整奇兵，设于险处击之，操可获矣。获操则威震天下，中原虽广，可传檄而定。此难遇之机，不可失也。”琮以其言告蔡瑁，瑁叱王威曰：“汝不知天命，安敢妄言！”威怒骂曰：“卖国之徒，吾恨不生啖汝肉！”瑁欲杀之，蒯越劝止。瑁遂与张允同至樊城，拜见曹操，瑁等辞色甚是谄佞。操问：“荆州军马钱粮，今有多少？”瑁曰：“马军五万，步军十五万，水军八万，共二十八万。钱粮大半在江陵，其余各处亦足供给一载。”操曰：“战船多少？原是何人管领？”瑁曰：“大小战船，共七千余只，原是瑁等二人掌管。”操遂加瑁为镇南侯、水军大都督，张允为助顺侯、水军副都督。二人大喜拜谢。操又曰：“刘景升既死，其子降顺，吾当表奏天子，使永为荆州之主。”二人大喜而退。荀攸曰：“蔡瑁、张允乃谄佞之徒，主公何遂加以如此显爵，更教都督水军乎？”操笑曰：“吾岂不识人！止因吾所领北地之众，不习水战，故且权用此二人。待成事之后，别有理会。”

却说蔡瑁、张允归见刘琮，具言：“曹操许保奏将军永镇荆州。”琮大喜。次日，与母蔡夫人赍捧印绶兵符，亲自渡江拜迎曹操。操抚慰毕，即引随征军将，进屯襄阳城外。蔡瑁、张允令襄阳百姓焚香拜接。曹操俱用好言抚谕。入城至府中坐定，即召蒯越近前，抚慰曰：“吾不喜得荆州，喜得异度也。”遂封蒯越为江陵太守、樊城侯，傅巽、王粲等皆为关内侯，而以刘琮为青州刺史，便教起程。琮闻命大惊，辞曰：“琮不愿为官，愿守父母乡土。”操曰：“青州近帝都，教你随朝为官，免在荆襄被人图害。”琮再三推辞，曹操不准。琮只得与母蔡夫人同赴青州，只有故将王威相随，其余官员俱送至江口而回。操唤于禁嘱付曰：“你可引轻骑追刘琮母子杀之，以绝后患。”于禁得令，领众赶上，大喝曰：“我奉丞相令，教来杀汝母子！可早纳下首级！”蔡夫人抱刘琮而大哭。于禁喝令军士下手，王威忿怒，奋力相斗，竟被众军所杀。军士杀死刘琮及蔡夫人，于禁回报曹操，操重赏于禁。便使人往隆中搜寻孔明妻小，却不知去向。原来孔明先已令人搬送至三江内隐避矣。操深恨之。

襄阳既定，荀攸进言曰：“江陵乃荆襄重地，钱粮极广。刘备若据此地，急难动摇。”操曰：“孤岂忘之！”随命于襄阳诸将中，选一员引军开道。诸将中却独不见文聘，操使人寻问，方才来见。操曰：“汝来何迟？”对曰：“为人臣而不能使其主保全境土，心实悲惭，无颜早见耳。”言讫，欷歔流涕。操曰：“真忠臣也！”除江夏太守，赐爵关内侯，便教引军开道。探马报说：“刘备带领百姓，日行止十数里，计程只有三百余里。”操教各部下精选五千铁骑，星夜前进，限一日一夜赶上刘备，大军陆续随后而进。

却说玄德引十数万百姓、三千余军马，一程程挨着往江陵进发。赵云保护老小，张飞断后。孔明曰：“云长往江夏去了，绝无回音，不知若何。”玄德曰：“敢烦军师亲自走一遭。刘琦感公昔日之教，今若见公亲至，事必谐矣。”孔明允诺，便同刘封引五百军先往江夏求救去了。当日玄德自与简雍、糜竺、糜芳同行，正行间，忽然一阵狂风就马前刮起，尘土冲天，平遮红日。玄德惊曰：“此何兆也？”简雍颇明阴阳，袖占一课，失惊曰："此大凶之兆也，应在今夜。主公可速弃百姓而走！"玄德曰："百姓从新野相随至此，吾安忍弃之？"雍曰："主公若恋而不弃，祸不远矣。"玄德问："前面是何处？"左右答曰："前面是当阳县，有座山名为景山。"玄德使教就此山扎住。时秋末冬初，凉风透骨，黄昏将近，哭声遍野。至四更时分，只听得西北喊声震地而来。玄德大惊，急上马引本部精兵二千余人迎敌。曹兵掩至，势不可当，玄德死战。正在危迫之际，幸得张飞引军至，杀开一条血路，救玄德望东而走。文聘当先拦住，玄德骂曰："背主之贼，尚有何面目见人！"文聘羞惭满面，引兵自投东北去了。张飞保着玄德，且战且走。奔至天明，闻喊声渐渐远去，玄德方才歇马。看手下随行人，止有百余骑，百姓、老小并糜竺、糜芳、简雍、赵云等一干人，皆不知下落。玄德大哭曰："十数万生灵，皆因恋我，遭此大难。诸将及老小，皆不知存亡。虽土木之人，宁不悲乎！"

正凄惶时，忽见糜芳面带数箭，踉跄而来，口言："赵子龙反投曹操去了也！"玄德叱曰："子龙是吾故交，安肯反乎？"张飞曰："他今见我等势穷力尽，或者反投曹操，以图富贵耳！"玄德曰："子龙从我于患难，心如铁石，非富贵所能动摇也。"糜芳曰："我亲见他投西北去了。"张飞曰："待我亲自寻他去。若撞见时，一枪刺死！"玄德曰："休错疑了。岂不见你二兄诛颜良、文丑之事乎？子龙此去，必有事故。吾料子龙必不弃我也。"张飞那里肯听，引二十余骑至长坂桥，见桥东有一带树木，飞生一计：教所从二十余骑，都砍下树枝，拴在马尾上，在树林内往来驰骋，冲起尘土，以为疑兵。飞却亲自横矛立马于桥上，向西而望。

却说赵云自四更时分，与曹军厮杀，往来冲突，杀至天明，寻不见玄德，又失了玄德老小。云自思曰："主人将甘、糜二夫人与小主人阿斗，托付在我身上。今日军中失散，有何面目去见主人？不如去决一死战，好歹要寻主母与小主人下落！"回顾左右，只有三四十骑相随。云拍马在乱军中寻觅，二县百姓，号哭之声震天动地，中箭着枪、抛男弃女而走者，不计其数。赵云正走之间，见一人卧在草中，视之，乃简雍也。云急问曰："曾见两位主母否？"雍曰："二主母弃了车仗，抱阿斗而走。我飞马赶去，转过山坡，被一将刺了一枪，跌下马来，马被夺了去。我争斗不得，故卧在此。”云乃将从卒所骑之马，借一匹与简雍骑坐；又着二卒扶护简雍先去报与主人：“我上天入地，好歹寻主母与小主人来。如寻不见，死在沙场上也！”

说罢，拍马望长坂坡而去。忽一人大叫：“赵将军那里去？”云勒马问曰：“你是何人？”答曰：“我乃刘使君帐下护送车仗的军士，被箭射倒在此。”赵云便问二夫人消息。军士曰：“恰才见甘夫人披头跣足，相随一伙百姓妇女，投南而走。”云见说，也不顾军士，急纵马望南赶去。只见一伙百姓，男女数百人，相携而走。云大叫曰：“内中有甘夫人否？”夫人在后面望见赵云，放声大哭。云下马插枪而泣曰：“使主母失散，云之罪也！糜夫人与小主人安在？”甘夫人曰：“我与糜夫人被逐，弃了车仗，杂于百姓内步行。又撞见一枝军马冲散，糜夫人与阿斗不知何往。我独自逃生至此。”正言间，百姓发喊，又撞出一枝军来。赵云拔枪上马看时，面前马上绑着一人，乃糜竺也。背后一将，手提大刀，引着千余军，乃曹仁部将淳于导，拿住糜竺，正要解去献功。赵云大喝一声，挺枪纵马，直取淳于导。导抵敌不住，被云一枪刺落马下，向前救了糜竺，夺得马二匹。云请甘夫人上马，杀开条大路，直送至长坂坡。只见张飞横矛立马于桥上，大叫：“子龙！你如何反我哥哥？”云曰：“我寻不见主母与小主人，因此落后，何言反耶？”飞曰：“若非简雍先来报信，我今见你，怎肯干休也！”云曰：“主公在何处？”飞曰：“只在前面不远。”云谓糜竺曰：“糜子仲保甘夫人先行，待我仍去寻糜夫人与小主人去。”言罢，引数骑再回旧路。

正走之间，见一将手提铁枪，背着一口剑，引十数骑跃马而来。赵云更不打话，直取那将。交马只一合，把那将一枪刺倒，从骑皆走。原来那将乃曹操随身背剑之将夏侯恩也。曹操有宝剑二口：一名“倚天”，一名“青钉”。倚天剑自佩之，青钉剑令夏侯恩佩之。那青钉剑砍铁如泥，锋利无比。当时夏侯恩自恃勇力，背着曹操，只顾引人抢夺掳掠。不想撞着赵云，被他一枪刺死，夺了那口剑，看靶上有金嵌“青钉”二字，方知是宝剑也。云插剑提枪，复杀入重围，回顾手下从骑，已没一人，只剩得孤身。云并无半点退心，只顾往来寻觅，但逢百姓，便问糜夫人消息。忽一人指曰：“夫人抱着孩儿，左腿上着了枪，行走不得，只在前面墙缺内坐地。”

赵云听了，连忙追寻。只见一个人家，被火烧坏土墙，糜夫人抱着阿斗，坐于墙下枯井之傍啼哭。云急下马伏地而拜。夫人曰："妾得见将军，阿斗有命矣。望将军可怜他父亲飘荡半世，只有这点骨血。将军可护持此子，教他得见父面，妾死无恨！"云曰："夫人受难，云之罪也。不必多言，请夫人上马，云自步行死战，保夫人透出重围。"糜夫人曰："不可！将军岂可无马！此子全赖将军保护。妾已重伤，死何足惜！望将军速抱此子前去，勿以妾为累也。"云曰："喊声将近，追兵已至，请夫人速速上马。"糜夫人曰："妾身委实难去，休得两误。"乃将阿斗递与赵云曰："此子性命全在将军身上！"赵云三回五次请夫人上马，夫人只不肯上马，四边喊声又起。云厉声曰："夫人不听吾言，追军若至，为之奈何？"糜夫人乃弃阿斗于地，翻身投入枯井中而死。后人有诗赞之曰：

战将全凭马力多，步行怎把幼君扶？拼将一死存刘嗣，勇决还亏女丈夫。

赵云见夫人已死，恐曹军盗尸，便将土墙推倒，掩盖枯井。掩讫，解开勒甲绦[1]，放下掩心镜，将阿斗抱护在怀，绰枪上马。早有一将，引一队步军至，乃曹洪部将晏明也，持三尖两刃刀来战赵云。不三合，被赵云一枪刺倒，杀散众军，冲开一条路。正走间，前面又一枝军马拦路。当先一员大将，旗号分明，大书"河间张郃"。云更不答话，挺枪便战。约十余合，云不敢恋战，夺路而走。背后张郃赶来，云加鞭而行，不想趷跶[2]一声，连马和人，颠入土坑之内。张郃挺枪来刺，忽然一道红光从土坑中滚起，那匹马平空一跃，跳出坑外。后人有诗曰：

红光罩体困龙飞，征马冲开长坂围。四十二年真命主，将军因得显神威。

张郃见了，大惊而退。赵云纵马正走，背后忽有二将大叫："赵云休走！"前面又有二将，使两般军器，截住去路：后面赶的是马延、张顗，前面阻的是焦触、张南，都是袁绍手下降将。赵云力战四将，曹军一齐拥至。云乃拔青釭剑乱砍，手起处，衣甲平过，血如涌泉。杀退众军将，直透重围。

却说曹操在景山顶上，望见一将，所到之处，威不可当，急问左右是谁。曹洪飞马下山大叫曰："军中战将可留姓名！"云应声曰："吾乃常山赵子龙也！"曹洪回报曹操。操曰："真虎将也！吾当生致之。"遂令飞马传报各处："如赵云到，不许放冷箭，只要捉活的。"因此赵云得脱此难，此亦阿斗之福所致也。这一场杀：赵云怀抱后主，直透重围，砍倒大旗两面，夺槊三条，前后枪刺剑砍，杀死曹营名将五十余员。后人有诗曰：

血染征袍透甲红，当阳谁敢与争锋！古来冲阵扶危主，只有常山赵子龙。

赵云当下杀透重围，已离大阵，血满征袍。正行间，山坡下又撞出两枝军，乃夏侯惇部将钟缙、钟绅兄弟二人，一个使大斧，一个使画戟，大喝："赵云快下马受缚！"正是：才离虎窟逃生去，又遇龙潭鼓浪来。毕竟子龙怎地脱身，且听下文分解。

注释

[1] 绦：丝编的腰带。

[2] 跄踉：这里是形容跌倒的声音。

作者简介

罗贯中（约1330—约1400），名本，字贯中，号湖海散人，一说为太原人。元末明初小说家。早年曾参与反元的起义斗争。明朝建立之后，专心致力于文学创作。编著的小说有《三国志通俗演义》《隋唐志传》《残唐五代史演传》《三遂平妖传》。其中《三国志通俗演义》(又称《三国演义》)是罗贯中的力作，这部长篇小说对后世文学创作影响深远。罗贯中有多方面的艺术才能，除小说创作外，尚存杂剧《赵太祖龙虎风云会》。

名家点评

鲁迅《中国小说史略》："至于写人，亦颇有失，以致欲显刘备之长厚而似伪，状诸葛之多智而近妖；惟于关羽，特多好语，义勇之概，时时如见矣。"

15. 黑暗中的反抗者

——施耐庵《水浒传》第十回赏析

导读

法国20世纪最重要的哲学家之一萨特曾说："在黑暗的时代，不反抗就意味着同谋。"在面对黑暗时，每个人都有责任站出来反对不公与压迫。如果众人都选择沉默或顺从，那么人们就失去了自己的道德原则与责任感，成为一种消极的存在，甚至可能助长不公的行为，致使黑暗蔓延。

在《水浒传》中，施耐庵便用108位梁山好汉揭露了北宋末年这一动荡、腐败、阶级矛盾激化的至暗时刻。众多好汉中，有智多星吴用、黑旋风李逵、一丈青扈三娘、及时雨宋江等，而豹子头林冲的反抗无疑是较早的一个，也是最让人期待的一个。林冲原本是宋朝官员，作为东京八十万禁军教头，他有着显赫的地位、美满的家庭，却惨遭小人设计陷害，误入白虎堂，被发配沧州，路上又险些丧命。在沧州，陆虞候等人故意安排林冲看守草料场，目的就是要将林冲置于死地。而林冲却只是心有疑虑，仍然听天由命、逆来顺受。大难临头之时，他还想着安稳过冬，只求天理昭昭，"神明庇佑！"一直委曲求全、随遇而安的林冲，就算心有不快，但过了三五日，就又平息了怒火，得过且过，宁可息事宁人。直到得知高太尉父子陷害自己的全部内情后，直到陆虞候火烧草料场，林冲终于忍无可忍，选择了像火山一样的爆发，杀死了陆虞候等人，离开了这里。

原本的林冲在劫难逃，因为他要么被烧死在草料场中，要么"欲加之罪，何患无辞"。这一切都建立在林冲继续忍耐、不思反抗的基础上。但最终林冲勇敢迎接风雪，他逆来顺受以求享受温馨的期待与幻想彻底崩坏，于是他选择逆风而行。在长期官府压迫、权贵陷害的黑暗中，他抛开委曲求全的软弱，放弃对安逸的渴望，在熊熊烈火的映照之下，他这样一个落魄之客，无奈地显露出自己刚毅勇猛的本性，化身成一头凶猛的“豹子”，提着长枪手刃仇人后，义无反顾地走出了黑暗……

从忍气吞声、渴望安逸，到奋起反抗、义无反顾，林冲在黑暗之下由“忍”到“狠”的转变，是他个人命运的逆袭，也许他没有鲁智深的无拘无束，没有李逵的直爽率真，没有吴用的神机妙算，没有武松的爱憎分明，也没有宋江的善于筹划。但他有与其他英雄好汉不同的多面性格，一面是善良安分、循规蹈矩；一面是武艺高强、刚烈反抗。这种强烈的对比不仅使他成为众多英雄中典型的“官逼民反，民不得不反”的艺术形象，也给人留下荡气回肠的感慨与敬意。

雪下得再紧，也灭不了黑暗中林冲燃起的激情。因为，黑暗中，只有反抗和斗争，只有坚守正义、保持清醒的头脑，才能实现自己的自由与尊严，才能推动社会的进步与改变。这便是历代文人妙笔下历史与英雄的永恒篇章，抒写着无数英雄在沧海横流中的灿烂本色。（陶静导读）

原文

第十回　林教头风雪山神庙　陆虞候火烧草料场

诗曰：

天理昭昭不可诬，莫将奸恶作良图。
若非风雪沽村酒，定被焚烧化朽枯。
自谓冥中施计毒，谁知暗里有神扶。
最怜万死逃生地，真是瑰奇伟丈夫。

话说当日林冲正闲走间，忽然背后人叫，回头看时，却认得是酒生儿[1]李小二。当初在东京时，多得林冲看顾。这李小二先前在东京时，不合偷了店主人家财，被捉住了，要送官司问罪。却得林冲主张陪话，救了他免送官司，又与他陪了些钱财，方得脱免。京中安不得身，又亏林冲赍发他盘缠，于路投奔人，不想今日却在这里撞见。林冲道：“小二哥，你如何也在这里？”李小二便拜道：“自从得恩人救济，赍发小人，一地里[2]投奔人不着，迤逦不想来到沧州，投托一个酒店里，姓王，留小人在店中做过卖[3]。因见小人勤谨，安排的好菜蔬，调和的好汁水，来吃的人都喝采，以此买卖顺当。主人家有个女儿，就招了小人做女婿。如今丈人丈母都死了，只剩得小人夫妻两个，权在营前开了个茶酒店。因讨钱过来，遇见恩人。恩人不知为何事在这里？”林冲指着脸上道：“我因恶了高太尉，生事陷害，受了一场官司，刺配到这里。如今叫我管天王堂，未知久后如何。不想今日到此遇见。”

李小二就请林冲到家里面坐定，叫妻子出来拜了恩人。两口儿欢喜道：“我夫妻二人正没个亲眷，今日得恩人到来，便是从天降下。”林冲道：“我是罪囚，恐怕玷辱你夫妻两个。”李小二道：“谁不知恩人大名，休恁地说。但有衣服，便拿来家里浆洗缝补。”当时管待林冲酒食，至晚送回天王堂。次日，又来相请。因此，林冲得李小二家来往，不时间送汤送水来营里与林冲吃。林冲因见他两口儿恭勤孝顺，常把些银两与他做本钱，不在话下。有诗为证：

才离寂寞神堂路，又守萧条草料场。

李二夫妻能爱客，供茶送酒意偏长。

且把闲话休题，只说正话。迅速光阴，却早冬来。林冲的绵衣裙袄，都是李小二浑家整治缝补。忽一日，李小二正在门前安排菜蔬下饭，只见一个人闪将进来，酒店里坐下，随后又一人入来。看时，前面那个人是军官打扮，后面这个走卒模样，跟着也来坐下。李小二入来问道：“要吃酒？”只见那个人将出一两银子与小二道：“且收放柜上，取三四瓶好酒来。客到时，果品酒馔只顾将来，不必要问。”李小二道：“官人请甚客？”那人道：“烦你与我去营里请管营、差拨两个来说话。问时，你只说有个官人请说话，商议些事务。专等，专等。”李小二应承了，来到牢城里，先请了差拨，同到管营家里，请了管营，都到酒店里。只见那个官人和管营、差拨两个讲了礼。管营道：“素不相识，动问官人高姓大名？”那人道：“有书在此，少刻便知。且取酒来。”李小二连忙开了酒，一面铺下菜蔬果品酒馔。那人叫讨副劝盘来，把了盏，相让坐了。小二独自一个，撺梭也似伏侍不暇。那跟来的人讨了汤桶，自行荡酒。约计吃过十数杯，再讨了按酒，铺放桌上。只见那人说道：“我自有伴当荡酒，不叫你休来。

我等自要说话。”

李小二应了，自来门首叫老婆道：“大姐，这两个人来的不尴尬。”老婆道：“怎么的不尴尬？”小二道：“这两个人语言声音是东京人，初时又不认得管营，向后我将按酒入去，只听得差拨口里讷出一句‘高太尉’三个字来。这人莫不与林教头身上有些干碍？我自在门前理会，你且去阁子背后，听说甚么。”老婆道：“你去营中寻林教头来，认他一认。”李小二道：“你不省得，林教头是个性急的人，摸不着便要杀人放火。倘或叫的他来看了，正是前日说的甚么陆虞候，他肯便罢？做出事来，须连累了我和你。你只去听一听，再理会。”老婆道：“说的是。”便入去听了一个时辰，出来说道：“他那三四个交头接耳说话，正不听得说甚么。只见那一个军官模样的人，去伴当怀里取出一帕子物事，递与管营和差拨。帕子里面的莫不是金银？只听差拨口里说道：‘都在我身上，好歹要结果了他性命。’”正说之间，阁子里叫：“将汤来。”李小二急去里面换汤时，看见管营手里拿着一封书。小二换了汤，添些下饭。又吃了半个时辰，算还了酒钱，管营、差拨先去了。次后，那两个低着头也去了。转背没多时，只见林冲走将入店里来，说道：“小二哥，连日好买卖。”李小二慌忙道：“恩人请坐，小人却待正要寻恩人，有些要紧话说。”有诗为证：

潜为奸计害英雄，一线天教把信通。

亏杀有情贤李二，暗中回护有奇功。

当下林冲问道：“甚么要紧的事？”小二哥请林冲到里面坐下，说道：“却才有个东京来的尴尬人，在我这里请管营、差拨吃了半日酒。差拨口里讷出高太尉三个字来。小人心下疑，又着浑家听了一个时辰，他却交头接耳说话，都不听得。临了，只见差拨口里应道：‘都在我两个身上，好歹要结果了他。’那两个把一包金银递与管营、差拨，又吃一回酒，各自散了。不知甚么样人。小人心下疑，只怕恩人身上有些妨碍。”林冲道：“那人生得甚么模样？”李小二道：“五短身材，白净面皮，没甚髭须，约有三十余岁。那跟的也不长大，紫棠色面皮。”林冲听了大惊道：“这三十岁的正是陆虞候。那泼贱贼也敢来这里害我！休要撞着我，只教他骨肉为泥！”李小二道：“只要提防他便了，岂不闻古人言：吃饭防噎，走路防跌。”林冲大怒，离了李小二家，先去街上买把解腕尖刀，带在身上，前街后巷一地里去寻。李小二夫妻两个，捏着两把汗。

当晚无事，次日天明起来，早洗漱罢，带了刀又去沧州城里城外，小街夹巷，团团寻了一日。牢城营里都没动静。林冲又来对李小二道：“今日又无事。”小二道：“恩人，只愿如此。只是自放仔细便了。”林冲自回天王堂，过了一夜。街上寻了三五日，不见消耗[4]，林冲也自心下慢了。到第六日，只见管营叫唤林冲到点视厅上，说道：“你来这里许多时，柴大官人面皮，不曾抬举的你。此间东门外十五里，有座大军草场，每月但是纳草纳料的，有些常例钱取觅，原是一个老军看管。我如今抬举你去替那老军来守天王堂，你在那里寻几贯盘缠。你可和差拨便去那里交割。”林冲应道：“小人便去。”当时离了营中，径到李小二家，对他夫妻两个说道：“今日管营拨我去大军草场管事，却如何？”李小二道：“这个差使又好似天王堂。那里收草料时，有些常例钱钞。往常不使钱时，不能勾这差使。”林冲道：“却不害我，倒与我好差使，正不知何意？”李小二道：“恩人休要疑心，只要没事便好了。只是小人家离得远了，过几时那[5]工夫来望恩人。”就时家里安排几杯酒，请林冲吃了。

话不絮烦，两个相别了。林冲自来天王堂，取了包裹，带了尖刀，拿了条花枪，与差拨一同辞了管营，两个取路投草料场来。正是严冬天气，彤云密布，朔风渐起，却早纷纷扬扬卷下一天大雪来。那雪早下得密了。怎见得好雪？有《临江仙》词为证：

> 作阵成团空里下，这回忒杀堪怜。剡溪冻住子猷船。玉龙鳞甲舞，江海尽平填。　宇宙楼台都压倒，长空飘絮飞绵。三千世界玉相连。冰交河北岸，冻了十余年。

大雪下的正紧，林冲和差拨两个在路上又没买酒吃处，早来到草料场外。看时，一周遭有些黄土墙，两扇大门。推开看里面时，七八间草房做着仓廒，四下里都是马草堆，中间两座草厅。到那厅里，只见那老军在里面向火。差拨说道：“管营差这个林冲来替你回天王堂看守，你可即便交割。”老军拿了钥匙，引着林冲，分付道：“仓廒内自有官司封记，这几堆草一堆堆都有数目。”老军都点见了堆数，又引林冲到草厅上。老军收拾行李，临了说道："火盆、锅子、碗碟，都借与你。"林冲道："天王堂内我也有在那里，你要便拿了去。"老军指壁上挂一个大葫芦，说道："你若买酒吃时，只出草场，投东大路去三二里，便有市井。"老军自和差拨回营里来。

只说林冲就床上放了包裹被卧，就坐下生些焰火起来。屋边有一堆柴炭，拿几块来生在地炉里。仰面看那草屋时，四下里崩坏了，又被朔风吹撼，摇振得动。林冲道："这屋如何过得一冬？待雪晴了，去城中唤个泥水匠来修理。"向了一回火，觉得身上寒冷，寻思："却才老军所说五里路外有那市井，何不去沽些酒来吃？"便去包里取些碎银子，把花枪挑了酒葫芦，将火炭盖了，取毡笠子戴上，拿了钥匙，出来把草厅门拽上。出到大门首，把两扇草场门反拽上锁了，带了钥匙，信步投东。雪地里踏着碎琼乱玉，迤逦背着北风而行。那雪正下得紧。

行不上半里多路，看见一所古庙。林冲顶礼道："神明庇佑，改日来烧钱纸。"又行了一回，望见一簇人家。林冲住脚看时，见篱笆中挑着一个草帚儿在露天里。林冲径到店里，主人道："客人那里来？"林冲道："你认得这个葫芦么？"主人看了道："这葫芦是草料场老军的。"林冲道："如何便认的？"店主道："既是草料场看守大哥，且请少坐。天气寒冷，且酌三杯权当接风。"店家切一盘熟牛肉，荡一壶热酒，请林冲吃。又自买了些牛肉，又吃了数杯，就又买了一葫芦酒，包了那两块牛肉，留下碎银子，把花枪挑了酒葫芦，怀内揣了牛肉，叫声相扰，便出篱笆门，依旧迎着朔风回来。看那雪，到晚越下的紧了。古时有个书生，做了一个词，单题那贫苦的恨雪：

> 广莫严风刮地，这雪儿下的正好。扯絮挦绵，裁几片大如栲栳。见林间竹屋茅茨，争些儿被他压倒。富室豪家，却言道压瘴犹嫌少。向的是兽炭红炉，穿的是绵衣絮袄。手捻梅花，唱道国家祥瑞，不念贫民些小。高卧有幽人，吟咏多诗草。

再说林冲踏着那瑞雪，迎着北风，飞也似奔到草场门口，开了锁，入内看时，只叫得苦。原来天理昭然，佑护善人义士，因这场大雪，救了林冲的性命。那两间草厅已被雪压倒了。林冲寻思："怎地好？"放下花枪、葫芦在雪里，恐怕火盆内有火炭延烧起来，搬开破壁子，探半身入去摸时，火盆内火种都被雪水浸灭了。林冲把手床上摸时，只拽得一条絮被。林冲钻将出来，见天色黑了，寻思："又没打火处，怎生安排？"想起离了这半里路上，有个古庙，可以安身。"我且去那里宿一夜，等到天明却做理会。"把被卷了，花枪挑着酒葫芦，依旧把门拽上锁了，望那庙里来。入的庙门，再把门掩上，傍边止有一块大石头，掇将过来，靠了门。入的里面看时，殿上做着一尊金甲山神，两边一个判官，一个小鬼，侧边堆着一堆纸。团团看来，又没邻舍，又无庙主。林冲把枪和酒葫芦放在纸堆上，将那条絮被放开，先取下毡笠子，把身上雪都抖了，把上盖[6]白布衫脱将下来，早有五分湿了，和毡笠放在供桌上，把被扯来盖了半截下身。却把葫芦冷酒提来便吃，就将怀中牛肉下酒。正吃时，只听得外面必必剥剥地爆响。林冲跳起身来，就壁缝里看时，只见草料场里火起，刮刮杂杂烧着。看那火时，但见：

一点灵台，五行造化，丙丁在世传流。无明心内，灾祸起沧州。烹铁鼎能成万物，铸金丹还与重楼。思今古，南方离位，荧惑最为头。绿窗归焰烬，隔花深处，掩映钓渔舟。鏖兵赤壁，公瑾喜成谋。李晋王醉存馆驿，田单在即墨驱牛。周褒姒骊山一笑，因此戏诸侯。

当时张见草场内火起，四下里烧着，林冲便拿枪，却待开门来救火，只听得前面有人说将话来。林冲就伏在庙听时，是三个人脚步声，且奔庙里来。用手推门，却被林冲靠住了，推也推不开。三人在庙檐下立地看火，数内一个道："这条计好么？"一个应道："端的亏管营、差拨两位用心。回到京师，禀过太尉，都保你二位做大官。这番张教头没的推故。"那人道："林冲今番直吃我们对付了，高衙内这病必然好了。"又一个道："张教头那厮，三回五次托人情去说'你的女婿殁了'，张教头越不肯应承。因此衙内病患看看重了，太尉特使俺两个央浼二位干这件事，不想而今完备了。"又一个道："小人直爬入墙里去，四下草堆上点了十来个火把，待走那里去！"那一个道："这早晚烧个八分过了。"又听一个道："便逃得性命时，烧了大军草料场，也得个死罪。"又一个道："我们回城里去罢。"一个道："再看一看，拾得他一两块骨头回京，府里见太尉和衙内时，也道我们也能会干事。"

林冲听那三个人时，一个是差拨，一个是陆虞候，一个是富安。林冲道："天可怜见林冲，若不是倒了草厅，我准定被这厮们烧死了。"轻轻把石头掇开，挺着花枪，一手拽开庙门，大喝一声："泼贼那里去！"三个人急要走时，惊得呆了，正走不动。林冲举手肐察的一枪，先戳倒差拨。陆虞候叫声："饶命！"吓的慌了手脚，走不动。那富安走不到十来步，被林冲赶上，后心只一枪，又戳倒了。翻身回来，陆虞候却才行的三四步，林冲喝声道："奸贼！你待那里去！"批胸只一提，丢翻在雪地上，把枪搠在地里，用脚踏住胸脯，身边取出那口刀来，便去陆谦脸上阁着，喝道："泼贼！我自来又和你无甚么冤仇，你如何这等害我！正是杀人可恕，情理难容。"陆虞候告道："不干小人事，太尉差遣，不敢不来。"林冲骂道："奸贼，我与你自幼相交，今日倒来害我，怎不干你事！且吃我一刀。"把陆谦上身衣服扯开，把尖刀向心窝里只一剜，七窍迸出血来，将心肝提在手里。回头看时，差拨正爬将起来要走。林冲按住喝道："你这厮原来也恁的歹！且吃我一刀。"又早把头割下来，挑在枪上。回来把富安、陆谦头都割下来，把尖刀插了，将三个人头发结做一处，提入庙里来，都摆在山神面前供桌上。再穿了白布衫，系了搭膊，把毡笠子带上，将葫芦里冷酒都吃尽了。被与葫芦都丢了不要，提了枪，便出庙门投东去。走不到三五里，早见近村人家都拿着水桶、钩子来救火。林冲道："你们快去救应，我去报官了来。"提着枪只顾走。那雪越下的猛，但见：

> 凛凛严凝雾气昏，空中祥瑞降纷纷。须臾四野难分路，顷刻千山不见痕。银世界，玉乾坤，望中隐隐接昆仑。若还下到三更后，仿佛填平玉帝门。

林冲投东去了两个更次，身上单寒，当不过那冷。在雪地里看时，离的草场远了，只见前面疏林深处，树木交杂，远远地数间草屋，被雪压着，破壁缝里透出火光来。林冲径投那草屋来，推开门，只见那中间坐着一个老庄家，周围坐着四五个小庄家向火，地炉里面焰焰地烧着柴火。林冲走到面前，叫道："众位拜揖。小人是牢城营差使人，被雪打湿了衣裳，借此火烘一烘，望乞方便。"庄客道："你自烘便了，何妨得。"林冲烘着身上湿衣服，略有些干，只见火炭边煨着一个瓮儿，里面透出酒香。林冲便道："小人身边有些碎银子，望烦回些酒吃。"老庄客道："我们每夜轮流看米囤，如今四更，天气正冷，我们这几个吃尚且不勾，那得回与你。休要指望。"林冲又道："胡乱只回三五碗，与小人荡寒。"老庄家道："你那人休缠，休缠！"林冲闻得酒香，越要吃，说道："没奈何，回些罢。"众庄客道："好意着你烘衣裳向火，便来要酒吃。去便去，不去时将来吊在这里。"林冲怒道："这厮们好无道理。"把手中枪看着块焰焰着的火柴头，望老庄家脸上只一挑将起来，又把枪去火炉里只一搅，那老庄家的髭须焰焰的烧着。众庄客都跳将起来，林冲把枪杆乱打。老庄家先走了。庄家们都动掸不得，被林冲赶打一顿，都走了。林冲道："都走了，老爷快活吃酒。"土炕上却有两个椰瓢，取一个下来，倾那瓮酒来吃了一会，剩了一半，提了枪出门便走。一步高，一步低，踉踉跄跄捉脚不住，走不过一里路，被朔风一掉，随着那山涧边倒了，那里挣得起来。凡醉人一倒，便起不得。醉倒在雪地上。

却说众庄客引了二十余人，拖枪拽棒，都奔草屋下看时，不见了林冲。却寻着踪迹赶将来，只见倒在雪地里。庄客齐道："你却倒在这里。"花枪丢在一边。众庄客一发上手，就地拿起林冲来，将一条索缚了，趁五更时分，把林冲解投那个去处来。不是别处，有分教：蓼儿洼内，前后摆数千只战舰艨艟；水浒寨中，左右列百十个英雄好汉。搅扰得道君皇帝，盘龙椅上魂惊，丹凤楼中胆裂。正是：说时杀气侵人冷，讲处悲风透骨寒。毕竟看林冲被庄客解投甚处来，且听下回分解。

注释

[1] 酒生儿：酒店里的伙计。

[2] 一地里：到处。

[3] 过卖：堂倌，酒食店里照料座儿的伙计。

[4] 消耗：这里指音信。"消"是消息，"耗"是音耗。

[5] 那：这里同"挪"，作抽、移等解释。

[6] 上盖：上身的外衣。

作者简介

施耐庵（约1296—约1370），原名施耳，字肇瑞，号子安，别号耐庵，元末明初文学家。自幼聪明好学，知识广博，其代表作《水浒传》荟萃民间流传的梁山起义军的故事，一经问世就受到群众欢迎，对中国长篇小说的创作与发展具有重要意义，并为中国文学乃至世界文学增添了一份珍贵财富。

名家点评

（明）袁宏道《东西汉通俗演义序》："未有若《水浒》之明白晓畅，语语家常，使我捧玩不能释手者也。"

胡适《文学改良刍议》："今人犹有鄙夷白话小说为文学小道者。不知施耐庵、曹雪芹、吴趼人皆文学正宗，而骈文律诗乃真小道耳。"

16. 热血中的成长

——吴承恩《西游记》第四回赏析

导读

每个人在成长过程中都会经历挑战与磨难，收获成功与喜悦。正是这些，锻造了成长的勋章。然而伴随其中的，还有不断激励人们向着梦想奋进的热血与勇气，指引着人们像狼一样勇猛，像鹰一样雄健，坚定的学习、执着的付出、无畏的奉献……

在《西游记》中，也有一个这样的热血少年——孙悟空。从齐天大圣到斗战胜佛，从个人成就的利己主义到保护唐僧求取真经的使命责任，孙悟空挑战天庭，与诸神战，与众妖战，与心猿战，让他在热血沸腾中不断否定、不断超越、不断成长，在不断探索自己的内心世界时，在发挥智谋与武艺时，逐渐战胜自己的贪婪、傲慢和自私，发现人生的真谛与价值。

正如每一个生而为人的我们，对于自己一生最想做的事，并非从一开始就能知晓，都是在不断的试错中逐渐发现、逐渐明确的，孙悟空也是一样。作为一只猴，他最先想要得到的无非是在众猴中脱颖而出，于是在一次挑战中，他成功了。面对花果山的水帘洞，他第一个站出来，进出自如、毫发无损地穿越其中，顺利借助这次机会，成为众猴中的一位“敢为天下先”的勇士，成为众猴的领袖——美猴王。可没过多久，他又不满足了。当他由一只老猴子的死，联想到自己在将来也是一样的结局后，他有了新的目标——长生不老。特别是作为众猴中地位显赫的美猴王，他更是希望自己能长寿，持续这份地位与尊重。于是他去求仙访道，想求得长生不老之术。经过一段时间的学习，终于学成，但他的欲望又开始不断膨胀，想要得到真正的、绝对的自由，想与上天平起平坐——齐天大圣。他不满足于“弼马温”的末官，在经过一番打斗、博弈之后，终于获得“齐天大圣”的封号。

后来的齐天大圣被如来佛祖压在了五行山下，这象征着人的自我实际上是不可能无休无止的膨胀的。直到他在保唐僧西天取经的事业上，才找到了人生最后的寄托。因此，人的一辈子，如果完全从自我考虑，从利己之心出发，是找不到人生的真谛的，直至找到自己能够安生立命的事业，才能获得真正的成长。这便是孙悟空在热血中不断付出和奉献，所收获的成长。

而孙悟空其实也代表了每一个人人格中的一个层面——自我。弗洛伊德把人格分成三个层面：超我、自我、本我。师徒中最活跃的这三个人，即唐僧、孙悟空、猪八戒，其实各代表了人格的一个层面。唐僧代表的是道德层面的“超我”。猪八戒代表的是“本我”，他反映的其实是人格当中最早、最原始的冲动和本能。所以，猪八戒的形象，关照的是我们每一个凡人都会有的最真实的样子。而孙悟空代表的是“自我”，他有本我的欲望，而他头上的紧箍咒其实是社会对本我的约束，对自我欲望的克制，是他与心猿的对抗与平衡，让他在勇气和热血中实现真正的、更高的人生价值。

最终，孙悟空成功护送唐僧登上灵山，取得了真经。对于每一个有梦想、有信仰的人而言，心中都有一座灵山，需要我们用行动证明自己的勇气和智慧，同孙悟空一样，用热血实现自己的“佛门正果”，开启人生的新征程、新成长。（**陶静导读**）

原文

第四回　官封弼马心何足　名注齐天意未宁

那太白金星与美猴王，同出了洞天深处，一齐驾云而起。原来悟空筋斗云比众不同，十分快疾，把个金星撇在脑后，先至南天门外。正欲收云前进，被增长天王领着庞、刘、苟、毕、邓、辛、张、陶，一路大力天丁，枪刀剑戟，挡住天门，不肯放进。猴王道：“这个金星老儿，乃奸诈之徒！既请老孙，如何教人动刀动枪，阻塞门路？”正嚷间，金星倏到。悟空就觌面发狠道：“你这老儿，怎么哄我？被你说奉玉帝招安旨意来请，却怎么教这些人阻住天门，不放老孙进去？”金星笑道：“大王息怒。你自来未曾到此天堂，却又无名，众天丁又与你素不相识，他怎肯放你擅入？等如今见了天尊，授了仙箓，注了官名，向后随你出入，谁复挡也？”悟空道：“这等说，也罢，我不进去了。”金星又用手扯住道：“你还同我进去。”

将近天门，金星高叫道：“那天门天将，大小吏兵，放开路者。此乃下界仙人，我奉玉帝圣旨宣他来也。”那增长天王与众天丁俱才敛兵退避。猴王始信其言，同金星缓步入里观看。真个是：

初登上界，乍入天堂。金光万道滚红霓，瑞气千条喷紫雾。只见那南天门，碧沉沉，琉璃造就；明幌幌，宝玉妆成。两边摆数十员镇天元帅，一员员顶梁靠柱，持铣拥旄；四下列十数个金甲神人，一个个执戟悬鞭，持刀仗剑。外厢犹可，入内惊人：里壁厢有几根大柱，柱上缠绕着金鳞耀日赤须龙；又有几座长桥，桥上盘旋着彩羽凌空丹顶凤。明霞幌幌映天光，碧雾濛濛遮斗口。这天上有三十三座天宫，乃遣云宫、毗沙宫、五明宫、太阳宫、化乐宫……一宫宫脊吞金稳兽；又有七十二重宝殿，乃朝会殿、凌虚殿、宝光殿、天王殿、灵官殿……一殿殿柱列玉麒麟。寿星台上，有千千年不卸的名花；炼药炉边，有万万载常青的绣草。又至那朝圣楼前，绛纱衣，星辰灿烂；芙蓉冠，金碧辉煌。玉簪朱履，紫绶金章。金钟撞动，三曹神表进丹墀；天鼓鸣时，万圣朝王参玉帝。又至那灵霄宝殿，金钉攒玉户，彩凤舞朱门。复道回廊，处处玲珑剔透；三檐四簇，层层龙凤翱翔。上面有个紫巍巍，明幌幌，圆丢丢，亮灼灼，大金葫芦顶；下面有天妃悬掌扇，玉女捧仙巾。恶狠狠，掌朝的天将；气昂昂，护驾的仙卿。正中间，琉璃盘内，放许多重重叠叠太乙丹；玛瑙瓶中，插几枝弯弯曲曲珊瑚树。正是天宫异物般般有，世上如他件件无。金阙银銮并紫府，琪花瑶草暨琼葩。朝王玉兔坛边过，参圣金乌着底飞。猴王有分来天境，不堕人间点污泥。

太白金星领着美猴王，到于灵霄殿外，不等宣诏，直至御前朝上礼拜。悟空挺身在旁，且不朝礼，但侧耳以听金星启奏。金星奏道：“臣领圣旨，已宣妖仙到了。”玉帝垂帘问曰：“那个是妖仙？”悟空却才躬身答应道：“老孙便是。”仙卿们都大惊失色道：“这个野猴！怎么不拜伏参见，辄敢这等答应道：‘老孙便是！’却该死了！该死了！”玉帝传旨道：“那孙悟空乃下界妖仙，初得人身，不知朝礼，且姑恕罪。”众仙卿叫声："谢恩！"猴王却才朝上唱个大喏[1]。玉帝宣文选武选仙卿，看那处少甚官职，着孙悟空去除授[2]。旁边转过武曲星君，启奏道："天宫里各宫各殿，各方各处，都不少官，只是御马监缺个正堂管事。"玉帝传旨道："就除他做个'弼马温'罢。"众臣叫谢恩，他也只朝上唱个大喏。玉帝又差木德星官送他去御马监到任。

当时猴王欢欢喜喜，与木德星官径去到任。事毕，木德回宫。他在监里，会聚了监丞、监副、典簿、力士大小官员人等，查明本监事务，止有天马千匹。乃是：

骅骝[3]骐骥，騄駬纤离；龙媒紫燕，挟翼骕骦；駃騠银騔，騕褭飞黄；騊駼翻羽，赤兔超光；逾辉弥景，腾雾胜黄；追风绝地，飞翮奔霄；逸飘赤电，铜爵浮云；骢珑虎䮺，绝尘紫鳞；四极大宛，八骏九逸，千里绝群，——此等良马，一个个，嘶风逐电精神壮，踏雾登云气力长。

这猴王查看了文簿，点明了马数。本监中典簿管征备草料；力士官管刷洗马匹、扎草[4]、饮水、煮料；监丞、监副辅佐催办；弼马昼夜不睡，滋养马匹。日间舞弄犹可，夜间看管殷勤：但是马睡的，赶起来吃草；走的捉将来靠槽。那些天马见了他，泯耳攒蹄，都养得肉肥膘满。

不觉的半月有余。一朝闲暇，众监官都安排酒席，一则与他接风，一则与他贺喜。正在欢饮之间，猴王忽停杯问曰："我这'弼马温'，是个甚么官衔？"众曰："官名就是此了。"又问："此官是个几品？"众道："没有品从。"猴王道："没品，想是大之极也。"众道："不大，不大，只唤作'未入流'。"猴王道："怎么叫做'未入流'？"众道："末等。这样官儿，最低最小，只可与他看马。似堂尊到任之后，这等殷勤，喂得马肥，只落得道声'好'字；如稍有些尪羸[5]，还要见责；再十分伤损，还要罚赎问罪。"猴王闻此，不觉心头火起，咬牙大怒道："这般渺视老孙！老孙在那花果山，称王称祖，怎么哄我来替他养马？养马者，乃后生小辈下贱之役，岂是待我的！不做他！不做他！我将去也！"忽辣的一声，把公案推倒，耳中取出宝贝，幌一幌，碗来粗细，一路解数，直打出御马监，径至南天门。众天丁知他受了仙箓，乃是个弼马温，不敢阻当，让他打出天门去了。

须臾，按落云头，回至花果山上。只见那四健将与各洞妖王，在那里操演兵卒。这猴王厉声高叫道："小的们！老孙来了！"一群猴都来叩头，迎接进洞天深处，请猴王高登宝位，一壁厢办酒接风。都道："恭喜大王，上界去十数年，想必得意荣归也？"猴王道："我才半月有余，那里有十数年？"众猴道："大王，你在天上，不觉时辰。天上一日，就是下界一年哩。请问大王，官居何职？"猴王摇手道："不好说！不好说！活活的羞杀人！那玉帝不会用人，他见老孙这般模样，封我做个甚么'弼马温'，原来是与他养马，未入流品之类。我初到任时不知，只在御马监中顽耍。只今日问我同寮，始知是这等卑贱。老孙心中大恼，推倒席面，不受官衔，因此走下来了。"众猴道："来得好！来得好！大王在这福地洞天之处为王，多少尊重快乐，怎么肯去与他做马夫？"教："小的们，快办酒来，与大王释闷。"

正饮酒欢会间，有人来报道："大王，门外有两个独角鬼王，要见大王。"猴王道："教他进来。"那鬼王整衣跑入洞中，倒身下拜。美猴王问他："你见我何干？"鬼王道："久闻大王招贤，无由得见；今见大王授了天箓，得意荣归，特献赭黄袍一件，与大王称庆。肯不弃鄙贱，收纳小人，亦得效犬马之劳。"猴王大喜，将赭黄袍穿起，众等忻然排班朝拜，即将鬼王封为前部总督先锋。鬼王谢恩毕，复启道："大王在天许久，所授何职？"猴王道："玉帝轻贤，封我做个甚么'弼马温'！"鬼王听言，又奏道："大王有此神通，如何与他养马？就做个'齐天大圣'，有何不可？"猴王闻说，欢喜不胜，连道几个"好！好！好！"教四健将："就替我快置个旌旗，旗上写'齐天大圣'四大字，立竿张挂。自此以后，只称我为齐天大圣，不许再称大王。亦可传与各洞妖王，一体知悉。"此不在话下。

却说那玉帝次日设朝，只见张天师引御马监监丞、监副，在丹墀下拜奏道："万岁，新任弼马温孙悟空，因嫌官小，昨日反下天宫去了。"正说间，又见南天门外增长天王领众天丁，亦奏道："弼马温不知何故，走出天门去了。"玉帝闻言，即传旨："着两路神元，各归本职，朕遣天兵擒拿此怪。"班部中闪上托塔李天王与哪吒三太子，越班奏上道："万岁，微臣不才，请旨降此妖怪。"玉帝大喜，即封托塔天王李靖为降魔大元帅，哪吒三太子为三坛海会[6]大神，即刻兴师下界。

李天王与哪吒叩头谢辞，径至本宫，点起三军，帅众头目，着巨灵神为先锋，鱼肚将掠后，药叉将催兵。一霎时出南天门外，径来到花果山。选平阳处安了营寨，传令教巨灵神挑战。巨灵神得令，结束整齐，抡着宣花斧，到了水帘洞外。只见那洞门外，许多妖魔，都是些狼虫虎豹之类，丫丫叉叉，抡枪舞剑，在那里跳斗咆哮。这巨灵神喝道："那业畜！快早去报与弼马温知道，吾乃上天大将，奉玉帝旨意，到此收伏。教他早早出来受降，免致汝等皆伤残也。"那些怪奔奔波波，传报洞中道："祸事了！祸事了！"猴王问："有甚祸事？"众妖道："门外有一员天将，口称大圣官衔，道奉玉帝圣旨，来此收伏。教早早出去受降，免伤我等性命。"猴王听说，教："取我披挂来！"就戴上紫金冠，贯上黄金甲，蹬上步云鞋，手执如意金箍棒，领众出门，摆开阵势。这巨灵神睁睛观看，真好猴王：

身穿金甲亮堂堂，头戴金冠光映映。
手举金箍棒一根，足踏云鞋皆相称。
一双怪眼似明星，两耳过眉查又硬。
挺挺身才变化多，声音响亮如钟磬。
尖嘴咨牙[7]弼马温，心高要做齐天圣。

巨灵神厉声高叫道："那泼猴！你认得我么？"大圣听言，急问道："你是那路毛神？老孙不曾会你，你快报名来。"巨灵神道："我把你那欺心的猢狲！你是认不得我！我乃高上神霄托塔李天王部下先锋，巨灵天将！今奉玉帝圣旨，到此收降你。你快卸了装束，归顺天恩，免得这满山诸畜遭诛；若道半个'不'字，教你顷刻化为虀粉！"猴王听说心中大怒，道："泼毛神，休夸大口，少弄长舌！我本待一棒打死你，恐无人去报信。且留你性命，快早回天，对玉皇说他甚不用贤！老孙有无穷的本事，为何教我替他养马？你看我这旌旗上字号，若依此字号升官，我就不动刀兵，自然的天地清泰。如若不依，时间[8]就打上灵霄宝殿，教他龙床定坐不成！"这巨灵神闻此言，急睁睛迎风观看，果见门外竖一高竿，竿上有旌旗一面，上写着"齐天大圣"四大字。巨灵神冷笑三声道："这泼猴，这等不知人事，辄敢无状，你就要做齐天大圣！好好的吃吾一斧！"劈头就砍将去。那猴王正是会家不忙，将金箍棒应手相迎。这一场好杀：

> 棒名如意，斧号宣花。他两个乍相逢，不知深浅；斧和棒，左右交加。一个暗藏神妙，一个大口称夸。使动法，喷云嗳雾；展开手，播土扬沙。天将神通就有道，猴王变化实无涯。棒举却如龙戏水，斧来犹似凤穿花。巨灵名望传天下，原来本事不如他：大圣轻轻抡铁棒，着头一下满身麻。

巨灵神抵敌他不住，被猴王劈头一棒，慌忙将斧架隔，扢扠的一声，把个斧柄打做两截，急撤身败阵逃生。猴王笑道："脓包！脓包！我已饶了你，你快去报信！快去报信！"

巨灵神回至营门，径见托塔天王，忙哈哈跪下道："弼马温是果神通广大！末将战他不得，败阵回来请罪。"李天王发怒道："这厮剉吾锐气，推出斩之！"旁边闪出哪吒太子，拜告："父王息怒，且恕巨灵之罪，待孩儿出师一遭，便知深浅。"天王听谏，且教回营待罪管事。

这哪吒太子甲胄齐整，跳出营盘，撞至水帘洞外。那悟空正来收兵，见哪吒来的勇猛。好太子：

> 总角才遮囟，披毛未苫肩。
> 神奇多敏悟，骨秀更清妍。
> 诚为天上麒麟子，果是烟霞彩凤仙。
> 龙种自然非俗相，妙龄端不类尘凡。
> 身带六般神器械，飞腾变化广无边。
> 今受玉皇金口诏，敕封海会号三坛。

悟空迎近前来问曰："你是谁家小哥？闯近吾门，有何事干？"哪吒喝道："泼妖猴！岂不认得我？我乃托塔父王三太子哪吒是也。今奉玉帝钦差，至此捉你！"悟空笑道："小太子，你的奶牙尚未退，胎毛尚未干，怎敢说这般大话？我且留你的性命，不打你。你只看我旌旗上是甚么字号，拜上玉帝，是这般官衔，再也不须动众，我自皈依。若是不遂我心，定要打上灵霄宝殿。”哪吒抬头看处，乃“齐天大圣”四字。哪吒道：“这妖猴能有多大神通，就敢称此名号！不要怕！吃吾一剑！”悟空道：“我只站下不动，任你砍几剑罢。”那哪吒奋怒，大喝一声叫：“变！”即变做三头六臂，恶狠狠，手持着六般兵器，乃是斩妖剑、砍妖刀、缚妖索、降妖杵、绣球儿、火轮儿，丫丫叉叉，扑面来打。悟空见了，心惊道：“这小哥倒也会弄些手段！莫无礼，看我神通！”好大圣，喝声：“变！”也变做三头六臂，把金箍棒幌一幌也变作三条，六只手拿着三条棒架住。这场斗，真个是地动山摇，好杀也：

> 六臂哪吒太子，天生美石猴王，相逢真对手，正遇本源流。那一个蒙差来下界，这一个欺心闹斗牛。斩妖宝剑锋芒快，砍妖刀狠鬼神愁；缚妖索子如飞蟒，降妖大杵似狼头；火轮掣电烘烘艳，往往来来滚绣球。大圣三条如意棒，前遮后挡运机谋。苦争数合无高下，太子心中不肯休。把那六件兵器都教变，百千万亿照头丢。猴王不惧呵呵笑，铁棒翻腾自运筹。以一化千千化万，满空乱舞赛飞虬。唬得各洞妖王都闭户，遍山鬼怪尽藏头。神兵怒气云惨惨，金箍铁棒响飕飕。那壁厢，天丁呐喊人人怕；这壁厢，猴怪摇旗个个忧。发狠两家齐斗勇，不知那个刚强那个柔。

三太子与悟空各骋神威，斗了个三十回合。那太子六般兵，变做千千万万；孙悟空金箍棒，变作万万千千。半空中似雨点流星，不分胜负。原来那悟空手疾眼快，正在那混乱之时，他拔下一根毫毛，叫声：“变！”就变做他的本相，手挺着棒，演[9]着哪吒；他的真身却一纵，赶至哪吒脑后，着左膊上一棒打来。哪吒正使法间，听得棒头风响，急躲闪时，不能措手，被他着了一下，负痛逃走；收了法，把六件兵器依旧归身，败阵而回。

那阵上李天王早已看见，急欲提兵助战。不觉太子倏至面前，战兢兢报道：“父王！弼马温真个有本事！孩儿这般法力，也战他不过，已被他打伤膊也。”天王大惊失色，道：“这厮恁的神通，如何取胜？”太子道：“他洞门外竖一竿旗，上写‘齐天大圣’四字，亲口夸称，教玉帝就封他做齐天大圣，万事俱休。若还不是此号，定要打上灵霄宝殿哩！”天王道：“既然如此，且不要与他相持，且去上界，将此言回奏，再多遣天兵围捉这厮，未为迟也。”太子负痛，不能复战，故同天王回天启奏不题。

你看那猴王得胜归山，那七十二洞妖王与那六弟兄，俱来贺喜，在洞天福地饮乐无比。他却对六弟兄说：“小弟既称齐天大圣，你们亦可以大圣称之。”内有牛魔王忽然高叫道：“贤弟言之有理！我即称做平天大圣。”蛟魔王道：“我称做覆海大圣。”鹏魔王道：“我称混天大圣。”狮狔王道：“我称移山大圣。”猕猴王道：“我称通风大圣。”猧狨王道：“我称驱神大圣。”此时七大圣自作自为，自称自号，耍乐一日，各散讫。

却说那李天王与三太子领着众将，直至灵霄宝殿，启奏道：“臣等奉圣旨出师下界，收伏妖仙孙悟空，不期他神通广大，不能取胜，仍望万岁添兵剿除。”玉帝道：“谅一妖猴，有多少本事，还要添兵？”太子又近前奏道：“望万岁赦臣死罪！那妖猴使一条铁棒，先败了巨灵神，又打伤臣臂膊。洞门外立一竿旗，上书‘齐天大圣’四字，道是封他这官职，即便休兵来投。若不是此官，还要打上灵霄宝殿也。”玉帝闻言，惊讶道：“这妖猴何敢这般狂妄！着众将即刻诛之。”正说间，班部中又闪出太白金星，奏道：“那妖猴只知出言，不知大小。欲加兵与他争斗，想一时不能收伏，反又劳师。不若万岁大舍恩慈，还降招安旨意，就教他做个齐天大圣。只是加他个空衔，有官无禄便了。”玉帝道：“怎么唤作‘有官无禄’？”金星道：“名是齐天大圣，只不与他事管，不与他俸禄，且养在天壤之间，收他的邪心，使不生狂妄，庶乾坤安靖，海宇得清宁也。”玉帝闻言道：“依卿所奏。”即命降了诏书，仍着金星领去。

金星复出南天门，直至花果山水帘洞外观看。这番比前不同，威风凛凛，杀气森森，各样妖精，无般不有。一个个都执剑拈枪，拿刀弄杖的，在那里咆哮跳跃。一见金星，皆上前动手。金星道：“那众头目来！累你去报你大圣知之，吾乃上帝遣来天使，有圣旨在此请他。”众妖即跑入报道：“外面有一老者，他说是上界天使，有旨意请你。”悟空道：“来得好！来得好！想是前番来的那太白金星。那次请我上界，虽是官爵不堪，却也天上走了一次，认得那天门内外之路。今番又来，定有好意。”教众头目大开旗鼓，摆队迎接。大圣即带引群猴，顶冠贯甲，甲上罩了赭黄袍，足踏云履，急出洞门，躬身施礼，高叫道：“老星请进，恕我失迎之罪。”

金星趋步向前，径入洞内，面南立着道：“今告大圣，前者因大圣嫌恶官小，躲离御马监，当有本监中大小官员奏了玉帝。玉帝传旨道：‘凡授官职，皆由卑而尊，为何嫌小？’即有李天王领哪吒下界取战。不知大圣神通，故遭败北，回天奏道大圣立一竿旗，要做齐天大圣。众武将还要支吾，是老汉力为大圣冒罪奏闻，免兴师旅，请大王授箓。玉帝准奏，因此来请。”悟空笑道：“前番动劳，今又蒙爱，多谢！多谢！但不知上天可与我‘齐天大圣’之官衔也？”金星道：“老汉以此衔奏准，方敢领旨而来，如有不遂，只坐罪老汉便是。”

悟空大喜，恳留饮宴不肯，遂与金星纵着祥云，到南天门外。那些天丁天将，都拱手相迎。径入灵霄殿下，金星拜奏道：“臣奉诏宣弼马温孙悟空已到。”玉帝道：“那孙悟空过来。今宣你做个‘齐天大圣’，官品极矣，但切不可胡为。”这猴亦止朝上唱个喏，道声谢恩。玉帝即命工干官——张、鲁二班——在蟠桃园右首，起一座齐天大圣府，府内设个二司：一名安静司，一名宁神司。司俱有仙吏，左右扶持。又差五斗星君送悟空去到任，外赐御酒二瓶，金花十朵，着他安心定志，再勿胡为。那猴王信受奉行，即日与五斗星君到府，打开酒瓶，同众尽饮。送星官回转本宫，他才遂心满意，喜地欢天，在于天宫快乐，无挂无碍。正是：

仙名永注长生箓，不堕轮回万古传。

毕竟不知向后如何，且听下回分解。

注释

[1] 唱个大喏：一面拱揖，一面口中称“喏”，这样敬礼，叫作唱喏。喏声很大、腰弯得很低，叫作唱个大喏或唱个肥喏。

[2] 除授：封官授职。除，封官。

[3] 骅骝：传说是周穆王（前976—前922）八骏马之一。骅也作华。这以下至“紫鳞”，全是

古代骏马名，不再一一注释。

［4］扎草："扎"同"铡"。把草切成寸段喂马，叫作铡草。

［5］尫羸：指瘦弱。

［6］海会：佛教术语。比喻德深如海，圣众会聚之多。

［7］咨牙：开口见齿。犹龇牙。

［8］时间：立刻、马上。

［9］演：就是后文所说的"掩样法"。一种骗人或迷惑人的幻象。

作者简介

吴承恩（约1500—1582），字汝忠，号射阳山人，淮安山阳（今江苏淮安）人，明代小说家。吴承恩十多岁时就以文才出众而享有盛名。嘉靖八年（1529），就读于龙溪书院，成为"法筵人"，虽才华出众，但多次名落孙山。吴承恩约于嘉靖二十一年（1542）完成小说《西游记》初稿，该书是中国第一部长篇神魔小说。《西游记》在出版发行后被译为英、俄、日、法、德、意等十几种文字，为世界所称颂。

名家点评

（清）张书绅《新说西游记》总批："西游记一书，自始至终，皆言诚意正心之要，明新至善之学，并无半字涉于仙佛邪淫之事。或问《西游记》果为何书？曰实是一部奇文、一部妙文。"

鲁迅《中国小说史略》："故虽述变幻恍惚之事，亦每杂解颐之言，使神魔皆有人情，精魅亦通世故，而玩世不恭之意寓焉。"

17. 三重反差塑造魅力探春

——曹雪芹《红楼梦》第五十六回赏析

导读

贾探春，大观园女子中巾帼不让须眉的存在，以其独树一帜的个性追求受到读者喜爱。曹雪芹运用三重反差的手法塑造人物形象，在小说第五十六回“探春理家”得以集中凸显。

第一重是女性身份与男权社会的反差。小说前面情节中，探春多与“三春”一起出场，但其样貌言行尽显不凡，“削肩细腰，长挑身材，鸭蛋脸面，俊眼修眉，顾盼神飞，文采精华，观之忘俗”，曾一语道破贾家“百足之虫死而不僵”的衰败命运。到了第五十六回，探春终于有了一展才华的机会，她积极作为，主张除弊兴利、节源开流，泼辣干练，思路清晰。虽然探春的改革最终失败了，但以她当时的视野格局，能做出这样的改革突破实属不易，反观宁荣二府中年和青年一代男子中竟无一人有这般魄力。如果说黛玉是诗化的理想主义象征，那么探春就是积极入世的现实主义代表，曹雪芹在一个女性角色身上寄予了封建男权社会的希望，只是个人的微弱力量无法改变封建家族衰败是必然。

第二重是主子身份与家族权力的反差。探春承担理家的重任，始终从家族利益大局出发，她敢于担当，敢于揭露财务猫腻，强调及时止损，不怕得罪既得利益者。宝钗和李纨虽与她一同商量，但终究是附和探春的意见，表现得更为中庸。更值得一提的是，她能顾及下人的利益，办事力求公正，主张合作共赢，体现出一种先进的管理理念。与掌握家族权力的女性代表：自私冷漠的王夫人、玩弄权术的王熙凤相比，是真正的贵族气派，贾家真正的主人翁。

第三重是小姐身份与庶出出身的反差。众所周知，探春是四春中唯一的庶出小姐，亲生母亲是人见人厌的赵姨娘，还有一个坏心眼亲弟弟贾环。在这样的原生家庭影响下，探春能够成就如此自尊自强的性格，并在小说后期担起理家重任，背后付出的一定是难以想象的艰辛。所以，比起软弱的迎春、消极的惜春，我们更喜欢自我超越、绝地反击的探春。如判词所预示，在南安王妃的设计下，庶出的探春终究是逃不掉被远嫁的命运，但即使“千里东风一梦遥”，至少她曾无限地接近过主宰自我命运，亦是不枉此生。

三重反差带来三层张力，让探春成为《红楼梦》众多女性角色中最具魅力的形象之一。来到两百多年后的现代社会，实验室里、运动场上、商界政界、军营警营，无数自信、独立、自强的女性展现着智慧和风采，经营着热辣滚烫的人生，在她们的身上，我们依稀看到探春的影子。（翟文茜导读）

原文

第五十六回　敏探春兴利除宿弊　贤宝钗小惠全大体

话说平儿陪着凤姐儿吃了饭，服侍盥漱毕，方往探春处来。只见院中寂静，只有丫鬟婆子诸内壸[1]近人在窗外听候。

平儿进入厅中，他姊妹三人正议论些家务，说的便是年内赖大家请吃酒，他家花园中事故。见他来了，探春便命他脚踏上坐了，因说道：“我想的事不为别的，因想着我们一月有二两月银外，丫头们又另有月钱。前儿又有人回，要我们一月所用的头油脂粉，每人又是二两。这又同才刚学里的八两一样，重重叠叠，事虽小，钱有限，看起来也不妥当。你奶奶怎么就没想到这个？”

平儿笑道：“这有个原故：姑娘们所用的这些东西，自然是该有分例。每月买办买了，令女人们各房交与我们收管，不过预备姑娘们使用就罢了，没有一个我们天天各人拿钱找人买头油又是脂粉去的理。所以外头买办总领了去，按月使女人按房交与我们的。姑娘们的每月这二两，原不是为买这些的，原为的是一时当家的奶奶太太或不在，或不得闲，姑娘们偶然一时可巧要几个钱使，省得找人去。这原是恐怕姑娘们受委屈，可知这个钱并不是买这个才有的。如今我冷眼看着，各房里的我们的姊妹都是现拿钱买这些东西的，竟有一半。我就疑惑，不是买办脱了空，迟些日子，就是买的不是正经货，弄些使不得的东西来搪塞。”

探春、李纨都笑道：“你也留心看出来了。脱空是没有的，也不敢，只是迟些日子；催急了，不知那里弄些来，不过是个名儿，其实使不得，依然得现买。就用这二两银子，另叫别人的奶妈子的或是弟兄哥哥的儿子买了来才使得。若使了官中的人，依然是那一样的。不知他们是什么法子，是铺子里坏了不要的，他们都弄了来，单预备给我们？”平儿笑道：“买办买的是那样的，他买了好的来，买办岂肯和他善开交，又说他使坏心要夺这买办了。所以他们也只得如此，能可[2]得罪了里头，不肯得罪了外头办事的人。姑娘们只能可使奶妈妈们，他们也就不敢闲话了。”

探春道：“因此我心中不自在。钱费两起，东西又白丢一半，通算起来，反费了两折子，不如竟把买办的每月蠲了为是。此是一件事。第二件，年里往赖大家去，你也去的，你看他那小园子比咱们这个如何？”平儿笑道：“还没有咱们这一半大，树木花草也少多了。”探春道：“我因和他家女儿说闲话儿，谁知那么个园子，除他们带的花、吃的笋菜鱼虾之外，一年还有人包了去，年终足有二百两银子剩。从那日我才知道，一个破荷叶，一根枯草根子，都是值钱的。”

宝钗笑道：“真真膏粱纨绮之谈。虽是千金小姐，原不知这事，但你们都念过书识字的，竟没看见朱夫子有一篇《不自弃文》[3]不成？”探春笑道：“虽看过，那不过是勉人自励，虚比浮词，那里都真有的？”宝钗道：“朱子都有虚比浮词？那句句都是有的。你才办了两天时事，就利欲熏心，把朱子都看虚浮了。你再出去见了那些利弊大事，越发把孔子也看虚了！”探春笑道：“你这样一个通人[4]，竟没看见子书？当日姬子有云，登利禄之场，处运筹之界者，窃尧舜之词，背孔孟之道。”宝钗笑道：“底下一句呢？”探春笑道：“如今只断章取意，念出底下一句，我自己骂我自己不成？”宝钗道：“天下没有不可用的东西；既可用，便值钱。难为你是个聪敏人，这些正事大节目事竟没经历，也可惜迟了。”李纨笑道：“叫了人家来，不说正事，你们且对讲学问。”宝钗道：“学问中便是正事。此刻于小事上用学问一提，那小事越发作高一层了。

不拿学问提着，便都流入市俗去了。”

三人只是取笑之谈，说了笑了一回，便仍谈正事。探春因又接说道：“咱们这园子只算比他们的多一半，加一倍算，一年就有四百银子的利息。若此时也出脱生发银子，自然小器，不是咱们这样人家的事。若派出两个一定的人来，既有许多值钱之物，一味任人作践，也似乎暴殄天物。不如在园子里所有的老妈妈中，拣出几个本分老诚能知园圃的事的，派准他们收拾料理，也不必要他们交租纳税，只问他们一年可以孝敬些什么。一则园子有专定之人修理，花木自又一年好似一年的，也不用临时忙乱；二则也不至作践，白辜负了东西；三则老妈妈们也可借此小补，不枉年日在园中辛苦；四则亦可以省了这些花儿匠山子匠打扫人等的工费。将此有余，以补不足，未为不可。”

宝钗正在地下看壁上的字画，听如此说一句，便点一回头，说完，便笑道：“善哉，三年之内无饥馑矣！”李纨笑道：“好主意。这果一行，太太必喜欢。省钱事小，第一有人打扫，专司其职，又许他们去卖钱。使之以权，动之以利，再无不尽职的了。”平儿道：“这件事须得姑娘说出来。我们奶奶虽有此心，也未必好出口。此刻姑娘们在园里住着，不能多弄些玩意儿去陪衬，反叫人去监管修理，图省钱，这话断不好出口。”

宝钗忙走过来，摸着他的脸笑道：“你张开嘴，我瞧瞧你的牙齿舌头是什么作的。从早起来到这会子，你说了这些话，一套一个样子，也不奉承三姑娘，也没见你说奶奶才短想不到，也并没有三姑娘说一句，你就说一句是；横竖三姑娘一套话出来，你就有一套话进去；总是三姑娘想的到的，你奶奶也想到了，只是必有个不可办的原故。这会子又是因姑娘住的园子，不好因省钱令人去监管。你们想想这话，若果真交与人弄钱去的，那人自然是一枝花也不许掐，一个果子也不许动了，姑娘们分中自然不敢，天天与小姑娘们就吵不清。他这远愁近虑，不亢不卑。他奶奶便不是和咱们好，听他这一番话，也必要自愧的变好了，不和也变和了。”

探春笑道：“我早起一肚子气，听他来了，忽然想起他主子来，素日当家使出来的好撒野的人，我见了他便生了气。谁知他来了，避猫鼠儿似的站了半日，怪可怜的。接着又说了那么些话，不说他主子待我好，倒说‘不枉姑娘待我们奶奶素日的情意了’。这一句，不但没了气，我倒愧了，又伤起心来。我细想，我一个女孩儿家，自己还闹得没人疼没人顾的，我那里还有好处去待人。”口内说到这里，不免又流下泪来。

李纨等见他说的恳切，又想他素日因赵姨娘每生诽谤，在王夫人跟前亦为赵姨娘所累，亦都不免流下泪来，都忙劝道：“趁今日清净，大家商议两件兴利剔弊的事，也不枉太太委托一场。又提这没要紧的事做什么？”平儿忙道：“我已明白了。姑娘竟说谁好，竟一派人就完了。”探春道：“虽如此说，也须得回你奶奶一声。我们这里搜剔小遗，已经不当，皆因你奶奶是个明白人，我才这样行，若是糊涂多蛊多妒[5]的，我也不肯，倒像抓他乖一般。岂可不商议了行。”平儿笑道：“既这样，我去告诉一声。”说着去了，半日方回来，笑说：“我说是白走一趟，这样好事，奶奶岂有不依的。”

探春听了，便和李纨命人将园中所有婆子的名单要来，大家参度，大概定了几个。又将他们一齐传来，李纨大概告诉与他们。众人听了，无不愿意，也有说：“那一片竹子单交给我，一年工夫，明年又是一片。除了家里吃的笋，一年还可交些钱粮。”这一个说：“那一片稻地交给我，一年这些顽的大小雀鸟的粮食不必动官中钱粮，我还可以交钱粮。”

探春才要说话，人回：“大夫来了，进园瞧姑娘。”众婆子只得去接大夫。平儿忙说：“单你们，有一百个也不成个体统，难道没有两个管事的头脑带进大夫来？”回事的那人说：“有，吴大娘和单大娘他两个在西南角上聚锦门等着呢。”平儿听说，方罢了。

众婆子去后，探春问宝钗如何。宝钗笑答道：“幸于始者怠于终，缮其辞者嗜其利。”[6]探春听了点头称赞，便向册上指出几人来与他三人看。平儿忙去取笔砚来。他三人说道：“这一个老祝妈是个妥当的，况他老头子和他儿子代代都是管打扫竹子，如今竟把这所有的竹子交与他。这一个老田妈本是种庄稼的，稻香村一带凡有菜蔬稻稗之类，虽是顽意儿，不必认真大治大耕，也须得他去，再一按时加些培植，岂不更好？”

探春又笑道："可惜，蘅芜苑[7]和怡红院这两处大地方竟没有出利息之物。"李纨忙笑道："蘅芜苑更利害。如今香料铺并大市大庙卖的各处香料香草儿，都不是这些东西？算起来比别的利息更大。怡红院别说别的，单只说春夏天一季玫瑰花，共下多少花？还有一带篱笆上蔷薇、月季、宝相[8]、金银藤，单这没要紧的草花干了，卖到茶叶铺药铺去，也值几个钱。"探春笑道："原来如此。只是弄香草的没有在行的人。"

平儿忙笑道："跟宝姑娘的莺儿他妈就是会弄这个的，上回他还采了些晒干了编成花篮葫芦给我顽的，姑娘倒忘了不成？"宝钗笑道："我才赞你，你倒来捉弄我了。"三人都诧异，都问这是为何。宝钗道："断断使不得！你们这里多少得用的人，一个一个闲着没事办，这会子我又弄个人来，叫那起人连我也看小了。我倒替你们想出一个人来：怡红院有个老叶妈，他就是茗烟的娘。那是个诚实老人家，他又和我们莺儿的娘极好，不如把这事交与叶妈。他有不知的，不必咱们说，他就找莺儿的娘去商议了。那怕叶妈全不管，竟交与那一个，那是他们私情儿，有人说闲话，也就怨不到咱们身上了。如此一行，你们办的又至公，于事又甚妥。"李纨平儿都道："是极。"探春笑道："虽如此，只怕他们见利忘义。"平儿笑道："不相干，前儿莺儿还认了叶妈做干娘，请吃饭吃酒，两家和厚的好的很呢。"探春听了，方罢了。又共同斟酌出几人来，俱是他四人素昔冷眼取中的，用笔圈出。

一时婆子们来回大夫已去，将药方送上去。三人看了，一面遣人送出去取药，监派调服，一面探春与李纨明示诸人：某人管某处，按四季除家中定例用多少外，余者任凭你们采取了去取利，年终算帐。

探春笑道："我又想起一件事：若年终算帐归钱时，自然归到帐房，仍是上头又添一层管主，还在他们手心里，又剥一层皮。这如今我们兴出这事来派了你们，已是跨过他们的头去了，心里有气，只说不出来；你们年终去归帐，他们还不捉弄你们等什么？再者，这一年间管什么的，主子有一全分，他们就得半分。这是家里的旧例，人所共知的，别的偷着的在外。如今这园子里是我的新创，竟别入他们手，每年归帐，竟归到里头来才好。"

宝钗笑道："依我说，里头也不用归帐。这个多了那个少了，倒多了事。不如问他们谁领这一分的，他就揽一宗事去。不过是园里的人的动用。我替你们算出来了，有限的几宗事：不过是头油、胭粉、香、纸，每一位姑娘几个丫头，都是有定例的；再者，各处笤帚、撮簸、掸子并大小禽鸟、鹿、兔吃的粮食。不过这几样，都是他们包了去，不用帐房去领钱。你算算，就省下多少来？"

平儿笑道："这几宗虽小，一年通共算了，也省的下四百两银子。"宝钗笑道："却又来，一年四百，二年八百两，取租的钱房子也能看得了几间，薄地也可添几亩。虽然还有富余的，但他们既辛苦闹一年，也要叫他们剩些，贴补贴补自家。虽是兴利节用为纲，然亦不可太啬。纵再省上二三百银子，失了大体统也不像。所以如此一行，外头帐房里一年少出四五百银子，也不觉得很艰啬了，他们里头却也得些小补。这些没营生的妈妈们也宽裕了，园子里花木，也可以每年滋长蕃盛，你们也得了可使之物。这庶几不失大体。若一味要省时，那里不搜寻出几个钱来。凡有些余利的，一概入了官中，那时里外怨声载道，岂不失了你们这样人家的大体？如今这园里几十个老妈妈们，若只给了这几个，那剩的也必抱怨不公。我才说的，他们只供给这个几样，也未免太宽裕了。一年竟除这个之外，他每人不论有余无余，只叫他拿出若干贯钱来，大家凑齐，单散与园中这些妈妈们。他们虽不料理这些，却日夜也是在园中照看当差之人，关门闭户，起早睡晚，大雨大雪，姑娘们出入，抬轿子，撑船，拉冰床[9]，一应粗糙活计，都是他们的差使。一年在园里辛苦到头，这园内既有出息，也是分内该沾带些的。还有一句至小的话，越发说破了：你们只管了自己宽裕，不分与他们些，他们虽不敢明怨，心里却都不服，只用假公济私的多摘你们几个果子，多掐几枝花儿，你们有冤还没处诉。他们也沾带了些利息，你们有照顾不到的，他们就替你们照顾了。"

众婆子听了这个议论，又去了帐房受辖制，又不与凤姐儿去算帐，一年不过多拿出若干贯钱来，各各欢喜异常，都齐说："愿意。强如出去被他揉搓着，还得拿出钱来呢。"那不得管地的听了每年终[10]又无故得分钱，也都喜欢起来，口内说："他们辛苦收拾，是该剩些钱贴补的。我们怎么好‘稳坐吃三注’[11]的?”

宝钗笑道：“妈妈们也别推辞了，这原是分内应当的。你们只要日夜辛苦些，别躲懒纵放人吃酒赌钱就是了。不然，我也不该管这事；你们一般听见，姨娘亲口嘱托我三五回，说大奶奶如今又不得闲儿，别的姑娘又小，托我照看照看。我若不依，分明是叫姨娘操心。你们奶奶又多病多痛，家务也忙。我原是个闲人，便是个街坊邻居，也要帮着些，何况是亲姨娘托我。我免不得去小就大，讲不起众人嫌我。倘或我只顾了小分沽名钓誉，那时酒醉赌博生出事来，我怎么见姨娘？你们那时后悔也迟了，就连你们素日的老脸也都丢了。这些姑娘小姐们，这么一所大花园，都是你们照看，皆因看得你们是三四代的老妈妈，最是循规遵矩的，原该大家齐心，顾些体统。你们反纵放别人任意吃酒赌博，姨娘听见了，教训一场犹可，倘若被那几个管家娘子听见了，他们也不用回姨娘，竟教导你们一番。你们这年老的反受了年小的教训，虽是他们是管家，管的着你们，何如自己存些体统，他们如何得来作践。所以我如今替你们想出这个额外的进益来，也为大家齐心把这园里周全的谨谨慎慎，使那些有权执事的看见这般严肃谨慎，且不用他们操心，他们心里岂不敬服。也不枉替你们筹画进益，既能夺他们之权，生你们之利，岂不能行无为之治，分他们之忧。你们去细想想这话。”家人都欢声鼎沸说：“姑娘说的很是。从此姑娘奶奶只管放心，姑娘奶奶这样疼顾我们，我们再要不体上情，天地也不容了。”

注释

[1] 内壸（kǔn）：即内室。壸：通“阃”。宫中的间道，引申为内宫的代称。

[2] 能可：宁可。

[3]《不自弃文》：见清朱玉编《朱子文集大全类编》卷二十一《庭训》。大意为天下之物即便是顽石、蝮蛇、粪便、草灰等皆因其有一节之可取而不为世之所弃，“今人而见弃焉，特其自弃尔”。故人不应自弃，不宜“怨天尤人”而当“反求诸己”，思“祖德”、念“父功”，作成自身事业，以求“于身不弃，于人无愧，祖父不失其贻谋，子孙不沦于困辱”，从而保存和发展其祖宗的基业。

[4] 通人：博古通今之人。

[5] 多蛊（gǔ）多妒：居心歹毒，多所猜疑和

妒忌。蛊：毒虫。《本草纲目·虫部四》李时珍集解引陈藏器曰："取百虫入瓮中，经年开之，必有一虫食尽诸虫，即此名为蛊。"

[6]"幸于始者怠于终，缮其辞者嗜其利"句：幸，庆幸，这里是指因有利可图而感到侥幸。缮：修补、整治。嗜：特殊爱好。全句意思是，开头因侥幸获利而兴头很高的人，最终是会懈怠的；嘴上说得好听的人，特别爱占便宜。

[7]蘅芜苑：原作"蘅芜院"，从全书他处并蒙府、甲辰本改。

[8]宝相：花名，属蔷薇科。

[9]冰床：在冰上滑行用的小坐床，也称"冰排子"。

[10]"那不得管地的听了每年终"句：原作"那不得管的也听见每年终"，从梦稿、蒙府、甲辰本改。

[11]稳坐吃三注：不费气力而稳得多方钱财的意思。注，赌注，用来赌博的财物。三注，指押在上门、下门和天门三个位置上的赌注。

作者简介

曹雪芹（1715—1763或1764），名霑，字梦阮，号雪芹，又号芹圃、芹溪。清朝小说家、诗人、画家。出身清代内务府正白旗包衣，江宁织造曹寅之孙，少年时家居南京，生活锦衣玉食。雍正六年（1728），曹家因亏空获罪被抄家，随家移居北京。晚年居于北京西郊，举家食粥，穷困潦倒。《红楼梦》是曹雪芹对中国文学的伟大贡献，多重的悲剧主题、浑然一体的网状结构、特色鲜明的人物形象和文备众体的小说语言，使其具有永恒的艺术魅力。

名家点评

傅璇琮主编《红楼梦》中评语："'探春理家'是《红楼梦》里很重要的一段描写。它表现出探春为改变贾府这个封建大家庭'坐吃山空'的没落命运所进行的一次重大努力。看起来探春的改革计划也是以'联产承包'为主要内容的，希望把大观园里一些纯粹耗费钱财的东西，变成一笔财富，一份收入，同时也增加一点点个人收入，所以得到了大家的拥护。但这个计划并没有改变贾府少数贵族养尊处优、多数奴仆被役的本质，反而引发出新的矛盾来，比如管花的不允许别人摘花啦，为抢夺厨房美差相互排挤啦，等等一系列大大小小的纠纷来，并且是后来导致'抄检大观园'的起因之一。"

这段开头写了许多她们如何如何算账，且不去说，值得注意的是它如何写人，像探春的年轻气盛，勇于负责；宝钗不担大责，却善于说服；平儿左右周旋，应对得体；李纨依旧不拿主意；赵姨娘则无理纠缠。看似寻常家务细事，也写得生波起澜，呼前应后。”

18. 我非爱花，爱拈花之人耳

——蒲松龄《聊斋志异·婴宁》赏析

导读

《婴宁》是清代小说家蒲松龄短篇志怪小说集《聊斋志异》中的一篇作品。小说男主人公名叫王子服，文中又称王生是位天资聪颖的少年，十四岁就考中了秀才，在上元节这天游玩时坠入情网。让他一见钟情的是一位容貌绝世的少女，手捏梅花，巧笑倩兮，王生注目不移，竟忘顾忌。回去后就如患了相思病一般一病不起，“神魂丧失”“不语不食”“忽忽若迷”……究竟是怎样的一位女子令人沉迷至此，读者不免想要一探究竟。

在朋友吴生的指引下，王生决定勇敢追爱，向着西南山走了三十多公里，竟真的在一户人家遇见了他的心上人，那个绝世少女，芳名婴宁。古代爱情故事总有个结缘之物，如白娘子借给许仙的伞，如祝英台留给梁山伯的玉扇坠，如婴宁落给王生的一朵梅花……屋后园子单独会面，王生从袖中拿出珍藏的梅花深情表白，婴宁天真地笑问：“枯萎的花，保存它有什么意思?”王生回答道：“我不是爱花，是爱拿着花的人啊!”虽然婴宁还不懂什么是夫妻之爱，读者此时却被这位十七岁少年的一腔赤诚所打动，爱一个人，就是爱关于她的一切啊。

志怪小说读者的心理总是诡秘而好奇的，不相信故事会那样顺利简单，接下来剧情一转，吴生揭露爱笑的婴宁实则狐妖之女，曾经居住的村庄、房屋、后园皆为幻象，不免令人担忧起这段姻缘的走向。所幸除了一度受到王生母亲的怀疑外，大家都很喜欢婴宁，或许是因为她灿烂的笑容，有一种天然的亲和力，或许是她精巧的针线活征服了女眷们。拜堂成亲后，小说并未直接叙述王生和婴宁的婚后生活幸福与否，但房前屋后栽满了鲜花，合葬婴宁父母年年拜祭不断，两人生了个儿子如母亲般爱笑，都可以说明婴宁在婚后一直受到宠爱。王生不再是那个为爱痴狂的少年，却在婚后的细水长流里用实际行动兑现着他的承诺，爱婴宁，爱她的花，爱她的笑，爱她的父母，爱他们的儿子……婴宁也在这爱的滋养下，逐渐懂得了夫妻之爱，与王生琴瑟和鸣，西邻家儿子觊觎她的美貌，墙脚下的恶作剧便是她捍卫爱情的战斗。

蒲松龄笔下的这篇短篇小说，在志怪奇幻的包装下，有一个简单纯真的爱情故事内核，男女主人公年少相爱，幸福相守，没有人妖结合的俗世论争，没有才子佳人的爱情套路，语言清新，结构精巧，情节不落俗套。

现代诗人木心写下："从前的日色变得慢，车、马、邮件都慢，一生只够爱一个人。"如果快节奏的现代社会、各种狗血的感情话题影响了你对爱情本质的思考和判断，读一读蒲松龄的《聊斋志异》，或许可以找到答案。（**翟文茜导读**）

原文

婴 宁

王子服，莒之罗店人[1]，早孤。绝惠[2]，十四入泮[3]。母最爱之，寻常不令游郊野。聘萧氏[4]，未嫁而夭，故求凰未就也[5]。会上元，有舅氏子吴生，邀同眺瞩[6]。方至村外，舅家有仆来，招吴去。生见游女如云，乘兴独遨[7]。有女郎携婢，撚梅花一枝[8]，容华绝代，笑容可掬。生注目不移，竟忘顾忌。女过去数武[9]，顾婢曰："个儿郎目灼灼似贼[10]！"遗花地上，笑语自去。

生拾花怅然，神魂丧失，怏怏遂返。至家，藏花枕底，垂头而睡，不语亦不食。母忧之。醮禳益剧[11]，肌革锐减[12]。医师诊视，投剂发表[13]，忽忽若迷。母抚问所由[14]，默然不答。适吴生来，嘱密诘之。吴至榻前，生见之泪下。吴就榻慰解，渐致研诘[15]。生具吐其实[16]，且求谋画。吴笑曰："君意亦复痴！此愿有何难遂？当代访之。徒步于野，必非世家[17]。如其未字[18]，事固谐矣，不然，拚以重赂[19]，计必允遂。但得痊瘳[20]，成事在我。"生闻之，不觉解颐[21]。吴出告母，物色女子居里，而探访既穷，并无踪绪。母大忧，无所为计。然自吴去后，颜顿开，食亦略进。数日，吴复来，生问所谋。吴给之曰[22]："已得之矣。我以为谁何人[23]，乃我姑氏女，即君姨妹行，今尚待聘。虽内戚有婚姻之嫌[24]，实告之，无不谐者。"生喜溢眉宇，问："居何里？"吴诡曰[25]："西南山中，去此可三十余里。"生又付嘱再四，吴锐身自任而去[26]。生由此饮食渐加，日就平复[27]。探视枕底，花虽枯，未便雕落。凝思把玩，如见其人。怪吴不至，折柬招之[28]。吴支托不肯赴召[29]，生恚怒[30]，悒悒不欢。母虑其复病，急为议姻，略与商榷[31]，辄摇首不愿，惟日盼吴。吴迄无耗[32]，益怨恨之。转思三十里非遥，何必仰息他人[33]？怀梅袖中，负气自往，而家人不知也。

伶仃独步[34]，无可问程，但望南山行去。约三十余里，乱山合沓[35]，空翠爽肌，寂无人行，止有鸟道[36]。遥望谷底，丛花乱树中，隐隐有小里落[37]。下山入村，见舍宇无多，皆茅屋，而意甚修雅[38]。北向一家，门前皆丝柳，墙内桃杏尤繁，间以修竹[39]，野鸟格磔其中[40]。意其园亭，不敢遽入。回顾对户，有巨石滑洁，因据坐少憩。俄闻墙内有女子，长呼"小荣"，其声娇细。方伫听间，一女郎由东而西，执杏花一朵，俛首自簪[41]。举头见生，遂不复簪，含笑撚花而入。审视之，即上元途中所遇也。心骤喜。但念无以阶进[42]，欲呼姨氏，顾从无还往，惧有讹误。门内无人可问，坐卧徘徊，自朝至于日昃[43]，盈盈望断[44]，并忘饥渴。时见女子露半面来窥，似讶其不去者。

忽一老媪扶杖出，顾生曰："何处郎君，闻自辰刻便来[45]，以至于今。意将何为？得勿饥耶？"生急起揖之，答云："将以盼亲[46]。"媪聋聩不闻[47]。又大言之，乃问："贵戚何姓？"生不能答。媪笑曰："奇哉！姓名尚自不知，何亲可探？我视郎君，亦书痴耳。不如从我来，啖以粗粝[48]，家有短榻可卧。待明朝归，询知姓氏，再来探访，不晚也。"生方腹馁思啖[49]，又从此渐近丽人，大喜。从媪入，见门内白石砌路，夹道红花，片片堕阶上。曲折而西，又启一关[50]，豆棚花架满庭中。肃客入舍[51]，粉壁光明如镜，窗外海棠枝朵，探入室中，裀藉几榻[52]，罔不洁泽。甫坐，即有人自窗外隐约相窥。媪唤："小荣！可速作黍[53]。"外有婢子噭声而应[54]。坐次[55]，具展宗阀[56]。媪曰："郎君外祖，莫姓吴否？"曰："然。"媪惊曰："是吾甥也！尊堂，我妹子。年来以家窭贫[57]，又无三尺男[58]，遂至音问梗塞。甥长成如许，尚不相识。”生曰：“此来即为姨也，匆遽遂忘姓氏。”媪曰：“老身秦姓，并无诞育。弱息仅存[59]，亦为庶产[60]，渠母改醮，遗我鞠养。颇亦不钝，但少教训，嬉不知愁。少顷，使来拜识。”

未几，婢子具饭，雏尾盈握[61]。媪劝餐已，婢来敛具[62]。媪曰：“唤宁姑来。”婢应去。良久，闻户外隐有笑声。媪又唤曰：“婴宁，汝姨兄在此。”户外嗤嗤笑不已。婢推之以入，犹掩其口，笑不可遏。媪瞋目曰[63]：“有客在，咤咤叱叱，是何景象？”女忍笑而立，生揖之。媪曰：“此王郎，汝姨子。一家尚不相识，可笑人也。”生问：“妹子年几何矣？”媪未能解，生又言之，女复笑，不可仰视。媪谓生曰：“我言少教诲，此可见矣。年已十六，呆痴裁如婴儿[64]。”生曰：“小于甥一岁。”曰：“阿甥已十七矣，得非庚午属马者耶[65]？”生首应之。又问：“甥妇阿谁？”答云：“无之。”曰：“如甥才貌，何十七岁犹未聘？婴宁亦无姑家[66]，极相匹敌[67]，惜有内亲之嫌。”生无语，目注婴宁，不遑他瞬。婢向女小语云：“目灼灼，贼腔未改！”女又大笑，顾婢曰：“视碧桃开未？”遽起，以袖掩口，细碎连步而出。至门外，笑声始纵。媪亦起，唤婢襆被[68]，为生安置。曰：“阿甥来不易，宜留三五日，迟迟送汝归[69]。如嫌幽闷，舍后有小园，可供消遣，有书可读。”

次日，至舍后，果有园半亩，细草铺毡，杨花糁径[70]，有草舍三楹[71]，花木四合其所。穿花小步，闻树头苏苏有声，仰视，则婴宁在上，见生来，狂笑欲堕。生曰：“勿尔，堕矣！”女且下且笑，不能自止。方将及地，失手而堕，笑乃止。生扶之，阴捘其腕[72]，女笑又作，倚树不能行，良久乃罢。生俟其笑歇，乃出袖中花示之。女接之曰：“枯矣。何留之？”曰：“此上元妹子所遗，故存之。”问：“存之何意？”曰：“以示相爱不忘也。自上元相遇，凝思成疾，自分化为异物[73]，不图得见颜色，幸垂怜悯。”女曰：“此大细事[74]。至戚何所靳惜[75]？待郎行时，园中花，当唤老奴来，折一巨捆负送之。”生曰：“妹子痴耶？”“何便是痴？”曰：“我非爱花，爱撚花之人耳。”女曰：“葭莩之情[76]，爱何待言。”生曰：“我所谓爱，非瓜葛之爱[77]，乃夫妻之爱。”女曰：“有以异乎？”曰：“夜共枕席耳。”女俛思良久，曰：“我不惯与生人睡。”语未已，婢潜至，生惶恐遁去。

少时，会母所。母问：“何往？”女答以园中共话。媪曰：“饭熟已久，有何长言，周遮乃尔[78]？”女曰：“大哥欲我共寝。”言未已，生大窘，急目瞪之，女微笑而止。幸媪不闻，犹絮絮究诘，生急以他词掩之。因小语责女，女曰：“适此语不应说耶？”生曰：“此背人语。”女曰：“背他人，岂得背老母？且寝处亦常事，何讳之？”生恨其痴，无术可以悟之。食方竟，家中人捉双卫来寻生[79]。

先是，母待生久不归，始疑，村中搜觅几遍，竟无踪兆。因往询吴。吴忆曩言[80]，因教于西南山村行觅。凡历数村，始至于此。生出门，适相值，便入告媪，且请偕女同归。媪喜曰：“我有志[81]，匪伊朝夕[82]。但残躯不能远涉，得甥携妹子去，识认阿姨，大好！”呼婴宁，宁笑至。媪曰：“有何喜，笑辄不辍？若不笑，当为全人。”因怒之以目。乃曰：“大哥欲同汝去，可便装束。”又饷家人酒食，始送之出曰：“姨家田产丰裕，能养冗人[83]。到彼且勿归，小学诗礼[84]，亦好事翁姑。即烦阿姨，为汝择一良匹。”二人遂发。至山坳，回顾，犹依稀见媪倚门北望也。

抵家，母睹姝丽，惊问为谁，生以姨女对。母曰：“前吴郎与儿言者，诈也。我未有姊，何以得甥？”问女，女曰：“我非母出。父为秦氏，没时，儿在褓中，不能记忆。”母曰：“我一姊适秦氏，良确，然殂谢已久[85]，那得复存？”因审诘面庞、志赘[86]，一一符合。又疑曰：“是矣。然亡已多年，何得复存？”疑虑间，吴生至，女避入室。吴询得故，惘然久之，忽曰：“此女名婴宁耶？”生然之，吴亟称怪事。问所自知，吴曰：“秦家姑去世后，姑丈鳏居[87]，祟于狐，病瘠死。狐生女，名婴宁，绷卧床上，家人皆见之。姑丈殁，狐犹时来。后求天师符黏壁间[88]，狐遂携女去。将勿此耶？”彼此疑参[89]。但闻室中吃吃[90]，皆婴宁笑声。母曰：“此女亦太憨生[91]。”吴请面之。母入室，女犹浓笑不顾。母促令出，始极力忍笑，又面壁移时，方出。才一展拜，翻然遽入，放声大笑。满室妇女，为之粲然。

吴请往觇其异[92]，就便执柯[93]。寻至村所，庐舍全无，山花零落而已。吴忆姑葬处，仿佛不远，然坟垅湮没[94]，莫可辨识，诧叹而返。母疑其为鬼，入告吴言，女略无骇意。又吊其无家[95]，亦殊无悲意，孜孜憨笑而已[96]。众莫之测。母令与少女同寝止。昧爽即来省问[97]，操女红精巧绝伦[98]。但善笑，禁之亦不可止，然笑处嫣然，狂而不损其媚，人皆乐之。邻女少妇，争承迎之。

母择吉将为合卺[99]，而终恐为鬼物。窃于日中窥之，形影殊无少异[100]。至日，使华妆行新妇礼，女笑极不能俯仰，遂罢。生以其憨痴，恐漏泄房中隐事，而女殊密秘，不肯道一语。每值母忧怒，女至，一笑即解。奴婢小过，恐遭鞭楚，辄求诣母共话，罪婢投见，恒得免。而爱花成癖，物色遍戚党[101]，窃典金钗，购佳种，数月，阶砌藩溷[102]，无非花者。

庭后有木香一架[103]，故邻西家[104]。女每攀登其上，摘供簪玩[105]。母时遇见，辄诃之，女卒不改。一日，西人子见之[106]，凝注倾倒。女不避而笑。西人子谓女意已属，心益荡。女指墙底笑而下，西人子谓示约处，大悦。及昏而往，女果在焉。就而淫之，则阴如锥刺，痛彻于心，大号而踣[107]。细视，非女，则一枯木卧墙边，所接乃水淋窍也。邻父闻声，急奔研问，呻而不言。妻来，始以实告。爇火烛窍，见中有巨蝎，如小蟹然，翁碎木捉杀之。负子至家，半夜寻卒。邻人讼生，讦发婴宁妖异[108]。邑宰素仰生才，稔知其笃行士[109]，谓邻翁讼诬，将杖责之。生为乞免，逐释而出。母谓女曰："憨狂尔尔，早知过喜而伏忧也。邑令神明，幸不牵累，设鹘突官宰[110]，必逮妇女质公堂，我儿何颜见戚里？"女正色，矢不复笑[111]。母曰："人罔不笑，但须有时。"而女由是竟不复笑，虽故逗，亦终不笑，然竟日未尝有戚容。

一夕，对生零涕。异之。女哽咽曰："曩以相从日浅，言之恐致骇怪。今日察姑及郎，皆过爱无有异心，直告或无妨乎？妾本狐产。母临去，以妾托鬼母，相依十余年，始有今日。妾又无兄弟，所恃者惟君。老母岑寂山阿[112]，无人怜而合厝之[113]，九泉辄为悼恨。君倘不惜烦费，使地下人消此怨恫[114]，庶养女者不忍溺弃。"生诺之，然虑坟冢迷于荒草，女但言无虑。刻日，夫妻舆榇而往[115]。女于荒烟错楚中[116]，指示墓处，果得媪尸，肤革犹存。女抚哭哀痛。舁归[117]，寻秦氏墓合葬焉。是夜，生梦媪来称谢，寤而述之。女曰："妾夜见之，嘱勿惊郎君耳。"生恨不邀留。

女曰："彼鬼也，生人多，阳气胜，何能久居？"生问小荣，曰："是亦狐，最黠，狐母留以视妾，每摄饵相哺[118]，故德之，常不去心。昨问母，云已嫁之。"由是岁值寒食[119]，夫妻登秦墓，拜扫无缺。女逾年生一子，在怀抱中，不畏生人，见人辄笑，亦大有母风云。

异史氏曰：观其孜孜憨笑，似全无心肝者；而墙下恶作剧，其黠孰甚焉。至凄恋鬼母，反笑为哭，我婴宁殆隐于笑者矣[120]。窃闻山中有草，名"笑矣乎"，嗅之，则笑不可止。房中植此一种，则合欢、忘忧并无颜色矣[121]。若解语花[122]，正嫌其作态耳[123]。

注释

[1] 莒：在今山东日照莒县一带。清称莒州，属青州府管辖。

[2] 绝惠：绝顶聪明。惠，通"慧"。

[3] 入泮（pàn）：入县学为生员。泮，古代学宫前水池。

[4] 聘（pìn）：订婚。旧时订婚，男方须向女方行纳聘礼，称行聘或文定。

[5] 求凰未就：独身之意。求凰，汉司马相如《琴歌》："凤兮凤兮归故乡，遨游四海求其凰。"相传此歌为向卓文君求爱而作，后因称男子求偶为求凰。

[6] 眺瞩：登高望远。此指观赏景物。

[7] 遨：游玩。

[8] 撚（niǎn）：拈，轻巧地拿。

[9] 数武：数步。武，此处为步之意。

[10] 个儿郎：这个小伙子。个，这个。儿郎，指青年男子。

[11] 醮禳：祈祷消灾。醮，祭神。益剧：更加厉害。

[12] 肌革锐减：消瘦得极快。肌革，犹肌肤。

[13] 投剂：抓药。发表：中医药术语。指用药把病从体表散出来。

[14] 抚问所由：爱抚地问其得病的原因。

[15] 研诘：细细追问。

[16] 具：全，全部。

[17] 世家：世代显贵之家，大户人家。

[18] 字：女子许婚。

[19] 拚（pàn）：不顾惜，豁出去。

[20] 痊瘳（chōu）：痊愈。

[21] 解颐：露出笑容。颐，面颊。

[22] 绐（dài）：骗，欺哄。

[23] 谁何：什么。

[24] 内戚有婚姻之嫌：意谓姨表亲戚因血缘相近，通婚有所禁忌。内戚，内亲，妻的亲属。王子服与婴宁为表兄妹，故云内戚。

[25] 诡曰：谎称，假说。

[26] 锐身自任：挺身担当，自告奋勇。

[27] 平复：指病情好转。

［28］折柬：裁纸写信。柬，柬帖、信件、名片等的统称。

［29］支托：支吾推托。支，支吾，以含混之词搪塞。

［30］恚（huì）：愤怒，怨恨。

［31］商搉（què）：商量。

［32］耗：音信。

［33］仰息他人：喻依赖他人。仰，仰仗。息，鼻息。指鼻腔呼吸的气息，呼气则温，吸气则寒。《后汉书·袁绍传》："袁绍孤客穷军，仰我鼻息，比如婴儿在股掌之上，绝其哺乳，立可饿杀。"

［34］伶仃：孤独的样子。

［35］合沓（tà）：重迭。

［36］鸟道：喻山路险峻狭窄，只有飞鸟可过。

［37］里落：村落，民居。

［38］意甚修雅：意境很美好幽雅。

［39］修竹：细长的竹子。修，长，高。

［40］格磔（zhé）：鸟鸣声。

［41］俛（fǔ）首：低头。

［42］阶进：搭讪的借口。阶，因由，凭借，台阶。进，接近，交往。

［43］日昃（zè）：太阳偏西。

［44］盈盈望断：犹言望穿秋水。形容盼望殷切。盈盈，形容眼波明澈如秋水，闪动有魅力。元王实甫《西厢记》："你若不去啊，望穿他盈盈秋水，蹙损他淡淡春山。"

［45］辰刻：早上 7 点到 9 点左右。

［46］盼亲：探亲。

［47］聋聩不闻：耳聋听不到。聋聩，失聪。

［48］粗粝（lì）：糙米。喻粗茶淡饭。

［49］腹馁（něi）思啖：肚子饿了想吃饭。馁，饥。啖，吃。

［50］关：门。

［51］肃客：请客人进入。《礼记·曲礼》："主人肃客而入。"

［52］裀（yīn）藉：垫席。裀，通"茵"。指褥垫、毯子之类。

［53］作黍：做饭。黍，黄米。

［54］噭（jiào）声而应：高声答应。

［55］坐次：坐着的时候。次，指事件正在进行时。

［56］展：陈述。宗阀：家族门第。

［57］窭（jù）贫：贫穷。《诗·邶风·北门》："终窭且贫。"朱熹注："窭者，贫而无以为礼也。"

［58］无三尺男：谓家没有男性。三尺男，指成年男性。

［59］弱息：本指幼弱的子女，后多指女儿。

［60］庶产：妾生。封建家族中，侧室称庶，所生子女称庶出。

［61］雏尾盈握：指肥嫩的雏鸡。《礼记·内则》："雏尾不盈握，弗食。"雏，此指小鸡。盈握，满一把。鸡的尾部满一把，言其肥。

［62］敛具：收拾餐具。

［63］瞋目：生气地看对方一眼。瞋，生气。

［64］裁：通"才"。

［65］庚午属马：庚午年生人，属马。古时以鼠、牛、虎、兔、龙、蛇、马、羊、猴、鸡、犬、猪十二种动物，来配十二地支子、丑、寅、卯、辰、巳、午、未、申、酉、戌、亥，称为十二属或十二生肖。庚午年生人应属马。

［66］姑家：婆家。

［67］匹敌：般配。敌，相当。

［68］襆（pú）被：包着被子。

［69］迟迟：慢慢地。指过些时候。

［70］杨花糁（sǎn）径：小路上星星点点地撒满了杨花粉粒。糁，碎米屑，泛指散乱的粒状细物。此谓撒落。

[71] 三楹：三间房子。楹，堂屋前的柱子，也是古代计算房屋的数量单位。

[72] 阴：暗地里。捘（zùn）：捏。

[73] 化为异物：指人死亡。异物，指死亡的人，鬼的讳词。

[74] 大细事：极小的事。

[75] 靳惜：吝惜。

[76] 葭莩（jiā fú）之情：亲戚情谊疏远淡薄。《汉书·中山王传》："非有葭莩之亲。"葭莩，芦苇内壁的薄膜，喻指疏远的亲戚，也泛指亲戚。

[77] 非瓜葛之爱：不是一般关系的情感。瓜、葛，都是牵连很长的蔓生植物，一般比喻疏远的亲戚或疏远的感情。汉蔡邕《独断》："四姓小侯，诸侯家妇，凡与先帝先后有瓜葛者……皆会。"此处的瓜葛之爱也即上文的"葭莩之情"。

[78] 周遮乃尔：这样絮叨啰唆。周遮，言语烦琐。

[79] 捉双卫：牵着两头驴子。捉，牵。卫，驴的别称。（宋）罗愿《尔雅翼》："驴一名卫。或曰：晋卫好乘之，故以为名。"

[80] 曩（nǎng）言：从前的话。即吴生诓骗王子服的话。

[81] 志：此处是想法的意思。

[82] 匪伊朝夕：不止一日。匪，同"非"。伊，句中语气词。

[83] 冗人：闲人。

[84] 小学诗礼：稍微学一下诗书礼节。小，稍，略。

[85] 殂（cú）谢：死亡。

[86] 面庞：相貌。志赘：指身体上的特征或标记。志，通"痣"。赘，赘疣，俗称瘊子。

[87] 鳏居：无妻独居。

[88] 天师符：张天师的神符。天师，道教指东汉张道陵及其后裔。

[89] 疑参：疑惑参详。

[90] 吃吃：笑声。

[91] 憨（hān）生：娇痴。憨，傻。生，语气助词。

[92] 觇（chān）：看，侦伺。

[93] 就便执柯：顺便做媒。执柯，做媒。语出《诗·风·伐柯》。

[94] 垅：坟。湮（yīn）没：埋没。

[95] 吊：怜悯。

[96] 孜孜（zī）：不停地。

[97] 昧爽：黎明。省（xǐng）问：问候，问安。

[98] 女红（gōng）：旧时指妇女所作的纺织、刺绣、缝纫等事。红，通"工"。

[99] 择吉：选择吉日良辰。合卺（jǐn）：古代婚礼中的一种仪式。剖一瓠为两瓢，新婚夫妇各执一瓢，斟酒以饮。后多以合卺代指成婚。《礼记·昏义》："合卺而酳。"孔颖达疏："以一瓠分为二瓢谓之卺，婿之与妇各执一片以酳。"酳（yìn），用酒漱口。

[100] 窃于日中窥之，形影殊无少异：按照民间传说，鬼不能见太阳，在日光下也没有影子，因而王母以此检验婴宁是否为鬼物。

[101] 戚党：亲戚朋友。

[102] 阶砌藩溷（hùn）：形容院子里的所有地方。阶砌，台阶。藩，篱笆。溷，粪坑。

[103] 木香：多年生草本菊科植物，是云木香和川木香的合称，根茎可入药。

[104] 邻：紧挨着。西家：西边住的邻居。

[105] 簪玩：妇女折花，有时插戴在发髻之上，有时插养于瓶中赏玩，因合称。

[106] 西人子：西边邻居家的儿子。

[107] 踣（bó）：跌倒。

[108] 讦（jié）：揭发，举报。

[109] 笃行士：品行忠厚的读书人。

[110] 鹘（hú）突：糊涂。

[111] 矢：发誓。

[112] 岑寂山阿：在山阿居住很孤寂。晋陶渊明《挽歌》："死去何所道，托体同山阿。"岑寂，寂寞。山阿，山中曲坳处。

[113] 合厝（cuò）：合葬。厝，安葬。

[114] 怨恫：悲伤痛苦。

[115] 舆榇（chèn）：以车载棺。榇，棺材。

[116] 错楚：丛杂的树木。

[117] 舁（yú）：抬。

[118] 摄饵：摄取食物。哺：喂养。

[119] 寒食：阴历清明节前两天为寒食。古时在这一天不举火，据说是为了纪念春秋时晋人介子推的焚死绵山。习惯每年寒食到清明期间为扫墓的日子。

[120] 隐于笑：用笑来隐藏自己。隐，潜藏。

[121] 合欢：花名。俗称夜合花、马缨花、马绒花。落叶乔木。忘忧：忘忧草，萱草的别名，多年生草本植物。

[122] 解语花：五代王仁裕《开元天宝遗事·解语花》：唐明皇与杨贵妃去太液池赏花，左右极赞池花之美，而"帝指贵妃示于左右曰：'争如我解语花？'"后因以解语花比喻善于迎合人意的美女。

[123] 作态：装模作样，指矫饰而有失自然。

作者简介

蒲松龄（1640—1715），字留仙，一字剑臣，别号柳泉居士，世称聊斋先生，自称异史氏。济南府淄川人。清代杰出文学家，优秀短篇小说家。采集民间野闻，进行丰富的想象和艺术加工，写成短篇小说文集《聊斋志异》，引起志怪传奇类小说的再度繁荣，许多篇章不断被改编为戏曲、电影、电视剧，影响深远，创造了宝贵的精神财富。

名家点评

（清）但明伦《聊斋志异新评》："此篇以'笑'字立胎，而以花为眼，处处写笑，即处处以花映带之。'捻梅花一枝'数语，已伏全文之脉，故文章全在提掇处得力也。以捻花笑起，以摘花不笑收，写笑层见叠出，无一意冗复，无一笔雷同，不笑后复用反衬，后乃结转'笑'字，篇法严密乃尔。"

19. 情不知所起，一往而情深

——蒲松龄《聊斋志异·阿宝》赏析

导读

《阿宝》是清代小说家蒲松龄短篇志怪小说集《聊斋志异》中的一篇爱情小说。小说的男主人公名叫孙子楚，是一位读书人，生来有六个手指，生性腼腆，外号“孙痴”。女主人公名叫阿宝，是大富商家的女儿，待字闺中，追求者众多。按照剧情的发展，两人的情感线索分为三个阶段。

第一阶段，媒人说亲，斧头断指。媒人上门提亲时，仅因为阿宝的一句玩笑话：“他如能把那个多余的指头砍了，我就嫁给他”，孙子楚便用斧头把第六个指头剁去了。阿宝得知很惊奇，又开玩笑说孙子楚还得去掉那个痴劲才行。这是二人第一个回合的“交锋”，虽未相见，孙子楚的“痴”已经给阿宝留下了深刻印象，两人从此有了宿命般的羁绊。

第二阶段，一见倾心，丢魂落魄。百闻不如一见，一次郊游中，阿宝的美丽惊艳了孙子楚，人虽回了家，魂却早已随阿宝而去，躺了三天，眼看就要断气了，请巫婆到阿宝家招魂也不见明显好转。招魂过程中，阿宝心里也感到了对方的情义之深。孙子楚回家后旧病复发，竟附身到一只鹦鹉身上，飞入阿宝房中只求与她日夜相伴。阿宝心生怜悯，对着奄奄一息的孙子楚真身祷告：“你要是能重新变成人，我就是死也要与你相伴。”只见鹦鹉叼来一只绣鞋，便落地死了，孙子楚得以醒来。这是二人第二个回合的“交锋”，阿宝显然已经爱上这个为他神魂颠倒，近乎丢了性命的男子。

第三阶段，喜结连理，生死相随。历经磨难，二人有情人终成眷属，日子过得风生水起，可惜好景不长，孙子楚忽然得热病死了，阿宝受不了打击为之殉情，阎王感动于阿宝的节义行为，把他们送回阳世再续前缘。读到这里，脑海中浮现明代汤显祖

《牡丹亭记题词》中的一句话："情不知所起，一往而情深，生者可以死，死可以生。"从互相较劲，到一厢情愿，再到同生共死，三个阶段层层升华，奏响了一曲可歌可泣、至情至性的爱情华章。

后来，孙子楚中了乡试头名，第二年又中了进士，进了翰林院，受到皇上召见赏赐，走向人生巅峰。但是这个结果并不是孙子楚通过努力获得的，而是意外离奇得到题目，作弊得来的。也许作者是想说明孙子楚傻人有傻福，也许是为了配上阿宝大富商的家世，这个安排迎合了受众喜欢的大团圆结局，却削弱了作品的价值，落入了俗套。

《聊斋志异》的一大特色是在每篇作品最后加上一段异史氏（蒲松龄）的点评。本文最后阐述的实际上是"聪明"和"痴"的辩证关系：小聪明不长久，往往聪明反被聪明误，而有的人看似痴傻却拥有大智慧。这种安排让读者不仅欣赏了一个奇幻故事，还能有所启发思考，丰富了作品的思想内涵。（翟文茜导读）

原文

阿　宝

粤西孙子楚[1]，名士也。生有枝指[2]。性迂讷，人诳之，辄信为真。或值座有歌妓，则必遥望却走。或知其然，诱之来，使妓狎逼之，则赪颜彻颈，汗珠珠下滴。因共为笑。遂貌其呆状[3]，相邮传作丑语[4]，而名之"孙痴"。

邑大贾某翁，与王侯埒富[5]，姻戚皆贵胄[6]。有女阿宝，绝色也。日择良匹，大家儿争委禽妆[7]，皆不当翁意。生时失俪[8]，有戏之者，劝其通媒。生殊不自揣，果从其教。翁素耳其名，而贫之。媒媪将出，适遇宝，问之，以告。女戏曰："渠去其枝指，余当归之[9]。"媪告生，生曰："不难。"媒去，生以斧自断其指，大痛彻心，血益倾注，滨死[10]。过数日，始能起，往见媒而示之。媪惊，奔告女，女亦奇之，戏请再去其痴。生闻而哗辨[11]，自谓不痴，然无由见而自剖。转念阿宝未必美如天人，何遂高自位置如此？由是曩念顿冷。

会值清明，俗于是日妇女出游，轻薄少年，亦结队随行，恣其月旦[12]。有同社数人，强邀生去。或嘲之曰："莫欲一观可人否[13]？"生亦知其戏己，然以受女揶揄故，亦思一见其人，忻然随众物色之。遥见有女子憩树下，恶少年环如墙堵。众曰："此必阿宝也。"趋之，果宝。审谛之，娟丽无双。少顷，人益稠，女起，遽去。众情颠倒，品头题足，纷纷若狂，生独默然。及众他适，回视，生犹痴立故所，呼之不应。群曳之曰："魂随阿宝去耶?"亦不答。众以其素讷，故不为怪，或推之，或挽之，以归。至家，直上床卧，终日不起，冥如醉，唤之不醒。家人疑其失魂，招于旷野[14]，莫能效。强拍问之，则矇眬应云："我在阿宝家。"及细诘之，又默不语。家人惶惑莫解。

初，生见女去，意不忍舍，觉身已从之行，渐傍其衿带间[15]，人无呵者。遂从女归，坐卧依之，夜辄与狎，甚相得。然觉腹中奇馁，思欲一返家门，而迷不知路。女每梦与人交，问其名，曰："我孙子楚也。"心异之，而不可以告人。生卧三日，气休休若将澌灭[16]，家人大恐，托人婉告翁，欲一招魂其家。翁笑曰："平昔不相往还，何由遗魂吾家?"家人固哀之，翁始允。巫执故服、草荐以往[17]。女诘得其故，骇极，不听他往，直导入室，任招呼而去。巫归至门，生榻上已呻。既醒，女室之香奁什具，何色何名，历言不爽[18]。女闻之，益骇，阴感其情之深。

生既离床寝，坐立凝思，忽忽若忘。每伺察阿宝，希幸一再遘之[19]。浴佛节[20]，闻将降香水月寺，遂早旦往候道左[21]，目眩睛劳，日涉午，女始至。自车中窥见生，以掺手搴帘[22]，凝睇不转。生益动，尾从之。女忽命青衣来诘姓字，生殷勤自展，魂益摇。车去，始归。归复病，冥然绝食，梦中辄呼宝名。每自恨魂不复灵。家旧养一鹦鹉，忽毙，小儿持弄于床。生自念倘得身为鹦鹉，振翼可达女室，心方注想，身已翩然鹦鹉，遽飞而去，直达宝所。女喜而扑之，锁其肘，饲以麻子[23]。大呼曰："姐姐勿锁！我孙子楚也！"女大骇，解其缚，亦不去。女祝曰："深情已篆中心[24]。今已人禽异类，姻好何可复圆?"鸟云："得近芳泽，于愿已足。"他人饲之不食，女自饲之则食，女坐则集其膝，卧则依其床，如是三日。女甚怜之，阴使人瞷[25]生，生则僵卧气绝，已三日，但心头未冰耳。女又祝曰："君能复为人，当誓死相从。"鸟云："诳我。"女乃自矢。鸟侧目若有所思。少间，女束双弯[26]，解履床下，鹦鹉骤下，衔履飞去。女急呼之，飞已远矣。

女使妪往探，则生已痛[27]。家人见鹦鹉衔绣履来，堕地死，方共异之。生既苏，即索履，众莫知故。适妪至，入视生，问履所在。生曰："是阿宝信誓物。借口相覆[28]：小生不忘金诺也[29]。"妪反命。女益奇之，故使婢泄其情于母。母审之确，乃曰："此子才名亦不恶，但有相如之贫[30]。择数年得婿若此，恐将为显者笑。"女以履故，矢不他，翁媪从之。驰报生。生喜，疾顿瘳。翁议赘诸家，女曰："婿不可久处岳家，况郎又贫，久益为人贱。儿既诺之，处蓬茆而甘，藜藿不怨也[31]。"生乃亲迎成礼[32]，相逢如隔世欢。

自是家得奁妆，小阜，颇增物产。而生痴于书，不知理家人生业；女善居积[33]，亦不以他事累生。居三年，家益富。生忽病消渴[34]，卒。女哭之痛，泪眼不晴，至绝眠食。劝之不纳，乘夜自经[35]。婢觉之，急救而醒，终亦不食。三日，集亲党，将以殓生，闻棺中呻以息，启之，已复活。自言："见冥王，以生平朴诚，命作部曹[36]。忽有人白：'孙部曹之妻将至。'王稽鬼录，言：'此未应便死。'又白：'不食三日矣。'王顾谓：'感汝妻节义，姑赐再生。'因使驭卒控马送余还[37]。"由此体渐平。

值岁大比[38]，入闱之前，诸少年玩弄之，共拟隐僻之题七，引生僻处与语，言："此某家关节[39]，敬秘相授。"生信之，昼夜揣摩，制成七艺[40]。众隐笑之。时典试者虑熟题有蹈袭弊[41]，力反常经[42]，题纸下，七艺皆符。生以是抡魁[43]。明年，举进士，授词林[44]。上闻异，召问之，生具启奏，上大嘉悦。后召见阿宝，赏赉有加焉[45]。

异史氏曰：性痴则其志凝[46]，故书痴者文必工，艺痴者技必良。世之落拓而无成者，皆自谓不痴者也。且如粉花荡产，卢雉倾家[47]，顾痴人事哉！以是知慧黠而过，乃是真痴，彼孙子何痴乎[48]！

注释

[1] 粤西：约相当于今广西。粤，古百粤之地，辖今广东、广西地区。

[2] 枝（qí）指：歧指，骈指。俗称六指。

[3] 貌：形容，描写。

［4］相邮传作丑语：互相传扬，加以丑化。邮传，古时传递文书的驿站。此指传播。

［5］埒（liè）富：同样富有。埒，相等。

［6］贵胄：贵族的后代。这里指有身份地位的人。

［7］委禽妆：送定婚聘礼。委，送。禽，指雁。古时纳采用雁，因以“委禽”或“委禽妆”为定婚的代称。《左传·昭公元年》：“郑徐吾犯之妹美，公孙楚聘之矣；公孙黑又使强委禽焉。”杜预注：“禽，雁也，纳采用雁。”

［8］失俪：丧妻。

［9］归之：嫁给他。古时女子出嫁曰归。

［10］濒死：差点死去。濒，临，靠近。

［11］哗辨：大声辩白。

［12］恣其月旦：肆意评论。月旦，评议人物。《后汉书·许劭传》：东汉许劭与其堂兄许靖，“好共核论乡党人物，每月辄更其品题，故汝南俗有‘月旦评’焉”。

［13］可人：意中人。

［14］招：招魂。民间传说认为，失去意识的人是掉了魂，要想恢复意识，需要找回魂，称招魂。

［15］衿带：衣带。

［16］休休（xū）：喘气声。休，通“咻”。澌灭：停止，尽。

［17］故服、草荐：平日穿的衣服和卧席，均是民间传说中招魂的用具。

［18］历言不爽：一件一件说来，毫无差错。

［19］遘（gòu）：相遇。

［20］浴佛节：佛诞节，纪念释迦诞生的节日。中国汉族地区，一般以阴历四月初八日为释迦诞辰。届时佛寺举行诵经法会，并根据佛降生时龙喷香雨的传说，以各种名香浸水浴洗佛像，并供养香花灯烛茶果珍馐。

［21］道左：道路旁边。《诗·唐风·有杕之杜》：“有杕之杜，生于道左。”毛传：“兴也。道左之阳，人所宜休息也。”郑玄笺：“道左，道东也。日之热，恒在日中之后，道东之杜，人所宜休息也。今人不休息者，以其特生阴寡也。”

［22］掺（shān）手：犹纤手。掺，纤细。《诗·魏风·葛屦》：“掺掺女手，可以缝裳。”

［23］麻子：芝麻。

［24］已篆中心：深记于内心。篆，铭刻。

［25］瞯（jiàn）：窥探。

［26］束双弯：指缠足。

［27］寤：醒。

［28］借口相覆：借你之口回复。

［29］金诺：对别人诺言的敬称。金，表示珍贵。

［30］相如之贫：喻贫穷而有才华。汉代司马相如才名卓著，与富人之女卓文君相恋，卓父却嫌憎相如贫穷。事见《史记·司马相如列传》。

［31］处蓬茆而甘，藜藿不怨也：住茅舍，吃粗茶淡饭，都甘心情愿。蓬茆，茅屋。甘，乐意。藜藿，野菜。指粗茶淡饭。

［32］亲迎：古婚礼仪式之一，新婿亲至女家迎娶。见《仪礼·士昏礼》。《清通礼》：“迎亲日，婿公服率仪从、妇舆等至女家。奠雁毕，乘马先俟于门。妇至，降舆，婿引导入室，行交拜合卺礼。”

［33］善居积：善囤积。指商业活动。居积，囤积。（汉）王充《论衡·知实》：“子贡善居积，意贵贱之期，数得其时，故货殖多，富比陶朱。”

［34］病消渴：患糖尿病。

［35］自经：上吊自杀。

［36］部曹：古时中央各部分科办事，其属官泛称部曹。此指冥府某部属官。

［37］驭卒：马夫。

［38］大比：明清两代每三年举行一次乡试，称大比。

［39］关节：旧指暗中说人情、行贿勾通官吏的事。这里指贿买得到的试题。

［40］七艺：此指7篇应试文章。乡试初场考试有7道试题，包括“四书”义3道，“五经”义4道。

［41］典试者：主考官员。典，掌管。

［42］力反常经：极力打破常规。经，常，常道。

［43］抡魁：选为第一。抡，选拔。魁，首。指榜首。

［44］授词林：指官授翰林。词林，即翰林。明初建翰林院，额曰“词林”，故以之为翰林院的别称。

［45］赏赉（lài）有加：一再地给予恩赐奖赏。

［46］痴：这里是执著、专心致志的意思。

［47］粉花荡产，卢雉倾家：意谓因嫖赌而倾家荡产。粉花，脂粉烟花。指嫖妓。卢雉，泛称掷骰赌博。卢和雉都是古代博戏中的胜彩。

［48］痴：这里是呆傻的意思。

作者简介

见前篇《聊斋志异·婴宁》中作者介绍（第137页）。

名家点评

（清）何守奇《批点〈聊斋志异〉》：“阿宝使其去痴，实是观其诚否耳。指截魂离，鬼神且深许之矣，阿宝能勿尔乎？”

（清）但明伦《〈聊斋志异〉新评》：“闻戏言而断指，此为真痴。而忽而离魂，忽而化鸟，自我得依芳泽，使彼深篆中心。只鸟飞来，息壤在彼，遂令高自位置者，戏语成真，甘蓬茆而安藜藿；且以痴报痴，至以身殉。人鬼相隔，且感此痴，痴亦何负于人哉？尝谓天下之为人臣、为人子、为人弟、为人友者，果能以至诚之心处之，天下不复有难处之事矣。痴顾可少乎？”

20. 万般皆下品，唯有读书高

——吴敬梓《儒林外史》第二回赏析

导读

《儒林外史》是中国讽刺小说的经典著作，作者是清代的吴敬梓。整部小说通过塑造各种各样的知识分子形象，对科举取士、封建礼制、腐败官场等进行深刻批判和辛辣讽刺，同时也歌颂坚持自我的王冕、杜少卿等知识分子的美好品行与形象。

《儒林外史》第二回的主人公周进是小说中的重要人物之一，年纪老大却未中科举，生活穷困潦倒，饱受士人的羞辱和市井小民的轻蔑。即便如此，他仍旧对科举考试极为热衷，坚信科举是自己唯一的救命稻草。

此回文中写的是周进发迹之前，屡试不中，直到六十多岁还是个老童生，只能以教书糊口，因此标题称“周蒙师”。小说中他遭受新进秀才梅玖与王举人两度奚落，却只能逆来顺受，甚至教书先生的饭碗也因“不懂承谢”而被夺取，只好为做生意的姐夫记账。路过贡院，想混进去看结果被打出来，还是姐夫使了银子带他进去。看到号板，想到自己的科举之路，不由悲从心来，一头撞在号板上寻死。作者通过语言、动作、细节描写等，充分把老童生内心的酸苦绝望表露无疑。因这一死“累年蹭蹬，忽然际会风云；终岁凄凉，竟得高悬月旦”。意思是即使长年经受穷苦，也有赶上时来运转的时候，纵然终年感到孤独凄凉，也有高朋满座之日。这预示了周进后来的命运。

于是，第三回写到因周进寻死，众人劝他也听不见，“只管伏着号板，哭个不住；一号哭过，又哭到二号、三号，满地打滚，哭了又哭，滚的众人心里都凄惨起来。金有余见不是事，同行主人一左一右，架着他的膀子。他那里肯起来，哭了一阵，又是一阵，直哭到口里吐出鲜血来。”商人们于心不忍，要为他捐一个监生进场，他就破涕为笑，趴到地上磕头，表示要变驴变马来报答他们。借着监生这个身份，周进晚年得志，居然中了举人，又中了进士，最后做了御史。而发迹后，当年辞退他的薛家集也供起了他的“长生禄位”，通过士人、市民前后态度的变化，批判了整个士人阶层和市民社会。同时，周进做考官后同情并提携同样出身下层、年老的范进，这也表明周进秉性忠厚，迂而不恶，写出了周进性格的复杂面。

周进是《儒林外史》中腐儒的典型人物代表，深受“万般皆下品，唯有读书高”的观念影响，认为中举才是唯一的生活目标，除了科举人生再无其他出路。所以，周进宁可撞板寻死。吴敬梓在第二回中描述周进中举前逆来顺受、唯唯诺诺，讥讽其丑态的同时，也对人物寄寓了无限同情。由此我们可以看出科举制度对士人知识分子的毒害之深，它深深地腐蚀着文士的心灵，以至于为了求取功名，只关心八股科考，失去了自我。通过他们的所言所行、所作所为，吴敬梓用悲愤和辛酸的笔触，写出了这些腐儒在人格意识方面的扭曲与堕落。（景红纬导读）

原文

第二回　王孝廉村学识同科　周蒙师[1]暮年登上第

话说山东兖州府汶上县有个乡村，叫做薛家集。这集上有百十来人家，都是务农为业。村口一个观音庵，殿宇三间之外，另还有十几间空房子，后门临着水次。这庵是十方的香火，只得一个和尚住。集上人家，凡有公事，就在这庵里来同议。

那时成化末年，正是天下繁富的时候。新年正月初八日，集上人约齐了，都到庵里来议闹龙灯之事。到了早饭时候，为头的申祥甫带了七八个人走了进来，在殿上拜了佛。和尚走来与诸位见节，都还过了礼。申祥甫发作和尚道：“和尚，你新年新岁，也该把菩萨面前香烛点勤些！阿弥陀佛！受了十方的钱钞，也要消受。”又叫：“诸位都来看看，这琉璃灯内，只得半琉璃油！”指着内中一个穿齐整些的老翁，说道：“不论别人，只这一位荀老爹，三十晚里还送了五十斤油与你，白白给你炒菜吃，全不敬佛！”和尚陪着小心，等他发作过了，拿一把铅壶，撮了一把苦丁茶叶，倒满了水，在火上燎的滚热，送与众位吃。

荀老爹先开口道：“今年龙灯上庙，我们户下各家须出多少银子？”申祥甫道：

“且住，等我亲家来一同商议。”正说着，外边走进一个人来，两只红眼边，一副锅铁脸，几根黄胡子，歪戴着瓦楞帽，身上青布衣服就如油篓一般，手里拿着一根赶驴的鞭子，走进门来，和众人拱一拱手，一屁股就坐在上席。这人姓夏，乃薛家集上旧年新参的总甲。夏总甲坐在上席，先吩咐和尚道：“和尚，把我的驴牵在后园槽上，卸了鞍子，将些草喂的饱饱的。我议完了事，还要到县门口黄老爹家吃年酒去哩!”吩咐过了和尚，把腿跷起一只来，自己拿拳头在腰上只管捶。捶着，说道：“俺如今倒不如你们务农的快活了！想这新年大节，老爷衙门里，三班六房[2]，那一位不送帖子来，我怎好不去贺节？每日骑着这个驴，上县下乡，跑得昏头晕脑。打紧又被这瞎眼的亡人在路上打个前失，把我跌了下来，跌的腰胯生疼!”申祥甫道：“新年初三，我备了个豆腐饭邀请亲家，想是有事不得来了。”夏总甲道：“你还说哩，从新年这七、八日，何曾得一个闲？恨不得长出两张嘴来，还吃不退。就像今日请我的黄老爹，他就是老爷面前站得起来的班头。他抬举我，我若不到，不惹他怪?”申祥甫道：“西班黄老爹，我听见说他从年里头就是老爷差出去了。他家又无兄弟、儿子，却是谁做主人?”夏总甲道：“你又不知道了。今日的酒，是快班李老爹请，李老爹家房子褊窄，所以把席摆在黄老爹家大厅上。”

说了半日，才讲到龙灯上。夏总甲道：“这样事，俺如今也有些不耐烦管了。从前年年是我做头，众人写了功德，赖着不拿出来，不知累俺赔了多少。况今年老爷衙门里，头班、二班、西班、快班，家家都兴龙灯，我料想看个不了，那得功夫来看乡里这条把灯？但你们说了一场，我也少不得搭个分子，任凭你们那一位做头。像这荀老爹，田地又广，粮食又多，叫他多出些；你们各家照份子派，这事就舞起来了。”众人不敢违拗，当下捺着姓荀的出了一半，其余众户也派了，共二三两银子，写在纸上。和尚捧出茶盘：云片糕、红枣，和些瓜子、豆腐干、栗子、杂色糖，摆了两桌，尊夏老爹坐在首席，斟上茶来。

申祥甫又说：“孩子大了，今年要请一个先生。就是这观音庵里做个学堂。”众人道：“俺们也有好几家孩子要上学。只这申老爹的令郎，就是夏老爹的令婿，夏老爹时刻有县主老爷的牌票，也要人认得字。只是这个先生，须是要城里去请才好。”夏总甲道：“先生倒有一个。你道是谁？就是咱衙门里户总科提控顾老相公家请的一位先生，姓周，官名叫做周进，年纪六十多岁，前任老爷取过他个头名，却还不曾中过学。顾老相公请他在家里三个年头，他家顾小舍人[3]去年就中了学，和咱镇上梅三相[4]一齐中的。那日从学里师爷家迎了回来，小舍人头上戴着方巾，身上披着大红绸，骑着老爷棚子里的马，大吹大打，来到家门口。俺合衙门的人都拦着街递酒。落后请将周先生来，顾老相公亲自奉他三杯，尊在首席。点了一本戏，是梁灏八十岁中状元的故事。顾老相公为这戏，心里还不大喜欢，落后戏文内唱到梁灏的学生却是十七八岁就中了状元，顾老相公知道是替他儿子发兆，方才喜了。你们若要先生，俺替你把周先生请来。”众人都说是好。吃完了茶，和尚又下了一斤牛肉面吃了，各自散讫。

次日，夏总甲果然替周先生说了，每年馆金十二两银子，每日二分银子在和尚家代饭，约定灯节后下乡，正月二十开馆。

到了十六日，众人将分子送到申祥甫家备酒饭，请了集上新进学的梅三相做陪客。那梅玖戴着新方巾，老早到了。直到巳牌时候，周先生才来。听得门外狗叫，申祥甫走出去迎了进来。众人看周进时，头戴一顶旧毡帽，身穿玄色绸旧直裰，那右边袖子同后边坐处都破了，脚下一双旧大红绸鞋，黑瘦面皮，花白胡子。申祥甫拱进堂屋，梅玖方才慢慢的立起来和他相见。周进就问：“此位相公是谁？”众人道：“这是我们集上在庠的梅相公。”周进听了，谦让不肯僭梅玖作揖。梅玖道：“今日之事不同。”周进再三不肯。众人道：“论年纪也是周先生长，先生请老实些罢。”梅玖回过头来向众人道：“你众位是不知道，我们学校规矩，老友是从来不同小友序齿的。只是今日不同，还是周长兄请上。”

原来明朝士大夫称儒学生员叫做“朋友”，称童生是“小友”。比如童生进了学，不怕十几岁，也称为“老友”；若是不进学，就到八十岁，也还称“小友”。就如女儿嫁人的：嫁时称为“新娘”，后来称呼“奶奶”“太太”，就不叫“新娘”了；若是嫁与人家做妾，就到头发白了，还要唤做“新娘”。

闲话休题。周进因他说这样话，倒不同他让了，竟僭着他作了揖。众人都作过揖坐下。只有周、梅二位的茶杯里有两枚生红枣，其余都是清茶。吃过了茶，摆两张桌子杯箸，尊周先生首席，梅相公二席，众人序齿坐下，斟上酒来。周进接酒在手，向众人谢了扰，一饮而尽。随即每桌摆上八九个碗，乃是猪头肉、公鸡、鲤鱼、肚、肺、肝、肠之类。叫一声"请"，一齐举箸，却如风卷残云一般，早去了一半。看那周先生时，一箸也不曾下。申祥甫道："今日先生为甚么不用肴馔？却不是上门怪人？"拣好的递了过来。周进拦住道："实不相瞒，我学生是长斋。"众人道："这个倒失于打点。却不知先生因甚吃斋？"周进道："只因当年先母病中，在观音菩萨位下许的，如今也吃过十几年了。"梅玖道："我因先生吃斋，倒想起一个笑话，是前日在城里我那案伯顾老相公家听见他说的。有个做先生的一字至七字诗。"众人都停了箸，听他念诗。他便念道："呆，秀才，吃长斋，胡须满腮，经书不揭开，纸笔自己安排，明年不请我自来。"念罢说道："像我这周长兄如此大才，呆是不呆的了。"又掩着口道："'秀才'，指日就是；那'吃长斋，胡须满腮'，竟被他说一个着！"说罢哈哈大笑。众人一齐笑起来。周进不好意思。申祥甫连忙斟一杯酒道："梅三相该敬一杯。顾老相公家西席就是周先生了。"梅玖道："我不知道，该罚！该罚！但这个话不是为周长兄，他说明了是个秀才。但这吃斋也是好事。先年俺有一个母舅，一口长斋，后来进了学，老师送了丁祭的胙肉来，外祖母道：'丁祭肉若是不吃，圣人就要计较了，大则降灾，小则害病。'只得就开了斋。俺这周长兄，只到今年秋祭，少不得有胙肉送来，不怕你不开哩。"众人说他发的利市好，同斟一杯，送与周先生预贺。把周先生脸上羞的红一块白一块，只得承谢众人，将酒接在手里。厨下捧出汤点来，一大盘实心馒头，一盘油煎的扛子火烧。众人道："这点心是素的，先生用几个。"周进怕汤不洁净，讨了茶来吃点心。

内中一人问申祥甫道："你亲家今日在那里？何不来陪先生坐坐？"申祥甫道："他到快班李老爹家吃酒去了。"又一个人道："李老爹这几年在新任老爷手里着实跑起来了，怕不一年要寻千把银子。只是他老人家好赌，不如西班黄老爹，当初也在这些事里顽耍，这几年成了正果，家里房子盖的像天宫一般，好不热闹!”荀老爹向申祥甫道：“你亲家自从当了门户，时运也算走顺风，再过两年，只怕也要弄到黄老爹的意思哩。”申祥甫道：“他也要算停当的了。若想到黄老爹的地步，只怕还要做几年的梦。”梅相公正吃着火烧，接口道：“做梦倒也有些准哩。”因问周进道：“长兄这些年考校，可曾得个甚么梦兆?”周进道：“倒也没有。”梅玖道：“就是侥幸的这一年，正月初一日，我梦见在一个极高的山上，天上的日头，不差不错，端端正正掉了下来，压在我头上，惊出一身的汗，醒了摸一摸头，就像还有些热。彼时不知甚么原故，如今想来，好不有准!”于是点心吃完，又斟了一巡酒。直到上灯时候，梅相公同众人别了回去。申祥甫拿出一副蓝布被褥，送周先生到观音庵歇宿。向和尚说定，馆地就在后门里这两间屋内。

直到开馆那日，申祥甫同着众人领了学生来，七长八短几个孩子，拜见先生。众人各自散了。周进上位教书。晚间学生家去，把各家贽见拆开来看，只有荀家是一钱银子，另有八分银子代茶；其余也有三分的，也有四分的，也有十来个钱的，合拢了不够一个月饭食。周进一总包了，交与和尚收着再算。那些孩子就像蠢牛一般，一时照顾不到，就溜到外边去打瓦踢球，每日淘气不了。周进只得捺定性子，坐着教导。

不觉两个多月，天气渐暖。周进吃过午饭，开了后门出来，河沿上望望。虽是乡村地方，河边却也有几树桃花柳树，红红绿绿，间杂好看。看了一回，只见濛濛的细雨下将起来。周进见下雨，转入门内，望着雨下在河里，烟笼远树，景致更妙。这雨越下越大，却见上流头一只船冒雨而来。那船本不甚大，又是芦席篷，所以怕雨。将近河岸，看时，中舱坐着一个人，船尾坐着两个从人，船头上放着一担食盒。将到岸边，那人连呼船家泊船，带领从人，走上岸来。周进看那人时，头戴方巾，身穿宝蓝缎直裰，脚下粉底皂靴，三绺髭须，约有三十多岁光景。走到门口，与周进举一举手，一直进来，自己口里说道：“原来是个学堂。”周进跟了进来作揖，那人还了个半礼道：“你想就是先生了?”周进道：“正是。”那人问从者道：“和尚怎的不见?”说着，和尚忙走了出来道：“原来是王大爷，请坐。僧人去烹茶来。”向着周进道：“这王大爷就是前科新中的。先生陪了坐着，我去拿茶。”

那王举人也不谦让，从人摆了一条凳子，就在上首坐了，周进下面相陪。王举人道：“你这位先生贵姓？”周进知他是个举人，便自称道：“晚生姓周。”王举人道：“去年在谁家作馆？”周进道：“在县门口顾老相公家。”王举人道：“足下莫不是就在我白老师手里曾考过一个案首的？说这几年在顾二哥家做馆，不差，不差。”周进道：“俺这顾东家，老先生也是相与的？”王举人道：“顾二哥是俺户下册书，又是拜盟的好弟兄。”须臾，和尚献上茶来吃了。周进道：“老先生的朱卷是晚生熟读过的。后面两大股文章，尤其精妙。”王举人道：“那两股文章不是俺作的。”周进道：“老先生又过谦了。却是谁作的呢？”王举人道：“虽不是我作的，却也不是人作的。那时头场，初九日，天色将晚，第一篇文章还不曾做完，自己心里疑惑，说：‘我平日笔下最快，今日如何迟了？’正想不出来，不觉瞌睡上来，伏着号板打一个盹，只见五个青脸的人跳进号来，中间一人，手里拿着一枝大笔，把俺头上点了一点，就跳出去了。随即一个戴纱帽、红袍金带的人，揭帘子进来，把俺拍了一下，说道：‘王公请起。’那时弟吓了一跳，通身冷汗，醒转来，拿笔在手，不知不觉写了出来。可见贡院里鬼神是有的。弟也曾把这话回禀过大主考座师，座师就道弟该有鼎元之分。”

正说得热闹，一个小学生送仿来批，周进叫他搁着。王举人道：“不妨，你只管去批仿，俺还有别的事。”周进只得上位批仿。王举人吩咐家人道：“天已黑了，雨又不住，你们把船上的食盒挑了上来，叫和尚拿升米做饭。船家叫他伺候着，明日早走。”向周进道：“我方才上坟回来，不想遇着雨，耽搁一夜。”说着，就猛然回头，一眼看见那小学生的仿纸上的名字是荀玫，不觉就吃了一惊。一会儿咂嘴弄唇的，脸上做出许多怪物像。周进又不好问他，批完了仿，依旧陪他坐着。他就问道：“方才这小学生几岁了？”周进道：“他才七岁。”王举人道：“是今年才开蒙？这名字是你替他起的？”周进道：“这名字不是晚生起的。开蒙的时候，他父亲央及集上新进梅朋友替他起名。梅朋友说自己的名字叫做‘玖’也替他起个‘王’傍的名字发发兆，将来好同他一样的意思。”

王举人笑道："说起来竟是一场笑话。弟今年正月初一日，梦见看会试榜，弟中在上面是不消说了，那第三名也是汶上人，叫做荀玫。弟正疑惑我县里没有这一个姓荀的孝廉，谁知竟同着这个小学生的名字。难道和他同榜不成！"说罢，就哈哈大笑起来，道："可见梦作不得准！况且功名大事，总以文章为主，那里有甚么鬼神！"周进道："老先生，梦也竟有准的。前日晚生初来，会着集上梅朋友，他说也是正月初一日，梦见一个大红日头落在他头上，他这年就飞黄腾达的。"王举人道："这话更不作得准了，比如他进过学，就有日头落在他头上，像我这发过的，不该连天都掉下来，是俺顶着的了？"彼此说着闲话。掌上灯烛。管家捧上酒饭，鸡、鱼、鸭、肉，堆满春台。王举人也不让周进，自己坐着吃了，收下碗去。落后和尚送出周进的饭来，一碟老菜叶，一壶热水。周进也吃了。叫了安置，各自歇宿。

次早天色已晴，王举人起来洗了脸，穿好衣服，拱一拱手，上船去了。撒了一地的鸡骨头、鸭翅膀、鱼刺、瓜子壳，周进昏头昏脑扫了一早晨。

自这一番之后，一薛家集的人都晓得荀家孩子是县里王举人的进士同年，传为笑话。这些同学的孩子赶着他就不叫荀玫了，都叫他"荀进士"。各家父兄听见这话都各不平，偏要在荀老翁跟前恭喜，说他是个封翁太老爷，把个荀老爹气得有口难分。申祥甫背地里又向众人道："那里是王举人亲口说这番话？这就是周先生看见我这一集上只有荀家有几个钱，捏造出这话来奉承他，图他个逢时遇节，他家多送两个盒子。俺前日听见说荀家炒了些面筋、豆腐干送在庵里，又送了几回馒头、火烧，就是这些原故了。"众人都不喜欢，以此周进安身不牢；因是碍着夏总甲的面皮，不好辞他，将就混了一年。后来夏总甲也嫌他呆头呆脑，不知道常来承谢，由着众人把周进辞了来家。

那年却失了馆，在家日食艰难。一日，他姊丈金有余来看他，劝道："老舅，莫怪我说你，这读书求功名的事，料想也是难了。人生世上，难得的是这碗现成饭，只管'稂不稂莠不莠'的到几时？我如今同了几个大本钱的人到省城去买货，差一个记账的人，你不如同我们去走走，你又孤身一人，在客伙内还是少了你吃的、穿的？"周进听了这话，自己想："'瘫子掉在井里——捞起来也是坐'，有甚亏负我？"随即应允了。

金有余择个吉日，同一伙客人起身，来到省城杂货行里住下。周进无事，闲着街上走走，看见纷纷的工匠都说是修理贡院。周进跟到贡院门口，想挨进去看，被看门的大鞭子打了出来。晚间向姐夫说要去看看。金有余只得用了几个小钱，一伙客人都也同了去看，又央及行主人领着。行主人走进头门，用了钱的并无拦阻。到了龙门下，行主人指道："周客人，这是相公们进的门了。"进去两边号房门，行主人指道："这是天字号了，你自进去看看。"周进一进了号，见两块号板[5]摆的齐齐整整，不觉眼睛里一阵酸酸的，长叹一声，一头撞在号板上，直僵僵不省人事。只因这一死，有分教：累年蹭蹬，忽然际会风云；终岁凄凉，竟得高悬月旦。未知周进性命如何，且听下回分解。

注释

[1] 蒙师："蒙"指的是蒙童，也就是知识未开的儿童。蒙师指蒙童的老师，即启蒙老师。

[2] 三班六房："三班"指皂、壮、快三班，都是衙役。皂班主管内勤，壮班和快班共同负责缉捕和警卫。"六房"指吏、户、礼、兵、刑、工书吏房。吏房掌官吏的任免、考绩、升降等；户房掌土地、户口、赋税、财政等；礼房掌典礼、科举、学校等；兵房掌军政；刑房掌刑法、狱讼等；工房掌工程、营造、屯田、水利等。

[3] 舍人：宋元以来俗称显贵子弟为舍人。

[4] 梅三相："梅三相公"的省称，即梅玖，《儒林外史》里面尖酸刻薄的代表人物之一。

[5] 号板：科举考试时号舍中供生员答卷兼睡觉用的木板。贡院里面分若干巷舍，按《千字文》上的字编号。乡试每次连考三场，每场三天，共考九天。开考前，每名考生获分配贡院内一间独立考屋连考三天，称为号舍。每一个号舍里面有木板两块，又叫号板，一块支起来用来写字，一块放低用来做板凳。

作者简介

吴敬梓（1701—1754），安徽全椒人，字敏轩，号粒民，晚号"文木老人""秦淮寓客"。早年生活豪放不羁，后家业衰落，移居江宁。乾隆初荐举博学鸿词，托病不赴，穷困以终。工诗词散文，尤以长篇小说《儒林外史》成就最高。又有《文木山房集》《文木山房诗说》等。

名家点评

鲁迅《中国小说史略》：“迨吴敬梓《儒林外史》出，乃秉持公心，指擿时弊，机锋所向，尤在士林；其文又戚而能谐，婉而多讽；于是说部中乃始有足称讽刺之书。”

21. 怪状奇闻皆是世间百态

——吴趼人《二十年目睹之怪现状》第六回赏析

导读

19世纪末，随着清政府日益腐败，西方文学、思想传入中国，一批有爱国良知的作家开始用小说这一文学形式，对当时社会的丑恶现象进行批判和谴责。鲁迅在《中国小说史略》中将这类小说称为谴责小说，而吴趼人的《二十年目睹之怪现状》便是其中的代表作之一。

《二十年目睹之怪现状》是一部带有作者吴趼人自传性质的长篇小说，全书以主人公“九死一生”的经历为主要线索，从他为父亲奔丧、被伯父霸占家产开始，到最终经商失败结束，通过他在二十年间的遭遇和见闻，描述了当时日益殖民地化的中国封建社会的政治、社会、世态人情等状况，侧面表现出帝国主义的疯狂侵略，揭露了清朝官场腐败、封建制度走向灭亡的无可挽救的历史命运。

整部小说写了近200件“怪现状”，都是通过“九死一生”的耳闻目睹，以第一人称用日记的方式记录下来的。之所以称自己为“九死一生”，是因为他所遇见的各色人物：一是蛇虫鼠蚁，二是豺狼虎豹，三是魑魅魍魉，居然都避了过去，所以当得“九死一生”。作品反映的生活面较广，除腐败的官场之外，还包括商场、洋场、三教九流等等，揭露了封建社会的罪恶与道德沦丧。

如果让你化身侦探查出坑骗珠宝店掌柜的骗子，你最不会怀疑的是谁？如果让你描写一个穷到全家只有一条外出的裤子，却还要撑出脸面的旗人，你会怎么写？在第六回中，通过“九死一生”和继之的对话，塑造出了“骗子”和“旗人”两个人物，是出于什么原因让珠宝店的东家设圈套坑骗自家掌柜，任谁都不禁要问上一句“自家骗自家，何苦呢？”这岂不就是一件怪事儿。而“旗人是最会摆架子的，任是穷到怎么样，还是要摆着穷架子。”文中对旗人如何费尽周章，将散落到桌上的芝麻吃进嘴里进行了幽默而充满讽刺的描写。作者笔锋凌厉，庄谐杂陈，辛辣而有兴味的写作风格，将人物刻画得栩栩如生。如骗子出身的包掌柜，骗术周密，“直是妖魔鬼怪都逃不出他的网罗”，寥寥几笔，阴险奸诈的形象跃然纸上；苟才身为旗人爱摆谱，用一个笑话将旗人最会摆架子描述得惟妙惟肖。

小说采用第一人称的方式叙述故事，这不同于之前的小说形式，既新颖又让读者感到亲切可信，在中国小说史上开了先河。而在这“九死一生”的人物形象中，看得出作者吴趼人的影子，他们都经历九死一生的磨难，看到社会的腐朽黑暗、人性的善与恶，而怪状奇闻皆是世间百态，值得品读感悟。（景红纬导读）

原文

第六回　彻底寻根表明骗子　穷形极相画出旗人

却说我听得继之说，可以代我寄信与伯父，不觉大喜，就问：“怎么寄法？又没有住址的。”继之道：“只要用个马封[1]，面上标着‘通州各属沿途探投勘荒委员’，没有个递不到的。再不然，递到通州知州衙门，托他转交也可以使得。”我听了大喜道：“既是那么着，我索性写他两封，分两处寄去，总有一封可到的。”当下继之因天晚了，便不出城，就在书房里同我谈天。

我说起今日到祥珍估镯子价，被那掌柜拉着我，诉说被骗的一节。继之叹道：“人心险诈，行骗乃是常事。这件事情，我早就知道了。你今日听了那掌柜的话，只知道外面这些情节，还不知内里的事情。就是那掌柜自家，也还在那里做梦，不知是那一个骗他的呢。”我惊道：“那么说，大哥是知道那个骗子的了，为甚不去告诉了他，等他或者控告，或者自己去追究，岂不是件好事？”继之道：“这里面有两层：一层是我同他虽然认得，但不过是因为常买东西，彼此相熟了，通过姓名，并没有一些交情，我何若代他管这闲事？二层就是告诉了他这个人，也是不能追究的。你道这骗子是谁？”继之说到这里，伸手在桌子上一拍道：“就是这祥珍珠宝店的东家！”

我听了这话，吃了一大吓，顿时呆了。歇了半晌，问道：“他自家骗自家，何苦呢?”继之道:“这个人本来是个骗子出身,姓包,名道守。人家因为他骗术津明,把他的名字读别了,叫他做包到手。后来他骗的发了财了,开了这家店。去年年下的时候,他到上海去,买了一张吕宋彩票[2]回来,被他店里的掌柜、伙计们见了,要分他半张,他也答应了,当即裁下半张来。这半张是五条,那掌柜的要了三条,余下两条,是各小伙计们公派了。当下银票交割清楚。过得几天,电报到了,居然叫他中了头彩,自然是大家欢喜。到上海去取了六万块洋钱回来,他占了三万,掌柜的三条是一万八,其余万二,是众伙计分了。当下这包到手便要那掌柜合些股分在店里,那掌柜不肯。他又叫那些小伙计合股,谁知那些伙计们,一个个都是要搂着洋钱睡觉,看着洋钱吃饭的,没有一个答应。因此他怀了恨了,下了这个毒手。此刻放着那玉佛、花瓶那些东西,还值得三千两。那姓刘的取去了一万九千两,一万九除了三千,还有一万六,他咬定了要店里众人分着赔呢。”

我道:“这个圈套,难为他怎么想得这般周密,叫人家一点儿也看不出来。”继之道:“其实也有一点破绽,不过未曾出事的时候,谁也疑心不到就是了。他店里的后进房子,本是他自己家眷住着的,中了彩票之后,他才搬了出去。多了几个钱,要住舒展些的房子,本来也是人情。但腾出了这后进房子,就应该收拾起来,招呼些外路客帮,或者在那里看贵重货物,这也是题中应有之义呀,为甚么就要租给别人呢?”我说道:“做生意人本来是处处打算盘的,租出几个房钱,岂不是好?并且谁料到他约定一个骗子进来呢?我想那姓刘的要走的时候,把东西还了他也罢了。”继之道:“唔!这还了得!还了他东西,到了明天,那下了定的人,就备齐了银子来交易,没有东西给他,不知怎样索诈呢!何况又是出了笔据给他的。这种骗术,直是妖魔鬼怪都逃不出他的网罗呢。”

说到这里,已经是吃晚饭的时候了。吃过晚饭,继之到上房里去,我便写了两封信,恰好封好了,继之也出来了,当下我就将信交给他。他接过了,说明天就加封寄去。我两个人又闲谈起来。我一心只牵记着那苟观察送客的事,又问起来。继之道:“你这个人好笨!今日吃中饭的时候你问我,我叫你写贾太守的信,这明明是叫你不要问了，你还不会意，要问第二句。其实我那时候未尝不好说，不过那些同桌吃饭的人，虽说是同事，然而都是甚么藩台咧、首府咧、督署幕友咧这班人荐的，知道他们是甚么路数。这件事虽是人人晓得的，然而我犯不着传出去，说我讲制台的丑话。我同你呢，又不知是甚么缘法，很要好的，随便同你谈句天，也是处处要想。教导呢，我是不敢说，不过处处都想提点你，好等你知道些世情。我到底比你痴长几年，出门比你又早。”我道：“这是我日夕感激的。”继之道：“若说感激，你感激不了许多呢。你记得么？你读的四书，一大半是我教的。小时候要看闲书，又不敢叫先生晓得，有不懂的地方，都是来问我。我还记得你读《孟子·动心章》‘不得于言，勿求于心；不得于心，勿求于气’那几句，读了一天不得上口，急的要哭出来了，还是我逐句代你讲解了，你才记得呢。我又不是先生，没有受你的束修，这便怎样呢？”

此时我想起小时候读书，多半是继之教我的。虽说是从先生，然而那先生只知每日教两遍书，记不得只会打，哪里有甚么好教法，若不是继之，我至今还是只字不通呢。此刻他又是这等招呼我，处处提点我。这等人，我今生今世要觅第二个，只怕是难的了。想到这里，心里感激得不知怎样才好，几乎流下泪来。因说道：“这个非但我一个人感激，就是先君、家母，也是感激的了不得的。”此时我把苟观察的事，早已忘了，一心只感激继之，说话之中，声音也咽住了。继之看见忙道：“兄弟且莫说这些话，你听苟观察的故事罢。那苟观察单名一个才字，人家都叫他狗才。”我听到这里，不禁扑嗤一声，笑将出来。继之接着道：“那苟才前两年上了一个条陈给制台，是讲理财的政法。这个条陈与藩台很有碍的，叫藩台知道了，很过不去，因在制台跟前狠狠的说了他些坏话，就此黑了。后来那藩台升任去了，换了此刻这位藩台，因为他上过那个条陈，也不肯招呼他，因此接连两三年没有差使，穷的吃尽当光了。”

我说道：“这句话，只怕大哥说错了。我今天日里看见他送客的时候，莫说穿的是崭新衣服，底下人也四五个，那里至于吃尽当光。吃尽当光，只怕不能够这么样了。”继之笑道：“兄弟，你处世日子浅，那里知道得许多。那旗人是最会摆架子的，任是穷到怎么样，还是要摆着穷架子。有一个笑话，还是我用的底下人告诉我的，我告诉了这个笑话给你听，你就知道了。这底下人我此刻还用着呢，就是那个高升。这高升是京城里的人，我那年进京会试的时候，就用了他。他有一天对我说一件事：说是从前未投着主人的时候，天天早起，到茶馆里去泡一碗茶，坐过半天。京城里小茶馆泡茶，只要两个京钱，合着外省的四文；要是自己带了茶叶去呢，只要一个京钱就够了。有一天，高升到了茶馆里，看见一个旗人进来泡茶，却是自己带的茶叶，打开了纸包，把茶叶尽情放在碗里。那堂上的人道：'茶叶怕少了罢？'那旗人哼了一声道：'你那里懂得！我这个是大西洋红毛法兰西来的上好龙井茶，只要这么三四片就够了，要是多泡了几片，要闹到成年不想喝茶呢。'堂上的人，只好同他泡上了。高升听了，以为奇怪，走过去看看，他那茶碗中间，飘着三四片茶叶，就是平常吃的香片茶。那一碗泡茶的水，莫说没有红色，连黄也不曾黄一黄，竟是一碗白泠泠的开水。高升心中，已是暗暗好笑。

后来又看见他在腰里掏出两个京钱来，买了一个烧饼，在那里撕着吃，细细咀嚼，像很有味的光景。吃了一个多时辰，方才吃完。忽然又伸出一个指头儿，蘸些唾沫，在桌上写字，蘸一口，写一笔。高升心中很以为奇，暗想这个人何以用功到如此，在茶馆里还背临古帖呢？细细留心去看他写甚么字。原来他那里是写字，只因他吃烧饼时，虽然吃的十分小心，那饼上的芝麻，总不免有些掉在桌上，他要拿舌头舐了，拿手扫来吃了，恐怕叫人家看见不好看，失了架子，所以在那里假装着写字蘸来吃。看他写了半天字，桌上的芝麻一颗也没有了。他又忽然在那里出神，像想甚么似的。想了一会，忽然又像醒悟过来似的，把桌子狠狠的一拍，又蘸了唾沫去写字。你道为甚么呢？原来他吃烧饼的时候，有两颗芝麻掉在桌子缝里，任凭他怎样蘸唾沫写字，总写他不到嘴里。所以他故意做成忘记的样子，又故意做成忽然醒悟的样子，把桌子拍一拍，那芝麻自然震了出来，他再做成写字的样子，自然就到了嘴了。"

我听了这话，不觉笑了。说道："这个只怕是有心形容他罢，那里有这等事！"继之道："形容不形容，我可不知道，只是还有下文呢。他烧饼吃完了，字也写完了，又坐了半天，还不肯去。天已晌午了，忽然一个小孩子走进来，对着他道：'爸爸快回去罢，妈要起来了。’那旗人道：‘妈要起来就起来，要我回去做甚么？’那孩子道：‘爸爸穿了妈的裤子出来，妈在那里急着没有裤子穿呢。’那旗人喝道：‘胡说！妈的裤子，不在皮箱子里吗？’说着，丢了一个眼色，要使那孩子快去的光景。那孩子不会意，还在那里说道：‘爸爸只怕忘了，皮箱子早就卖了，那条裤子，是前天当了买米的。妈还叫我说：屋里的米只剩了一把，喂鸡儿也喂不饱的了，叫爸爸快去买半升米来，才够做中饭呢。’那旗人大喝一声道：‘滚你的罢！这里又没有谁给我借钱，要你来装这些穷话做甚么！’那孩子吓的垂下了手，答应了几个‘是’字，倒退了几步，方才出去。

那旗人还自言自语道：‘可恨那些人，天天来给我借钱，我那里有许多钱应酬他，只得装着穷，说两句穷话。这些孩子们听惯了，不管有人没人，开口就说穷话，其实在这茶馆里，那里用得着呢。老实说，咱们吃的是皇上家的粮，那里就穷到这个份儿呢。’说着，立起来要走。那堂上的人，向他要钱。他笑道：‘我叫这孩子气昏了，开水钱也忘了开发。’说罢，伸手在腰里乱掏，掏了半天，连半根钱毛也掏不出来。嘴里说：‘欠着你的，明日还你罢。’那个堂上不肯。争奈他身边认真的半文都没有，任凭你扭着他，他只说明日送来，等一会送来；又说那堂上的人不生眼睛，‘你大爷可是欠人家钱的么？’那堂上说：‘我只要你一个钱开水钱，不管你甚么大爷二爷。你还了一文钱，就认你是好汉；还不出一文钱，任凭你是大爷二爷，也得要留下个东西来做抵押。你要知道我不能为了一文钱，到你府上去收帐。’那旗人急了，只得在身边掏出一块手帕来抵押。那堂上抖开来一看，是一块方方的蓝洋布，上头龌龊的了不得，看上去大约有半年没有下水洗过的了。因冷笑道：‘也罢，你不来取，好歹可以留着擦桌子。’那旗人方得脱身去了。你说这不是旗人摆架子的凭据么？”我听了这一番言语，笑说道：“大哥，你不要只管形容旗人了，告诉了我苟才那桩事罢。”继之不慌不忙说将出来。正是：

尽多怪状供谈笑，尚有奇闻说出来。

要知继之说出甚么情节来，且待下回再记。

注释

[1] 马封：旧时交由驿站寄递的紧要文书的封套。

[2] 吕宋彩票：晚清发行的一种叫“吕宋票”的彩票。

作者简介

吴趼（jiǎn）人（1866—1910），原名宝震，字小允，小字趼人、沃尧，广东佛山人，清代谴责小说家。笔名有茧叟、茧翁、野史氏、岭南将叟、中国少年、我佛山人等，尤以“我佛山人”最为著名，写有大量小说、寓言、杂文等。

名家点评

胡适《再寄陈独秀答钱玄同》：“故鄙意以为吾国第一流小说，古惟《水浒》《西游》《儒林外史》《红楼梦》四部，今人惟李伯元、吴趼人两家，其他皆第二流以下耳。”

22. 天下熙熙皆为利来，天下攘攘皆为利往

——李宝嘉《官场现形记》第一回赏析

导读

面对社会黑暗，你有没有勇气深刻揭露，大声批判？如果因此被恐吓，甚至威胁到生命，你还会不会继续做下去？写《官场现形记》的李宝嘉就未曾被吓退。1894年甲午中日战争爆发，深感内忧外患的李宝嘉，在受到维新变法维新思想影响下，放弃对科举的追求来到上海。在此他创办了中国报刊史上最早的小报——《指南报》。后来又创办《游戏报》，这两份报纸主要刊载官场笑话、民间趣闻，与当时各报风格迥异，一经问世就受到市民喜爱。李宝嘉在报纸上连载《官场现形记》等长篇小说，写的多是真人实事，只是改易姓名而已，甚至引起慈禧太后按名调查，有的官吏因此获咎。

这足以可见此书影响之大，可谓首开近代小说批判社会现实的风气。而李宝嘉借游戏之说、嘲骂之文，对晚清社会的贪官污吏及政治腐败现象加以揭露、讽刺，希望社会现实有所改良、变革。鲁迅在《中国小说史略》一书中曾说，“清末的谴责小说以南亭亭长（李伯元）与我佛山人（吴趼人）名最著”。

其实，李宝嘉的《官场现形记》和吴趼人的《二十年目睹之怪现状》都明显受到《儒林外史》的影响。《儒林外史》以小故事串联整体结构，其中的艺术形象都取材于现实生活，讽刺的矛头对准当时堕落的社会风气和文人的丑行，针砭时弊、发人深省。这些在《官场现形记》中都有所继承。不同之处在于《官场现形记》揭露的是晚清整个官场的黑暗腐朽，不仅限于“儒林派”的官吏。鲁迅评价：“相比这两部小说（《儒林外史》《官场现形记》），尽管各有所长，多有风骨，但从广度和深度看来，还是李伯元冠其首。因为他本身的经历，决定了他充塞爱国情的反骨。”

《官场现形记》从第一回中举捐官的下层士子赵温开始写起，祖孙三代乡下人，中举后赵家请客吃饭请来王乡绅攀上关系，开始官场之路，后来写到佐杂小官钱典史，进而将三十多个相对独立的官场故事连缀起来，形成晚清官场的整体面貌。其中所写官员种类繁多，涉及清政府中上自皇帝、太后、军机、中堂，下至官场中的小人物等100多个大小官吏，作者将他们为了升官发财蝇营狗苟，逢迎、钻营、蒙混、倾轧、极尽卑污苟贱之能事的丑行揭露出来：他们有的侵吞公款，贪赃枉法；有的卖官鬻爵，大发横财；有的冒名得官，寡廉鲜耻；有的崇洋媚外，奴性十足……

《官场现形记》以晚清官场为对象，其中的贪官污吏卑鄙龌龊的行径，不仅仅是“天下熙熙皆为利来，天下攘攘皆为利往”的写照，更暴露了晚清官场的污浊、吏治的败坏、统治集团的腐朽。（景红纬导读）

原文

第一回　望成名学究训顽儿　讲制艺乡绅勖[1]后进

话说陕西同州府朝邑县城南三十里地方，原有一个村庄。这庄内住的，只有赵、方二姓，并无他族。这庄叫小不小，叫大不大，也有二三十户人家，祖上世代务农。到了姓赵的爷爷手里，居然请了先生，教他儿子攻书。到他孙子，忽然得中一名黉门秀士[2]。乡里人眼浅，看见中了秀才，竟是非同小可，合庄的人，都把他推戴起来，姓方的便渐渐的不敌了。姓方的瞧着眼热，有几家该钱的，也就不惜工本，公开一个学堂，又到城里请了一位举人老夫子，下乡来教他们的子弟读书。这举人姓王名仁，因为上了年纪，也就绝意进取，到得乡间，尽心教授。不上几年，居然造就出几个人材，有的也会对个对儿，有的也会诌几句诗，内中有个天分高强的，竟把笔做了“开讲”[3]，把这几个东家喜欢的了不得。到了九月重阳，大家商议着，明年还请这个先生。王仁见馆地蝉联，心中自是欢喜。这个会做开讲的学生，他父亲叫方必开。他家门前，原有两棵合抱大树，分列左右，因此乡下人都叫他为“大树头方家”。这方必开因见儿子有了怎么大的能耐，便说自明年为始，另外送先生四贯铜钱。不在话下。

且说是年正值大比之年，那姓赵的便送孙子去赶大考。考罢回家，天天望榜，自不必说。到了重阳过后，有一天早上，大家方在睡梦之中，忽听得一阵马铃声响，大家被他惊醒。开门看处，只见一群人，簇拥着向西而去。仔细一打听，都说赵相公考中了举人了。此时方必开也随了大众在街上看热闹，得了这个信息，连忙一口气跑到赵家门前探望。只见有一群人，头上戴着红缨帽子，正忙着在那里贴报条呢。

方必开自从儿子读了书，西瓜大的字，也跟着学会了好几担搁在肚里。这时候他一心一意都在这报条上，一头看，一头念道："喜报贵府老爷赵印温，应本科陕西乡试，高中第四十一名举人。报喜人卜连元。"他看了又看，念了又念。正在那里咂嘴弄舌，不提防肩膀上有人拍了他一下，叫了一声"亲家"。方必开吓了一跳，定神一看，不是别人，就是那新中举人赵温的爷爷赵老头儿。原来这方必开，前头因为赵府上中了秀才，他已有心攀附，忙把自己第三个女孩子，托人做媒，许给赵温的兄弟，所以这赵老头儿赶着他叫亲家。他定睛一看，见是太亲翁，也不及登堂入室，便在大门外头，当街爬下，"绷冬绷冬"的磕了三个头。赵老头儿还礼不迭，赶忙扶他起来。

方必开一面撣着自己衣服上的泥，一面说道："你老今后可相信咱的话了？咱从前常说，城里乡绅老爷们的眼力，是再不错的。十年前，城里石牌楼王乡绅下来上坟，是借你这屋里打的尖。王老先生饭后无事，走到书房，可巧一班学生在那里对对儿哩。王老先生一时高兴，便说我也出一个你们对对。刚刚那天下了两点雨，王老先生出的上联就是'下雨'两个字。我想着，你们这位少爷便冲口而出，说是什么'出太阳'。王老先生点了点头儿，说道：'"下雨"两个字，"出太阳"三个字，虽然差了点，总算口气还好，将来这孩子倒或者有点出息。'你老想想看，这可不应了王老先生的话吗？"赵老头儿道："可不是呢。不是你提起，我倒忘记这会子事了。眼前已是九月，大约月底月初，王老先生一定要下来上坟的。亲家那时候把你家的孩子一齐叫了来，等王老先生考考他们。将来望你们令郎，也同我这小孙子一样就好了。"方必开听了这话，心中自是欢喜。又说了半天的话，方才告别回家。

那时候已有午牌过后，家里人摆上饭来，叫他吃也不吃，却是自己一个人，背着手，在书房廊前踱来踱去，嘴里不住的自言自语，什么"捷报贵府少老爷"，什么"报喜人卜连元"。家里人听了都不明白。还亏了这书房里的王先生，他是曾经发达过的人，晓得其中奥妙。听了听，就说："这是报条上的话，他不住的念这个，却是何故？"低头一想："明白了：一定是今天赵家孩子中了举，东家见了眼馋，又勾起那痰迷心窍老毛病来了。"忙叫老三："快把你爸爸搀到房里来坐，别叫他在风地里吹。"这老三便是会做开讲的那孩子，听了这话，忙把父亲扶了进来。谁知他父亲跑进书房，就跪在地当中，朝着先生一连磕了二十四个响头。先生忙忙还礼不迭，连忙一手扶起了方必开，一面嘴里说："东翁，有话好讲，这从那里说起！"

这时候，方必开一句话也说不出来，拿手指指自家的心，又拿手指指他儿子老三，又双手照着王仁拱了一拱。王仁的心上已明白了三、四分了，就拿手指着老三，问道："东翁，你是为了他么？"方必开点点头儿。王仁道："这个容易。"随手拉过一条板凳，让东家坐下。又去拉了老三的手，说道："老三，你知道你爸爸今儿这个样子，是为的谁呀？"老三回："我不知道。"王仁道："为的是你。"老三说："为我什么？"王仁道："你没有听见说，不是你赵家大哥哥，他今儿中了举人么？"老三道："他中他的，与我甚么相干？"王仁道："不是这样讲。虽说人家中举，与你无干，到底你爸爸眼睛里总有点火辣辣的。"老三道："他辣他的，又与我甚么相干？"王仁道："这就是你错了！"老三道："我错甚么？"王仁道："你父亲就是你一个儿子，既然叫你读了书，自然望你巴结上进，将来也同你赵家大哥哥一样，挣个举人回来。"老三道："中了举人有甚么好处呢？"王仁道："中举之后，一路上去，中进士，拉翰林，好处多着哩！"老三道："到底有什么好处？"王仁道："拉了翰林就有官做，做了官就有钱赚，还要坐堂打人；出起门来，开锣喝道。阿唷唷，这些好处，不念书，不中举，那里来呢？"老三孩子虽小，听到"做了官就有钱赚"一句话，口虽不言，心内也有几分活动了，闷了半天不作声。又停了一会子，忽然问道："师傅，你也是举人，为甚么不去中进士做官呢？"

那时候，方必开听了先生教他儿子的一番话，心上一时欢喜，喉咙里的痰也就活动了许多。后来又听见先生说什么做了官就有钱赚，他就"哇"的一声，一大口的粘痰呕了出来。刚刚吐得一半，忽然又见他儿子回驳先生的几句话，驳的先生顿口无言，他的痰也就搁在嘴里头，不往外吐了。直钩钩两只眼睛，瞅着先生，看他拿什么话回答学生。

只见那王仁愣了好半天，脸上红一阵，白一阵，面色很不好看。忽然把眼睛一瞪，吹了吹胡子，一手提起戒尺，指着老三骂道："混帐东西！我今儿一番好意，拿好话教导与你，你倒教训起我来了！问问你爸爸：请了我来，是叫我管你的呢，还是叫你管我的？学生都要管起师傅来，这还了得！这个馆不能处了！一定要辞馆，一定要辞馆！"

这方必开是从来没见先生发过这样大的气，今儿明晓得是他儿子的不是，冲撞了他，惹出来的祸；但是满肚子里的痰，越发涌了上来，要吐吐不出，要说说不出，急的两手乱抓，嘴唇边吐出些白沫来。老三还在那里叽哩咕噜说："是个好些儿的，就去中进士做官给我看，不要在我们家里混闲饭吃。"王仁听了这话，更是火上加油，拿着板子赶过来打。老三又哭又跳，闹的越发大了。还是老三的叔叔听见不像样，赶了进来，拍了老三两下，又朝着先生作了几个揖，赔了许多话，把哥子搀了出来才完的事。按下不表。

且说赵老头儿自从孙子中举，得意非凡。当下就有报房里人，三五成群，住在他家，镇日价大鱼大肉的供给，就是鸦片烟也是赵家的。赵老头儿就把一向来往的乡、姻、世、族谊，开了横单交给报房[4]里人，叫他填写报条，一家家去送。又忙着看日子祭宗祠，到城里雇的厨子，说要整猪整羊上供，还要炮手、乐工、礼生。又忙着检日子请喜酒，一应乡、姻、世、族谊，都要请到。还说如今孙子中了孝廉，从此以后，又多几个同年人家走动了。又忙着叫木匠做好六根旗杆：自家门前两根，坟上两根，祠堂两根。又忙着做好一块匾，要想求位翰林老先生题"孝廉第"三个字。想来想去，城里头没有这位阔亲戚可以求得的，只有坟邻王乡绅，春秋二季下乡扫墓，曾经见过几面。因此渊源，就送去了一分厚礼，央告他写了三个字，连夜叫漆匠做好，挂在门前，好不荣耀。又忙着替孙子做了一套及时应令的棉袍褂，预备开贺的那一天好穿了陪客。赵老头儿祖孙三代究竟都是乡下人，见识有限，那里能够照顾这许多，全亏他亲家，把他西宾王孝廉请了过来一同帮忙，才能这般有条不紊。

当下，又备了一副大红金帖，上写着："谨择十月初三日，因小孙秋闱侥幸，敬治薄酒，恭候台光。"下写："赵大礼率男百寿暨孙温载拜。"外面红封套签条居中写着"王大人"三个字，下面注着"城里石碑楼进士第"八个小字。大家知道，请的就是那王乡绅了。另外又烦王孝廉写一封四六信，无非是仰慕他，记挂他，届期务必求他赏光的一派话。赵老头儿又叫在后面加注一笔，说赶初一先打发孩子赶驴上城，等初二就好骑了下来，这里打扫了两间庄房，好请他多住几天。帖子送去，王乡绅答应说来。赵老头儿不胜之喜。

有事便长，无话便短。看看日子，一天近似一天，赵家一门大小，日夜忙碌，早已弄得筋疲力尽，人仰马翻。到了初三黑早，赵老头儿从炕上爬起，唤醒了老伴并一家人起来，打火烧水洗脸，换衣裳，吃早饭。诸事停当，已有辰牌时分，赶着先到祠堂里上祭。当下都让这中举的赵温走在头里，屁股后头才是他爷爷，他爸爸，他叔子，他兄弟，跟了一大串。

走进了祠堂门，有几个本家，都迎了出来。只有一个老汉，嘴上挂着两撇胡子，手里拿着一根长旱烟袋，坐在那里不动。赵温一见，认得他是族长，赶忙走过来叫了一声"大公公"。那老汉点点头儿，拿眼把他上下估量了一回，单让他一个坐下，同他讲道："大相公，恭喜你，现在做了皇帝家人了！不知道我们祖先积了些甚么阴功，今日都应在你一人身上。听见老一辈子的讲，要中一个举，是很不容易呢：进去考的时候，祖宗三代都跟了进去，站在龙门老等，帮着你抗考篮。不然，那一百多斤的东西，怎么拿得动呢？还说是文昌老爷是阴间里的主考。等到放榜的那一天，文昌老爷穿戴着纱帽圆领，坐在上面，底下围着多少判官，在那里写榜。阴间里中的是谁，阳间里的榜上也就中谁，那是一点不会错的。到这时候，那些中举的祖宗三代，又要到阴间里看榜，又要到玉皇大帝跟前谢恩，总要三四夜不能睡觉哩。大相公，这些祖先熬到今天受你的供，真真是不容易呢！"

爷儿两个正在屋里讲话，忽然外面一片人声吵闹。问是甚么事情，只见赵温的爷爷满头是汗，正在那里跺着脚骂厨子，说："他们到如今还不来！这些王八崽子，不吃好草料的！停会子告诉王乡绅，一定送他们到衙门里去！"嘴里骂着，手里拿着一顶大帽子，借他当扇子扇，摇来摇去，气得眼睛都发了红了。

正说着，只见厨子挑了碗盏家伙进来，大家拿他抱怨。厨子回说："我的爷！从早晨到如今，饿着肚皮走了三十多里路，为的那一项？半个老钱没有瞧见，倒说先把咱往衙门里送。城里的大官大府，翰林、尚书，咱伺候过多少，没瞧过他这囚攮的暴发户，在咱面上混充老爷！开口王乡绅，闭口王乡绅，像他这样的老爷，只怕替王乡绅捡鞋还不要他哩！"一面骂，一面把炒菜的杓子往地下一掼，说："咱老子不做啦，等他送罢！"

这里大家见厨子动了气，不做菜，祠堂祭不成，大家坍台。又亏了赵温的叔叔走过来，左说好话，右说好话，好容易把厨子骗住了，一样一样的做现成了，端了去摆供。当下合族公推新孝廉主祭，族长陪祭，大众跟着磕头。虽有赞礼先生旁边吆喝着，无奈他们都是乡下人，不懂得这样的规矩，也有先作揖后磕头的，也有磕起头来再作一个揖的。礼生见他们参差不齐，也只好由着他们敷衍了事。一时祭罢祠堂，回到自己屋里，便是一起一起的人来客往，算起来还是穿草鞋的多。送的分子，倒也络续不断：顶多的一百铜钱，其余二十、三十也有，再少却亦没有了。

看看日头向西，人报王乡绅下来了。赵老头儿祖孙三代，早已等得心焦；吃喜酒的人，都要等着王乡绅来到方才开席，大家饿了肚皮，亦正等的不耐烦。忽然听说来了，赛如天上掉下来的一般，大家迎了出来。

原来这王乡绅坐的是轿车，还没有走到门前，赵温的爸爸抢上一步，把牲口拢住，带至门前。王乡绅下车，爷儿三个连忙打恭作揖，如同捧凤凰似的捧了进来，在上首第一位坐下。这里请的陪客，只有王孝廉宾东两个。王孝廉同王乡绅叙起来还是本家，王孝廉比王乡绅小一辈，因此他二人以叔侄相称。他东家方必开因为赵老头儿说过，今日有心要叫王乡绅考考他儿子老三的才情，所以也戴了红帽子、白顶子，穿着天青外褂，装做斯斯文文的样子，陪在下面。但是，脚底下却没有着靴，只穿得一双绿梁的青布鞋罢了。

王乡绅坐定，尚未开谈，先喊了一声“来”！只见一个戴红缨帽子的二爷，答应了一声“者”！王乡绅就说：“我们带来的点小意思，交代了没有?”二爷未及回话，赵老头儿手里早拿着一个小红封套儿，朝着王乡绅说：“又要你老破费了，这是断断不敢当的!”王乡绅那里肯依。赵老头儿无奈，只得收下，叫孙子过来叩谢王公公。当下吃过一开茶，就叫开席。王乡绅一席居中，两旁虽有几席，都是穿草鞋，穿短打的一班人，还有些上不得台盘的，都在天井里等着吃。这里送酒安席，一应规矩，赵老头儿全然不懂，一概托了王孝廉替他代作主人。当下，王乡绅居中面南，王孝廉面西，方必开面东，他祖孙两个坐在底下作陪。

一时酒罢三巡，菜上五道。王乡绅叔侄两个讲到今年那省主考放的某人，中出来的“闱墨”[5]，一定是清真雅正，出色当行。又讲到今科本县所中的几位新孝廉，一个个都是揣摩功深，未曾出榜之前，早决他们是一定要发达的，果然不出所料：足见文章有价，名下无虚。两人讲到得意之际，不知不觉的多饮了几杯。原来这王乡绅也是两榜进士出身，做过一任监察御史，后因年老告病回家，就在本县书院掌教。现在满桌的人，除王孝廉之外，便没有第二个可以谈得来的。赵温虽说新中举，无奈他是少年新进，王乡绅还不将他放在眼里。至于他爷爷及方必开两个，到了此时，都变成“锯了嘴的葫芦”，只有执壶斟酒，举箸让菜，并无可以插得嘴的地方，所以也只好默默无言。

王乡绅饮至半酣，文思泉涌，议论风生，不禁大声向王孝廉说道：“老侄，你估量着这‘制艺’[6]一道，还有多少年的气运?”王孝廉一听这话，心中不解，一句也答不上来，筷子上夹了一个肉圆，也不往嘴里送，只是睁着两只眼睛，望着王乡绅。

王乡绅便把头点了两点，说道：“这事说起来话长。国朝诸大家，是不用说了，单就我们陕西而论：一位路润生先生，他造就的人才也就不少。前头入阁拜相的阎老先生，同那做刑部大堂的他们那位贵族，那一个不是从小读着路先生制艺，到后来才有这们大的经济[7]!”一面说，一手指着赵家祖孙，嘴里又说道：“就以区区而论：记得那一年，我才十七岁，才学着开笔做文章，从的是史步通史老先生。这位史先生虽说是个老贡生，下过十三场没有中举，一部《仁在堂文稿》，他却是滚瓜烂熟记在肚里。我还记得，我一开手，他叫我读的就是‘制艺引全’，是引人入门的法子，一天只教我读半篇。因我记性不好，先生就把这篇文章裁了下来，用浆子糊在桌上，叫我低着头念，偏偏念死念不熟。为这上头，也不知捱了多少打，罚了多少跪，到如今才挣得这两榜进士。唉！虽然吃了多少苦，也还不算冤枉。”王孝廉接口道：“这才合了俗语说的一句话，叫做：‘吃得苦中苦，方为人上人。’别的不讲，单是方才这几句话，不是你老人家一番阅历，也不能说得如此亲切有味。”

王乡绅一听此言，不禁眉飞色舞，拿手向王孝廉身上一拍，说道：“对了。老侄，你能够说出这句话来，你的文章也着实有工夫了。现在我虽不求仕进，你也无意功名。你在乡下授徒，我在城中掌教，一样是替路先生宏宣教育，替我圣朝培养人才。这里头消长盈虚，关系甚重。老侄你自己不要看轻，这个重担，却在我叔侄两人身上，将来维持世运，历劫不磨。赵世兄他目前虽说是新中举，总是我们斯文一脉，将来昌明圣教，继往开来，舍我其谁？当仁不让。小子勉乎哉，小子勉乎哉！”说到这里，不觉闭着眼睛，颠头播脑起来。

赵温听了此言，不禁肃然起敬。他爷爷同方必开，起先尚懂得一二，知道他们讲的无非文章。后来，王乡绅满嘴掉文，又做出许多痴像，笑又不敢笑，说又没得说。正在疑惑之际，不提防外头一片声嚷，吵闹起来。仔细一问，原来是王乡绅的二爷，因为他主人送了二分银子的贺礼，赵温的爸爸开销他三个铜钱的脚钱，他在那里嫌少，争着要添。赵温的爸爸说：“你主人止送了二分银子，换起来不到三十个钱。现在我给你三个铜钱，已经是格外的了。”二爷说：“脚钱不添，大远的奔来了，饭总要吃一碗。”赵温的爸爸不给他吃，他一定吵着要吃，自己又跑到厨房抢面吃，厨子不答应，因此争吵起来，一直闹到堂屋里。王乡绅站起来骂：“王八蛋！没有王法的东西！”当下，还亏了王孝廉出来，做好做歹，自己掏腰摸出两个铜钱给他买烧饼吃，方才无话。

坐定之后，王乡绅还在那里生气，嘴里说：“回去一定拿片子送到衙门里，打这王八羔子几百板子，戒戒他二次才好！”究竟赵老头儿是个心慈面软的人，听了这话，连忙替他求情，说：“受了官刑的人，就是死了做了鬼，是一辈子不会超生的，这不毁了他吗？你老那里不阴功积德，回来教训他几句，戒戒他下回罢了。”王乡绅听了不作声。

方必开忽然想起赵老头儿的话，要叫王乡绅考考他儿子的才情，就起身离座去找老三。叫唤了半天，前前后后，那里有老三的影子？后来找到厨房里，才见老三伸着油晃晃的两只手，在那里啃骨头。一见他老子来到，就拿油手往簇新的衣服上乱擦乱抹。他老子又恨儿子不长进，又是可惜衣服，急的眼睛里冒火。当下忍着气，不说别的，先拿过一条沾布，替儿子擦手，说要同他前面去见王乡绅。老三是个上不得台盘的人，任凭他老子说得如何天花乱坠，他总是不肯去。他老子一时恨不过，狠狠的打了他一下耳刮子，他“哇”的一声哭了，大家忙过来劝住。他老子见是如此，也只好罢手。

这里王乡绅又吃过几样菜，起身告辞。赵老头儿又托王孝廉替他说：“孙子年纪小，不曾出过门，王府上可有使唤不着的管家，请赏荐一位，好跟着孙子明年上京会试。”王乡绅也应允了。方才大家送出大门，上车而去。欲知后事如何，且听下回分解。

注释

[1] 勖（xù）：勉励。

[2] 黉门秀士：黉门，学宫；秀士，即秀才。

[3] “开讲”：指八股文中的第三段，为初学写八股文的人所为。

[4] 报房：向新考取的举人、进士报喜的人为报人；由报人组合的叫报房。

[5] 闱墨：新中举人、进士的在考试时写的文章。

[6] 制艺：指八股文。

[7] 经济：经邦济世、治理国家。

作者简介

李宝嘉（1867—1906），字伯元，别号南亭亭长，江苏武进人，晚清著名作家。在维新思潮的推动下，他意识到“欲唤起民众，促使全国上下觉悟到中国将被瓜分之祸”，报刊是一种“发聩振聋、行之有效”的宣传利器。于是独立创办《游戏报》《世界繁华报》，连载《官场现形记》等长篇小说。

名家点评

鲁迅《中国小说史略》：“凡所叙述，皆迎合、钻营、朦混、罗掘、倾轧等故事，兼及士人之热心于作吏，及官吏闺中之隐情。头绪既繁，脚色复夥，其记事遂率与一人俱起，亦即与其人俱讫。若断若续，与《儒林外史》略同。然臆说颇多，难云实录，无自序所谓‘含蓄蕴酿’之实，殊不足望文木老人后尘。况所搜罗，又仅‘话柄’，联缀此等，以成类书；官场伎俩，本小异大同，汇为长编，即千篇一律。”

23. 光怪陆离乃是真实写照

——李汝珍《镜花缘》第十一回赏析

导读

《镜花缘》是清代小说家李汝珍花了几十年心血才完成的作品。书中旁征博引，学问涉及琴、棋、书、画、医卜、星相、灯谜等各个方面，是一部带有浓厚神话色彩，充满浪漫幻想的中国古典长篇小说。

小说共100回，前50回描写了唐敖、林之洋、多九公等人乘船在海外游历各国以及唐小山寻找父亲的故事。他们经过30多个国家，见识了各种奇风异俗、奇人异事、野草仙花、野鸟怪兽，光怪陆离，比如在女儿国里林之洋被选为女王的王妃，穿耳缠足；在无肠国里人们没有心肝胆肺，全是贪婪刻薄之辈；在大人国里人们脚下有云彩，好人脚下是彩云，坏人脚下则是黑云，大官因脚下的云见不得人，所以用红绫遮住等。后50回写了武则天科举选才女，唐小山是由百花仙子托生的，她和其他各花仙子托生的一百位才女考中，并在朝中有所作为，着重表现了众女子的才华。

虽然小说后半部分偏重于知识的炫耀，“论学说艺，数典谈经。连篇累牍而不能自已”（鲁迅《中国小说史略》），但整体而言，其神幻诙谐的创作手法和新奇的想象，批判了社会陋习，体现作者同情妇女、尊重妇女地位的民主思想。作者用内外对照的手法揭露了假斯文的装腔作势，讽刺了金玉其外、败絮其中的冒牌儒生的丑态，表达了对封建社会黑暗现象和种种恶俗的不满。

《镜花缘》第十一回是作者借想象中的君子国，表现他的社会、国家理想。内容讲到唐敖游历海外到“君子国”，这是一个“好让不争”的礼乐之邦。还未到时，唐敖便已知君子国的风气。走向城门，只见“惟善为宝”四个大字，国主有严谕，臣民如将珠宝进献，除了烧毁本物之外，还要被问典刑。这里的宰相也十分谦恭和蔼，平易近人，完全没有仕途习气，让人感觉可亲可敬。这里的人民互谦互让，无论富贵贫贱，举止言谈都恭顺有礼，耕者让畔，行者让路。买主力争付高价，取次等货，卖主力争少要钱，卖上等货，彼此争论不相上下。借与现实社会截然相反的场景，以此来嘲讽专横跋扈、贪赃枉法的封建官场，尔虞我诈、苞苴公行的现实社会和品质恶劣、行为不端的人。

《镜花缘》继承了《山海经》中的神话形象，通过夸张、比喻等手法，经过作者的再创造，为我们描绘了一个光怪陆离但反映现实的镜像。（景红纬导读）

原文

第十一回　观雅化闲游君子邦　慕仁风误入良臣府

话说唐、多二人把匾看了，随即进城。只见人烟辏[1]集，作买作卖，接连不断。衣冠言谈，都与天朝一样。唐敖见言语可通，因向一位老翁问其何以“好让不争”之故。谁知老翁听了，一毫不懂。又问国以“君子”为名是何缘故，老翁也回不知。一连问了几个，都是如此。多九公道：“据老夫看来：他这国名以及‘好让不争’四字，大约都是邻邦替他取的，所以他们都回不知。刚才我们一路看来，那些‘耕者让畔，行者让路’光景，已是不争之意。而且士庶人等，无论富贵贫贱，举止言谈，莫不恭而有礼，也不愧‘君子’二字。”唐敖道：“话虽如此，仍须慢慢观玩，方能得其详细。”

说话间，来到闹市。只见有一隶卒在那里买物，手中拿着货物道：“老兄如此高货，却讨恁般贱价，教小弟买去，如何能安！务求将价加增，方好遵教。若再过谦，那是有意不肯赏光交易了。”唐敖听了，因暗暗说道：“九公：凡买物，只有卖者讨价，买者还价。今卖者虽讨过价，那买者并不还价，却要添价。此等言谈，倒也罕闻。据此看来，那‘好让不争’四字，竟有几分意思了。”只听卖货人答道：“既承照顾，敢不仰体！但适才妄讨大价，已觉厚颜；不意老兄反说货高价贱，岂不更教小弟惭愧？况敝货并非‘言无二价’，其中颇有虚头。俗云：‘漫天要价，就地还钱。’今老兄不但不减，反要加增，如此克己，只好请到别家交易，小弟实难遵命。”唐敖道：“‘漫天要价，就地还钱’，原是买物之人向来俗谈；至‘并非言无二价，其中颇有虚头’，亦是买者之话。不意今皆出于卖者之口，倒也有趣。”只听隶卒又说道：“老兄以高货讨贱价，反说小弟克己，岂不失了‘忠恕之道’？凡事总要彼此无欺，方为公允。试问那个腹中无算盘，小弟又安能受人之愚哩。”谈之许久，卖货人执意不增。隶卒赌气，照数付价，拿了一半货物。刚要举步，卖货人那里肯依，只说“价多货少”，拦住不放。路旁走过两个老翁，作好作歹，从公评定，令隶卒照价拿了八折货物，这才交易而去。唐、多二人不觉暗暗点头。

走未数步，市中有个小军，也在那里买物。小军道：“刚才请教贵价若干，老兄执意吝教，命我酌量付给。及至尊命付价，老兄又怪过多。其实小弟所付业已刻减。若说过多，不独太偏，竟是‘违心之论’了。”卖货人道：“小弟不敢言价，听兄自讨者，因敝货既欠新鲜，而且平常，不如别家之美。若论价值，只照老兄所付减半，已属过分，何敢谬领大价。”唐敖道：“‘货色平常’，原是买者之话；‘付价刻减’，本系卖者之话：那知此处却句句相反，另是一种风气。”只听小军又道：“老兄说那里话来！小弟于买卖虽系外行，至货之好丑，安有不知。以丑为好，亦愚不至此。第以高货只取半价，不但欺人过甚，亦失公平交易之道了。”卖货人道：“老兄如真心照顾，只照前价减半，最为公平。若说价少，小弟也不敢辩，惟有请向别处再把价钱谈谈，才知我家并非相欺哩。”小军说之至再，见他执意不卖，只得照前减半付价，将货略略选择，拿了就走。卖货人忙拦住道：“老兄为何只将下等货物选去？难道留下好的给小弟自用么？我看老兄如此讨巧，就是走遍天下，也难交易成功的。”小军发急道：“小弟因老兄定要减价，只得委曲从命，略将次等货物拿去，于心庶可稍安。不意老兄又要责备。且小弟所买之物，必须次等，方能合用；至于上等，虽承美意，其实倒不适用了。”卖货人道：“老兄既要低货方能合用，这也不妨。但低货自有低价，何能付大价而买丑货呢？”小军听了，也不答言，拿了货物，只管要走。那过路人看见，都说小军欺人不公。小军难违众论，只得将上等货物、下等货物，各携一半而去。

二人看罢，又朝前进，只见那边又有一个农人买物。原来物已买妥，将银付过，携了货物要去。那卖货的接过银子仔细一看，用戥秤了一秤，连忙上前道："老兄慢走。银子平水都错了。此地向来买卖都是大市中等银色，今老兄既将上等银子付我，自应将色扣去。刚才小弟秤了一秤，不但银水未扣，而且戥头过高。此等平色小事，老兄有余之家，原不在此；但小弟受之无因。请照例扣去。"农人道："些须银色小事，何必锱铢较量。既有多余，容小弟他日奉买宝货，再来扣除，也是一样。"说罢，又要走。卖货人拦住道："这如何使得！去岁有位老兄照顾小弟，也将多余银子存在我处，曾言后来买货再算。谁知至今不见。各处寻他，无从归还。岂非欠了来生债么？今老兄又要如此。倘一去不来，到了来生，小弟变驴变马归还先前那位老兄，业已尽够一忙，那里还有工夫再还老兄。岂非下一世又要变驴变马归结老兄？据小弟愚见：与其日后买物再算，何不就在今日？况多余若干，日子久了，倒恐难记。"彼此推让许久，农人只得将货拿了两样，作抵此银而去。卖货人仍口口声声只说"银多货少，过于偏枯"。奈农人业已去远，无可如何。忽见有个乞丐走过，卖货人自言自语道："这个花子只怕就是讨人便宜的后身，所以今生有这报应。"一面说着，即将多余平色，用戥秤出，尽付乞丐而去。

唐敖道："如此看来，这几个交易光景，岂非'好让不争'一幅行乐图么？我们还打听甚么！且到前面再去畅游。如此美地，领略领略风景，广广识见，也是好的。"

只见路旁走过两个老者，都是鹤发童颜，满面春风，举止大雅。唐敖看罢，知非下等之人，忙侍立一旁。四人登时拱手见礼，问了名姓。原来这两个老者都姓吴，乃同胞弟兄。一名吴之和，一名吴之祥。唐敖道："不意二位老丈都是泰伯之后，失敬，失敬！"吴之和道："请教二位贵乡何处？来此有何贵干？"多九公将乡贯来意说了。吴之祥躬身道："原来贵邦天朝！小子向闻天朝乃圣人之国，二位大贤荣列胶庠，为天朝清贵，今得幸遇，尤其难得。第不知驾到，有失迎迓，尚求海涵！"唐、多二人连道："岂敢！……"吴之和道："二位大贤由天朝至此，小子谊属地主，意欲略展杯茗之敬，少叙片时，不知可肯枉驾？如蒙赏光，寒舍就在咫尺，敢劳玉趾一行。"二人听了，甚觉欣然，于是随着吴氏弟兄一路行来。不多时，到了门前。只见两扇柴扉，周围篱墙，上面盘着许多青藤薜荔；门前一道池塘，塘内俱是菱莲。进了柴扉，让至一间敞厅，四人重复行礼让坐。厅中悬着国正赐的小额，写着“渭川别墅”。再向厅外一看，四面都是翠竹，把这敞厅团团围住，甚觉清雅。小童献茶。唐敖问起吴氏昆仲事业，原来都是闲散进士。多九公忖道：“他两个既非公卿大宦，为何国王却替他题额？看来此人也就不凡了。”唐敖道：“小弟才同敝友瞻仰贵处风景，果然名不虚传，真不愧‘君子’二字！”吴之和躬身道：“敝乡僻处海隅，略有知识，莫非天朝文章教化所致，得能不致陨越，已属草野之幸，何敢遽[2]当‘君子’二字。至于天朝乃圣人之邦，自古圣圣相传，礼乐教化，久为八荒景仰，无须小子再为称颂。但贵处向有数事，愚弟兄草野固陋，似多未解。今日虽得二位大贤到此。意欲请示，不知可肯赐教？”唐敖道：“老丈所问，还是国家之事，还是我们世俗之事？”吴之和道：“如今天朝圣人在位，政治纯美，中外久被其泽，所谓‘巍巍荡荡，惟天为大，惟天朝则之’。国家之事，小子僻处海滨，毫无知识，不惟不敢言，亦无可言。今日所问，却是世俗之事。”唐敖道：“既如此，请道其详。倘有所知，无不尽言。”吴之和听罢，随即说出一番话来。

未知如何，下回分解。

注释

[1] 辏（còu）：聚集。

[2] 遽（jù）：立即。

作者简介

李汝珍（约1763—约1830），字松石，号松石道人，直隶大兴（今属北京市）人，清代小说家、文学家。人称北平子，博学多才，精通文学、音韵、围棋等。最大成就是写成古典名著《镜花缘》。此书是他采拾地方风物、乡土俚语及古迹史乘，“消磨三十多年层层心血”而写成的。

名家点评

（清）许乔林《镜花缘序》："枕经葄史，子秀集华；兼贯九流，旁涉百戏；聪明绝世，异境天开。即饮程乡千里之酒，而手此一编，定能驱遣睡魔，虽包孝肃笑比河清，读之必当喷饭。综其体要，语近滑稽，而意主劝善，而津逮渊富，足裨见闻。"

张中行《负暄絮语》："《镜花缘》在说部中，为晚近之作，文笔视《红楼》《水浒》，良有不逮，然而诙谐间作，谈言微中，独具察世只眼，似较他书为胜。其言女学女科，隐然有男女平权之意味。"

24. 卫道士的虚伪与孱弱

——鲁迅《肥皂》赏析

导读

现实主义作家的深刻之处在于往往用犀利的笔触，引领读者穿越表象的迷雾，撕破表象的面具，了解表象背后的本质。《肥皂》创作于20世纪初新旧思想更迭、复古潮流涌动的年代，作者借由“肥皂”事件掀起的一场风波，塑造了一个披着道学外衣的封建旧知识分子形象，批判了封建复古派打着忠孝仁义的名号，实则顽固保守、孱弱虚伪的行径。

作品中的四铭是封建复古潮流中的代表人物。他用“庭训”维持家庭的秩序和运转，要求妻子糊纸锭，儿子在晨昏之交练八卦拳、学孝女。一旦有所违背，便用大声责骂和努力瞪大的眼睛，树立和维护自己在家庭中的地位和权威。他批判社会上的新事物，攻击新学堂，反对女孩子念书剪发，认为鼓吹自由解放只是胡闹，学生的反封建爱国行为是“搅乱天下”，“应该很严的办一办”。他和何道统、卜薇园一起，主张用“崇祀孟母”，挽救日益颓下的世风。四铭满口仁孝道德，俨然一副儒家礼教捍卫者的面孔。

但是，一块肥皂撕破了四铭道学家的面纱，揭示了其封建复古思想的本质。四铭在大街上见到一个十八九岁的讨饭女孩，但凡讨到一点，都会献给她的祖母吃。信奉传统礼教的四铭对此非常欣赏，认为讨饭女孩是一位孝女。但是，随着四铭对事件的讲述，我们很快发现这种欣赏变了质。他反复讲述围观者中的两个光棍的对话“买两块肥皂来，咯支咯支遍身洗一洗”，并在这句话潜意识的驱使下，去广润祥精心挑选了块葵绿色纸包的肥皂，送给太太。反复讲述和买肥皂的行为，其实预示着四铭对事件的关注，从伦理道德层面聚焦到了女性的身体。但是，四铭对自己的行为及潜意识并不自知。作者安排了两个情节片段进行了揭示。一是与其生活多年的妻子坦率而泼辣地戳穿了他伪道学的面孔："你是特诚买给孝女的，你咯支咯支的去洗去。"此外便是何道统、卜薇园的到访，被妻子戳穿陷入尴尬处境的四铭，仍然抑制不住自己的潜意识，再次讲述了肥皂事件，立刻引起众人嬉笑，何道统更是响亮地大笑，反复重复"两块肥皂""咯支咯支"。更耐人寻味的是，当四铭内心真实的想法被戳穿时，他对妻子辩解"胡说""什么话"，他对道统愤怒地喝叫"你不要这样嚷"，这些紧张、尴尬、辩解和求饶，仅是欲盖弥彰的遮掩，不仅毫无说服人的力量，反而进一步暴露了四铭的丑态。

小说截取日常生活中的横断面，选取最具典型性的事件，提炼最具象征意义的物象"肥皂"，运用弗洛伊德有关潜意识的理论，触及民族心理和传统文化的深层结构，探索四铭内心世界最丰富复杂的矛盾冲突，揭示了其内心欲望与其外在行为之间的矛盾，即满口仁义道德，实则满肚子男盗女娼。四铭作为封建礼教的卫道者形象昭然若揭。（倪雪坤导读）

原文

肥　皂

四铭太太正在斜日光中背着北窗和她八岁的女儿秀儿糊纸锭，忽听得又重又缓的布鞋底声响，知道四铭进来了，并不去看他，只是糊纸锭。但那鞋底声却愈响愈逼近，觉得终于停在她的身边了，于是不免转过眼去看，只见四铭就在她面前耸肩曲背的狠命掏着布马挂底下的袍子的大襟后面的口袋。

他好容易曲曲折折的汇出手来，手里就有一个小小的长方包，葵绿色的，一径递给四太太。她刚接到手，就闻到一阵似橄榄非橄榄的说不清的香味，还看见葵绿色的纸包上有一个金光灿烂的印子和许多细簇簇的花纹。秀儿即刻跳过来要抢着看，四太太赶忙推开她。

"上了街？……"她一面看，一面问。

"唔唔。"他看着她手里的纸包，说。

于是这葵绿色的纸包被打开了，里面还有一层很薄的纸，也是葵绿色，揭开薄纸，才露出那东西的本身来，光滑坚致，也是葵绿色，上面还有细簇簇的花纹，而薄纸原来却是米色的，似橄榄非橄榄的说不清的香味也来得更浓了。

“唉唉，这实在是好肥皂。”她捧孩子似的将那葵绿色的东西送到鼻子下面去，嗅着说。

“唔唔，你以后就用这个……。”

她看见他嘴里这么说，眼光却射在她的脖子上，便觉得颧骨以下的脸上似乎有些热。她有时自己偶然摸到脖子上，尤其是耳朵后，指面上总感着些粗糙，本来早就知道是积年的老泥，但向来倒也并不很介意。现在在他的注视之下，对着这葵绿异香的洋肥皂，可不禁脸上有些发热了，而且这热又不绝的蔓延开去，即刻一径到耳根。她于是就决定晚饭后要用这肥皂来拼命的洗一洗。

“有些地方，本来单用皂荚子[1]是洗不干净的。”她自对自的说。

“妈，这给我！”秀儿伸手来抢葵绿纸；在外面玩耍的小女儿招儿也跑到了。四太太赶忙推开她们，裹好薄纸，又照旧包上葵绿纸，欠过身去搁在洗脸台上最高的一层格子上，看一看，翻身仍然糊纸锭。

“学程！”四铭记起了一件事似的，忽而拖长了声音叫，就在她对面的一把高背椅子上坐下了。

“学程！”她也帮着叫。

她停下糊纸锭，侧耳一听，什么响应也没有，又见他仰着头焦急的等着，不禁很有些抱歉了，便尽力提高了喉咙，尖利的叫：

“绘儿呀！”这一叫确乎有效，就听到皮鞋声橐橐的近来，不一会，绘儿已站在她面前了，只穿短衣，肥胖的圆脸上亮晶晶的流着油汗。

“你在做什么？怎么爹叫也不听见？”她谴责的说。“我刚在练八卦拳[2]……。”他立即转身向了四铭，笔挺的站着，看着他，意思是问他什么事。

“学程，我就要问你：‘恶毒妇’是什么？”

"'恶毒妇'？……那是，'很凶的女人'罢？……"

"胡说！胡闹！"四铭忽而怒得可观。"我是'女人'么!？"

学程吓得倒退了两步，站得更挺了。他虽然有时觉得他走路很像上台的老生，却从没有将他当作女人看待，他知道自己答的很错了。

"'恶毒妇'是'很凶的女人'，我倒不懂，得来请教你？——这不是中国话，是鬼子话，我对你说。这是什么意思，你懂么？"

"我，……我不懂。"学程更加局促起来。

"吓，我白化钱送你进学堂，连这一点也不懂。亏煞你的学堂还夸什么'口耳并重'，倒教得什么也没有。说这鬼话的人至多不过十四五岁，比你还小些呢，已经叽叽咕咕的能说了，你却连意思也说不出，还有这脸说'我不懂'！——现在就给我去查出来！"

学程在喉咙底里答应了一声"是"，恭恭敬敬的退出去了。

"这真叫作不成样子，"过了一会，四铭又慷慨的说，"现在的学生是。其实，在光绪年间，我就是最提倡开学堂的，可万料不到学堂的流弊竟至于如此之大：什么解放咧，自由咧，没有实学，只会胡闹。学程呢，为他化了的钱也不少了，都白化。好容易给他进了中西折中的学堂，英文又专是'口耳并重'的，你以为这该好了罢，哼，可是读了一年，连'恶毒妇'也不懂，大约仍然是念死书。吓，什么学堂，造就了些什么？我简直说：应该统统关掉！"

"对咧，真不如统统关掉的好。"四太太糊着纸锭，同情的说。

"秀儿她们也不必进什么学堂了。'女孩子，念什么书？'九公公先前这样说，反对女学的时候，我还攻击他呢；可是现在看起来，究竟是老年人的话对。你想，女人一阵一阵的在街上走，已经很不雅观的了，她们却还要剪头发。我最恨的就是那些剪了头发的女学生，我简直说，军人土匪倒还情有可原，搅乱天下的就是她们，应该很严的办一办……。"

"对咧，男人都像了和尚还不够，女人又来学尼姑了。"

“学程！”

学程正捧着一本小而且厚的金边书快步进来，便呈给四铭，指着一处说：

“这倒有点像。这个……。”

四铭接来看时，知道是字典，但文字非常小，又是横行的。他眉头一皱，擎向窗口，细着眼睛，就学程所指的一行念过去：

“‘第十八世纪创立之共济讲社[3]之称’。——唔，不对。——这声音是怎么念的？”他指着前面的“鬼子”字，问。

“恶特拂罗斯（Odd fellows）。”

“不对，不对，不是这个。”四铭又忽而愤怒起来了。“我对你说：那是一句坏话，骂人的话，骂我这样的人的。懂了么？查去！”

学程看了他几眼，没有动。

“这是什么闷胡卢，没头没脑的？你也先得说说清，教他好用心的查去。”她看见学程为难，觉得可怜，便排解而且不满似的说。

“就是我在大街上广润祥买肥皂的时候。”四铭呼出了一口气，向她转过脸去，说。“店里又有三个学生在那里买东西。我呢，从他们看起来，自然也怕太噜苏一点了罢。我一气看了六七样，都要四角多，没有买；看一角一块的，又太坏，没有什么香。我想，不如中通的好，便挑定了那绿的一块，两角四分。伙计本来是势利鬼，眼睛生在额角上的，早就撅着狗嘴的了；可恨那学生这坏小子又都挤眉弄眼的说着鬼话笑。后来，我要打开来看一看才付钱：洋纸包着，怎么断得定货色的好坏呢。谁知道那势利鬼不但不依，还蛮不讲理，说了许多可恶的废话；坏小子们又附和着说笑。那一句是顶小的一个说的，而且眼睛看着我，他们就都笑起来了：可见一定是一句坏话。”他于是转脸对着学程道，“你只要在‘坏话类’里去查去！”

学程在喉咙底里答应了一声“是”，恭恭敬敬的退去了。

“他们还嚷什么‘新文化新文化’，‘化’到这样了，还不够？”他两眼钉着屋梁，尽自说下去。“学生也没有道德，社会上也没有道德，再不想点法子来挽救，中国这才真个要亡了。——你想，那多么可叹？……”

“什么？”她随口的问，并不惊奇。

“孝女。”他转眼对着她，郑重的说。“就在大街上，有两个讨饭的。一人是姑娘，看去该有十八九岁了。——其实这样的年纪，讨饭是很不相宜的了，可是她还讨饭。——和一个六七十岁的老的，白头发，眼睛是瞎的，坐在布店的檐下求乞。大家多说她是孝女，那老的是祖母。她只要讨得一点什么，便都献给祖母吃，自己情愿饿肚皮。可是这样的孝女，有人肯布施么？”他射出眼光来钉住她，似乎要试验她的识见。

她不答话，也只将眼光钉住他，似乎倒是专等他来说明。

“哼，没有。”他终于自己回答说。“我看了好半天，只见一个人给了一文小钱；其余的围了一大圈，倒反去打趣。还有两个光棍，竟肆无忌惮的说：‘阿发，你不要看得这货色脏。你只要去买两块肥皂来，咯支咯支遍身洗一洗，好得很哩！’哪，你想，这成什么话？”

“哼，”她低下头去了，久之，才又懒懒的问，“你给了钱么？”

“我么？——没有。一两个钱，是不好意思拿出去的。她不是平常的讨饭，总得……。”

“嗡。”她不等说完话，便慢慢地站起来，走到厨下去。昏黄只显得浓密，已经是晚饭的时候了。

四铭也站起身，走出院子去。天色比屋子里还明亮，学程就在墙角落上练习八卦拳：这是他的“庭训”，利用昼夜之交的时间的经济法，学程奉行了将近大半年了。他赞许似的微微点一点头，便反背着两手在空院子里来回的踱方步。不多久，那惟一的盆景万年青的阔叶又已消失在昏暗中，破絮一般的白云间闪出星点，黑夜就从此开头。四铭当这时候，便也不由的感奋起来，仿佛就要大有所为，与周围的坏学生以及恶社会宣战。他意气渐渐勇猛，脚步愈跨愈大，布鞋底声也愈走愈响，吓得早已睡在笼子里的母鸡和小鸡也都唧唧足足的叫起来了。

堂前有了灯光，就是号召晚餐的烽火，合家的人们便都齐集在中央的桌子周围。灯在下横；上首是四铭一人居中，也是学程一般肥胖的圆脸，但多两撇细胡子，在菜汤的热气里，独据一面，很像庙里的财神。左横是四太太带着招儿；右横是学程和秀儿一列。碗筷声雨点似的响，虽然大家不言语，也就是很热闹的晚餐。

招儿带翻了饭碗了，菜汤流得小半桌。四铭尽量的睁大了细眼睛瞪着看得她要哭，这才收回眼光，伸筷自去夹那早先看中了的一个菜心去。可是菜心已经不见了，他左右一瞥，就发见学程刚刚夹着塞进他张得很大嘴里去，他于是只好无聊的吃了一筷黄菜叶。

"学程，"他看着他的脸说，"那一句查出了没有？"

"那一句？——那还没有。"

"哼，你看，也没有学问，也不懂道理，单知道吃！学学那个孝女罢，做了乞丐，还是一味孝顺祖母，自己情愿饿肚子。但是你们这些学生那里知道这些，肆无忌惮，将来只好像那光棍……。"

"想倒想着了一个，但不知可是。——我想，他们说的也许是'阿尔特肤尔'[4]。"

"哦哦，是的！就是这个！他们说的就是这样一个声音：'恶毒夫咧。'这是什么意思？你也就是他们这一党：你知道的。"

"意思，——意思我不很明白。"

"胡说！瞒我。你们都是坏种！"

"'天不打吃饭人'，你今天怎么尽闹脾气，连吃饭时候也是打鸡骂狗的。他们小孩子们知道什么。"四太太忽而说。

"什么？"四铭正想发话，但一回头，看见她陷下的两颊已经鼓起，而且很变了颜色，三角形的眼里也发着可怕的光，便赶紧改口说，"我也没有闹什么脾气，我不过教学程应该懂事些。"

"他那里懂得你心里的事呢。"她可是更气忿了。"他如果能懂事，早就点了灯笼火把，寻了那孝女来了。好在你已经给她买好了一块肥皂在这里，只要再去买一块……”

“胡说！那话是那光棍说的。”

“不见得。只要再去买一块，给她咯支咯支的遍身洗一洗，供起来，天下也就太平了。”

“什么话？那有什么相干？我因为记起了你没有肥皂……”

“怎么不相干？你是特诚买给孝女的，你咯支咯支的去洗去。我不配，我不要，我也不要沾孝女的光。”

“这真是什么话？你们女人……”四铭支吾着，脸上也像学程练了八卦拳之后似的流出油汗来，但大约大半也因为吃了太热的饭。

“我们女人怎么样？我们女人，比你们男人好得多。你们男人不是骂十八九岁的女学生，就是称赞十八九岁的女讨饭：都不是什么好心思。‘咯支咯支’，简直是不要脸！”

“我不是已经说过了？那是一个光棍……”

“四翁！”外面的暗中忽然起了极响的叫喊。

“道翁么？我就来！”四铭直到那是高声有名的何道统，便遇赦似的，也高兴的大声说。“学程，你快点灯照何老伯到书房去！”

学程点了烛，引着道统走进西边的厢房里，后面还跟着卜薇园。

“失迎失迎，对不起。”四铭还嚼着饭，出来拱一拱手，说。“就在舍间用便饭，何如？……”

“已经偏过了。”薇园迎上去，也拱一拱手，说。“我们连夜赶来，就为了那移风文社的第十八界征文题目，明天不是‘逢七’么？”

“哦！今天十六？”四铭恍然的说。

“你看，多么胡涂！”道统大嚷道。

“那么，就得连夜送到报馆去，要他明天一准登出来。”

“文题我已经拟下了。你看怎样，用得用不得？”道统说着，就从手巾包里挖出一张纸条来交给他。

四铭踱到烛台面前，展开纸条，一字一字的读下去：

"'恭拟全国人民合词吁请贵大总统特颁明令专重圣经崇祀孟母[5]以挽颓风而存国粹文'。——好极好极。可是字数太多了罢？"

"不要紧的！"道统大声说。"我算过了，还无须乎多加广告费。但是诗题呢？"

"诗题么？"四铭忽而恭敬之状可掬了。"我倒有一个在这里：孝女行。那是实事，应该表彰表彰她。我今天在大街上……"

"哦哦，那不行。"薇园连忙摇手，打断他的话。"那是我也看见的。她大概是'外路人'，我不懂她的话，她也不懂我的话，不知道她究竟是那里人。大家倒都说她是孝女；然而我问她可能做诗，她摇摇头。要是能做诗，那就好了。"

"然而忠孝是大节，不会做诗也可以将就……。"

"那倒不然，而孰知不然！"薇园摊开手掌，向四铭连摇带推的奔过去，力争说。"要会做诗，然后有趣。"

"我们，"四铭推开他，"就用这个题目，加上说明，登报去。一来可以表彰表彰她；二来可以借此针砭社会。现在的社会还成个什么样子，我从旁考察了好半天，竟不见有什么人给一个钱，这岂不是全无心肝……"

"阿呀，四翁！"薇园又奔过来，"你简直是在'对着和尚骂贼秃'了。我就没有给钱，我那时恰恰身边没有带着。"

"不要多心，薇翁。"四铭又推开他，"你自然在外，又作别论。你听我讲下去：她们面前围了一大群人，毫无敬意，只是打趣。还有两个光棍，那是更其肆无忌惮了，有一个简直说，'阿发，你去买两块肥皂来，咯支咯支遍身洗一洗，好得很哩。'你想，这……"

"哈哈哈！两块肥皂！"道统的响亮的笑声突然发作了，震得人耳朵嗡嗡的叫。"你买，哈哈，哈哈！"

"道翁，道翁，你不要这么嚷。"四铭吃了一惊，慌张的说。

“咯支咯支，哈哈！”

“道翁！”四铭沉下脸来了，“我们讲正经事，你怎么只胡闹，闹得人头昏。你听，我们就用这两个题目，即刻送到报馆去，要他明天一准登出来。这事只好偏劳你们两位了。”

“可以可以，那自然。”薇园极口应承说。

“呵呵，洗一洗，咯支……唏唏……”

“道翁！！！”四铭愤愤的叫。

道统给这一喝，不笑了。他们拟好了说明，薇园誊在信笺上，就和道统跑往报馆去。四铭拿着烛台，送出门口，回到堂屋的外面，心里就有些不安逸，但略一踌躇，也终于跨进门槛去了。他一进门，迎头就看见中央的方桌中间放着那肥皂的葵绿色的小小的长方包，包中央的金印子在灯光明晃晃的发闪，周围还有细小的花纹。

秀儿和招儿都蹲在桌子下横的地上玩；学程坐在右横查字典。最后在离灯最远的阴影里的高背椅子上发见了四太太，灯光照处，见她死板板的脸上并不显出什么喜怒，眼睛也并不看着什么东西。

“咯支咯支，不要脸不要脸……”

四铭微微的听得秀儿在他背后说，回头看时，什么动作也没有了，只有招儿还用了他两只小手的指头在自己脸上抓。

他觉得存身不住，便熄了烛，踱出院子去。他来回的踱，一不小心，母鸡和小鸡又唧唧足足的叫了起来，他立即放轻脚步，并且走远些。经过许多时，堂屋里的灯移到卧室里去了。他看见一地月光，仿佛满铺了无缝的白纱，玉盘似的月亮现在白云间，看不出一点缺。

他很有些悲伤，似乎也像孝女一样，成了“无告之民”，孤苦零丁了。他这一夜睡得非常晚。

但到第二天的早晨，肥皂就被录用了。这日他比平日起得迟，看见她已经伏在洗脸台上擦脖子，肥皂的泡沫就如大螃蟹嘴上的水泡一般，高高的堆在两个耳朵后，比起先前用皂荚时候的只有一层极薄的白沫来，那高低真有霄壤之别了。从此之后，四太太的身上便总带着些似橄榄非橄榄的说不清的香味；几乎小半年，这才忽而换了样，凡有闻到的都说那可似乎是檀香。

一九二四年三月二二日

注释

[1] 皂荚子：皂荚为豆科落叶乔木，在肥皂未普遍使用之前，有些地方常用其果实来洗衣服。

[2] 八卦拳：中国的一种拳术，因其依八卦的方式运行，故名。

[3] 共济讲社：通译共济会，18世纪在英国出现的以社会福利为宗旨的秘密结社。Odd fellows是共济会的英文原称。

[4] 阿尔特肤尔：英语音译，意为老傻瓜。

[5] 特颁明令专重圣经崇祀孟母：特，特别，专门；颁，颁布；明令，公开发布的命令；圣经，这里指儒家学说；孟母，孟轲的母亲，以善于教子而闻名。

作者简介

鲁迅（1881—1936），中国现代文学的奠基者。原名周树人，字豫山、豫亭，后改名为豫才，浙江绍兴人。他的著作以小说、杂文为主，代表作有小说集《呐喊》《彷徨》《故事新编》、散文集《朝花夕拾》、文学论著《中国小说史略》、散文诗集《野草》、杂文集《坟》《热风集》《华盖集》等。毛泽东主席评价他是伟大的无产阶级的文学家、思想家、革命家，是中国文化革命的主将，被誉为“民族魂”。

名家点评

温儒敏《〈肥皂〉的精神分析读解》：“《肥皂》重复了鲁迅在他别的一些作品中已多次体现过的反道统虚伪性的主题，但还是头一次那样重点深入地触及人物潜意识的层次，并通过一个‘反讽角色’的精神分析描写，探讨人性问题。”

25. 秤砣虽小压千斤

——鲁迅《风波》赏析

导读

优秀的小说作品之所以打动人、感染人，大多源于作家对现实生活高超的概括与巧妙的再现。有的擅于设计引人入胜的情节、冲突和转折，有的擅于塑造立体、有深度的角色，有的则以小见大，通过细节描写创造场景、人物和情感，从中传递出作者想要表达的具有重大现实意义的主题，让作品具有极高的社会价值，这便具有了“秤砣虽小压千斤”的效果。鲁迅的小说《风波》就属于这类创作。

《风波》故事发生在一个极其普通的农村生活场景中，一场由“辫子”引发的风波，伴随着“皇帝坐了龙庭”的风声悄然而至。在“皇帝要辫子”时，村民们的反应与态度各不相同，有的幸灾乐祸、有的担忧、有的惶恐，也有的冷眼观察，特别是在面对跟自己有过节的赵七爷“没有辫子，该当何罪”的恐吓、九斤老太“一代不如一代”的唠叨，辛亥革命时进城被人剪去了辫子的七斤忧心忡忡。直到七斤进城，并没有听到皇帝坐龙庭的确切消息，这场“风波”才逐渐过去，村民们的日子也恢复到常态……

小小的辫子，剪了，便有了进城挣钱的“自由”；不剪，便留有随时应对“皇帝坐了龙庭”时的余地，对皇帝和辫子还抱有迷信和畏惧的村民们，好似辫子的有无只与生计有关、只与个人利益得失有关。因此，鲁迅感到悲哀与失望：一场流了很多血的辛亥革命，可村民们却“只枉然失去了一条辫子”。革命只是革掉了村民们脑袋后面的一撮毛发，他们对于剪辫子的真正意义一无所知，他们愚昧、冷漠、保守、落后。虽只是一场风波，却反映出辛亥革命并没能让农民觉醒，也并未给农村带来真正意义上变革的现实。尽管辫子是封建势力腐朽的象征，但剪辫子并不能改变人民腐朽的思想，毕竟真正的革命不是一朝一夕，一蹴而就的。

看似小小的一场风波，看似平淡无奇的现实生活，通过鲁迅的艺术概括，拓展并支撑起宏大的社会意义，这效果堪比“秤砣虽小压千斤”。这或许是鲁迅作品发人深省的原因之一。鲁迅为数不多的爱情小说《伤逝》也是如此：涓生与子君冲破封建社会的枷锁，向往自由美好的爱情以及在一起后恩爱幸福的生活，但最终涓生和子君的爱情以失败告终，两人爱情的消逝、一死一伤的惨淡结局，看似与涓生责任感的缺失、与子君骨子里尚未改变的传统不无关系，但更关键的在于社会层面的觉醒，面对封建礼教的根深蒂固，单独个体的反抗与觉醒是无济于事的，这残酷的现实正如小说《风波》中显现的辛亥革命的不彻底性是一致的。

通过小说，鲁迅向世人们揭示了变革与觉醒对于中国历史与社会的重要意义，但越重大，越艰难，越艰难，越是要勇敢向前……（陶静导读）

原文

风 波[1]

临河的土场上，太阳渐渐的收了他通黄的光线了。场边靠河的乌桕树叶，干巴巴的才喘过气来，几个花脚蚊子在下面哼着飞舞。面河的农家的烟突里，逐渐减少了炊烟，女人孩子们都在自己门口的土场上泼些水，放下小桌子和矮凳；人知道，这已经是晚饭时候了。

老人男人坐在矮凳上，摇着大芭蕉扇闲谈，孩子飞也似的跑，或者蹲在乌桕树下赌玩石子。女人端出乌黑的蒸干菜和松花黄的米饭，热蓬蓬冒烟。河里驶过文人的酒船，文豪见了，大发诗兴，说，“无思无虑，这真是田家乐呵！”

但文豪的话有些不合事实，就因为他们没有听到九斤老太的话。这时候，九斤老太正在大怒，拿破芭蕉扇敲着凳脚说：

“我活到七十九岁了，活够了，不愿意眼见这些败家相，——还是死的好。立刻就要吃饭了，还吃炒豆子，吃穷了一家子！”

伊的曾孙女儿六斤捏着一把豆，正从对面跑来，见这情形，便直奔河边，藏在乌柏树后，伸出双丫角的小头，大声说，“这老不死的！”

九斤老太虽然高寿，耳朵却还不很聋，但也没有听到孩子的话，仍旧自己说，“这真是一代不如一代！”

这村庄的习惯有点特别，女人生下孩子，多喜欢用秤称了轻重，便用斤数当作小名。九斤老太自从庆祝了五十大寿以后，便渐渐的变了不平家，常说伊年青的时候，天气没有现在这般热，豆子也没有现在这般硬；总之现在的时世是不对了。何况六斤比伊的曾祖，少了三斤，比伊父亲七斤，又少了一斤，这真是一条颠扑不破的实例。所以伊又用劲说，“这真是一代不如一代！”

伊的儿媳[2]七斤嫂子正捧着饭篮走到桌边，便将饭篮在桌上一摔，愤愤的说，“你老人家又这么说了。六斤生下来的时候，不是六斤五两么？你家的秤又是私秤，加重称，十八两秤；用了准十六，我们的六斤该有七斤多哩。我想便是太公和公公，也不见得正是九斤八斤十足，用的秤也许是十四两……”

“一代不如一代！”

七斤嫂还没有答话，忽然看见七斤从小巷口转出，便移了方向，对他嚷道，“你这死尸怎么这时候才回来，死到那里去了！不管人家等着你开饭！”

七斤虽然住在农村，却早有些飞黄腾达的意思。从他的祖父到他，三代不捏锄头柄了；他也照例的帮人撑着航船，每日一回，早晨从鲁镇进城，傍晚又回到鲁镇，因此很知道些时事：例如什么地方，雷公劈死了蜈蚣精；什么地方，闺女生了一个夜叉之类。他在村人里面，的确已经是一名出场人物了。但夏天吃饭不点灯，却还守着农家习惯，所以回家太迟，是该骂的。

七斤一手捏着象牙嘴白铜斗六尺多长的湘妃竹烟管，低着头，慢慢地走来，坐在矮凳上。六斤也趁势溜出，坐在他身边，叫他爹爹。七斤没有应。

“一代不如一代！”九斤老太说。

七斤慢慢地抬起头来，叹一口气说，“皇帝坐了龙庭了。”

七斤嫂呆了一刻，忽而恍然大悟的道，“这可好了，这不是又要皇恩大赦了么！”

七斤又叹一口气，说，“我没有辫子。”

“皇帝要辫子么?”

“皇帝要辫子。”

“你怎么知道呢?”七斤嫂有些着急，赶忙的问。

“咸亨酒店里的人，都说要的。”

七斤嫂这时从直觉上觉得事情似乎有些不妙了，因为咸亨酒店是消息灵通的所在。伊一转眼瞥见七斤的光头，便忍不住动怒，怪他恨他怨他；忽然又绝望起来，装好一碗饭，搡在七斤的面前道，“还是赶快吃你的饭罢！哭丧着脸，就会长出辫子来么?”

太阳收尽了他最末的光线了，水面暗暗地回复过凉气来；土场上一片碗筷声响，人人的脊梁上又都吐出汗粒。七斤嫂吃完三碗饭，偶然抬起头，心坎里便禁不住突突地发跳。伊透过乌桕叶，看见又矮又胖的赵七爷正从独木桥上走来，而且穿着宝蓝色竹布的长衫。

赵七爷是邻村茂源酒店的主人，又是这三十里方圆以内的唯一的出色人物兼学问家；因为有学问，所以又有些遗老的臭味。他有十多本金圣叹批评的《三国志》[3]，时常坐着一个字一个字的读；他不但能说出五虎将姓名，甚而至于还知道黄忠表字汉升和马超表字孟起。革命以后，他便将辫子盘在顶上，像道士一般；常常叹息说，倘若赵子龙在世，天下便不会乱到这地步了。七斤嫂眼睛好，早望见今天的赵七爷已经不是道士，却变成光滑头皮，乌黑发顶；伊便知道这一定是皇帝坐了龙庭，而且一定须有辫子，而且七斤一定是非常危险。因为赵七爷的这件竹布长衫，轻易是不常穿的，三年以来，只穿过两次：一次是和他呕气的麻子阿四病了的时候，一次是曾经砸烂他酒店的鲁大爷死了的时候；现在是第三次了，这一定又是于他有庆，于他的仇家有殃了。

七斤嫂记得，两年前七斤喝醉了酒，曾经骂过赵七爷是“贱胎”，所以这时便立刻直觉到七斤的危险，心坎里突突地发起跳来。

赵七爷一路走来，坐着吃饭的人都站起身，拿筷子点着自己的饭碗说，“七爷，请在我们这里用饭！”七爷也一路点头，说道“请请”，却一径走到七斤家的桌旁。七斤们连忙招呼，七爷也微笑着说“请请”，一面细细的研究他们的饭菜。

“好香的干菜，——听到了风声了么？”赵七爷站在七斤的后面七斤嫂的对面说。

“皇帝坐了龙庭了。”七斤说。

七斤嫂看着七爷的脸，竭力陪笑道，“皇帝已经坐了龙庭，几时皇恩大赦呢？”

“皇恩大赦？——大赦是慢慢的总要大赦罢。”七爷说到这里，声色忽然严厉起来，“但是你家七斤的辫子呢，辫子？这倒是要紧的事。你们知道：长毛时候，留发不留头，留头不留发，……”

七斤和他的女人没有读过书，不很懂得这古典的奥妙，但觉得有学问的七爷这么说，事情自然非常重大，无可挽回，便仿佛受了死刑宣告似的，耳朵里嗡的一声，再也说不出一句话。

“一代不如一代，——”九斤老太正在不平，趁这机会，便对赵七爷说，“现在的长毛，只是剪人家的辫子，僧不僧，道不道的。从前的长毛，这样的么？我活到七十九岁了，活够了。从前的长毛是——整匹的红缎子裹头，拖下去，拖下去，一直拖到脚跟；王爷是黄缎子，拖下去，黄缎子；红缎子，黄缎子，——我活够了，七十九岁了。”

七斤嫂站起身，自言自语的说，“这怎么好呢？这样的一班老小，都靠他养活的人，……”

赵七爷摇头道，“那也没法。没有辫子，该当何罪，书上都一条一条明明白白写着的。不管他家里有些什么人。”

七斤嫂听到书上写着，可真是完全绝望了；自己急得没法，便忽然又恨到七斤。伊用筷子指着他的鼻尖说，“这死尸自作自受！造反的时候，我本来说，不要撑船了，不要上城了。他偏要死进城去，滚进城去，进城便被人剪去了辫子。从前是绢光乌黑的辫子，现在弄得僧不僧道不道的。这囚徒自作自受，带累了我们又怎么说呢？这活死尸的囚徒……”

村人看见赵七爷到村，都赶紧吃完饭，聚在七斤家饭桌的周围。七斤自己知道是出场人物，被女人当大众这样辱骂，很不雅观，便只得抬起头，慢慢地说道：

“你今天说现成话，那时你……”

“你这活死尸的囚徒……”

看客中间，八一嫂是心肠最好的人，抱着伊的两周岁的遗腹子，正在七斤嫂身边看热闹；这时过意不去，连忙解劝说，“七斤嫂，算了罢。人不是神仙，谁知道未来事呢？便是七斤嫂，那时不也说，没有辫子倒也没有什么丑么？况且衙门里的大老爷也还没有告示，……”

七斤嫂没有听完，两个耳朵早通红了；便将筷子转过向来，指着八一嫂的鼻子，说，“阿呀，这是什么话呵！八一嫂，我自己看来倒还是一个人，会说出这样昏诞胡涂话么？那时我是，整整哭了三天，谁都看见；连六斤这小鬼也都哭，……”六斤刚吃完一大碗饭，拿了空碗，伸手去嚷着要添。七斤嫂正没好气，便用筷子在伊的双丫角中间，直扎下去，大喝道，“谁要你来多嘴！你这偷汉的小寡妇！”

扑的一声，六斤手里的空碗落在地上了，恰巧又碰着一块砖角，立刻破成一个很大的缺口。七斤直跳起来，检起破碗，合上了检查一回，也喝道，“入娘的！”一巴掌打倒了六斤。六斤躺着哭，九斤老太拉了伊的手，连说着“一代不如一代”，一同走了。

八一嫂也发怒，大声说，“七斤嫂，你‘恨棒打人’……”

赵七爷本来是笑着旁观的；但自从八一嫂说了“衙门里的大老爷没有告示”这话以后，却有些生气了。这时他已经绕出桌旁，接着说，“‘恨棒打人’，算什么呢。大兵是就要到的。你可知道，这回保驾的是张大帅[4]，张大帅就是燕人张翼德的后代，他一支丈八蛇矛，就有万夫不当之勇，谁能抵挡他，”他两手同时捏起空拳，仿佛握着无形的蛇矛模样，向八一嫂抢进几步道，“你能抵挡他么！”

八一嫂正气得抱着孩子发抖，忽然见赵七爷满脸油汗，瞪着眼，准对伊冲过来，便十分害怕，不敢说完话，回身走了。赵七爷也跟着走去，众人一面怪八一嫂多事，一面让开路，几个剪过辫子重新留起的便赶快躲在人丛后面，怕他看见。赵七爷也不细心察访，通过人丛，忽然转入乌桕树后，说道："你能抵挡他么！"跨上独木桥，扬长去了。

村人们呆呆站着，心里计算，都觉得自己确乎抵不住张翼德，因此也决定七斤便要没有性命。七斤既然犯了皇法，想起他往常对人谈论城中的新闻的时候，就不该含着长烟管显出那般骄傲模样，所以对于七斤的犯法，也觉得有些畅快。他们也仿佛想发些议论，却又觉得没有什么议论可发。嗡嗡的一阵乱嚷，蚊子都撞过赤膊身子，闯到乌桕树下去做市；他们也就慢慢地走散回家，关上门去睡觉。七斤嫂咕哝着，也收了家伙和桌子矮凳回家，关上门睡觉了。

七斤将破碗拿回家里，坐在门槛上吸烟；但非常忧愁，忘却了吸咽，象牙嘴六尺多长湘妃竹烟管的白铜斗里的火光，渐渐发黑了。他心里但觉得事情似乎十分危急，也想想些方法，想些计画，但总是非常模糊，贯穿不得："辫子呢辫子？丈八蛇矛。一代不如一代！皇帝坐龙庭。破的碗须得上城去钉好。谁能抵挡他？书上一条一条写着。入娘的！……"

第二日清晨，七斤依旧从鲁镇撑航船进城，傍晚回到鲁镇，又拿着六尺多长的湘妃竹烟管和一个饭碗回村。他在晚饭席上，对九斤老太说，这碗是在城内钉合的，因为缺口大，所以要十六个铜钉，三文一个，一总用了四十八文小钱。

九斤老太很不高兴的说，"一代不如一代，我是活够了。三文钱一个钉；从前的钉，这样的么？从前的钉是……我活了七十九岁了，——"

此后七斤虽然是照例日日进城，但家景总有些黯淡，村人大抵回避着，不再来听他从城内得来的新闻。七斤嫂也没有好声气，还时常叫他"囚徒"。

过了十多日，七斤从城内回家，看见他的女人非常高兴，问他说，"你在城里可听到些什么？"

"没有听到些什么。"

"皇帝坐了龙庭没有呢?"

"他们没有说。"

"咸亨酒店里也没有人说么?"

"也没人说。"

"我想皇帝一定是不坐龙庭了。我今天走过赵七爷的店前,看见他又坐着念书了,辫子又盘在顶上了,也没有穿长衫。"

"…………"

"你想,不坐龙庭了罢?"

"我想,不坐了罢。"

现在的七斤,是七斤嫂和村人又都早给他相当的尊敬,相当的待遇了。到夏天,他们仍旧在自家门口的土场上吃饭;大家见了,都笑嘻嘻的招呼。九斤老太早已做过八十大寿,仍然不平而且康健。六斤的双丫角,已经变成一支大辫子了;伊虽然新近裹脚,却还能帮同七斤嫂做事,捧着十八个铜钉[5]的饭碗,在土场上一瘸一拐的往来。

一九二〇年十月[6]

注释

[1] 风波:本篇最初发表于1920年9月《新青年》第八卷第一号。

[2] 伊的儿媳:从上下文看,这里的"儿媳"应是"孙媳"。

[3]《三国志》:金圣叹批评的《三国志》指小说《三国演义》。金圣叹(1608—1661),名人瑞,字圣叹,江苏吴县人,明末清初文人。曾批注《水浒传》《西厢记》等书,他把所加的序文、读法和评语等称为"圣叹外书"。《三国演义》是元末明初罗贯中所著,后经清代毛宗岗改编,卷首有假托金圣叹所作的序,并有"圣叹外书"字样,每回前均附加评语,通常把这评语认为金圣叹所作。

[4] 张大帅:指张勋(1854—1923),江西奉新人,北洋军阀之一。原为清朝军官,辛亥革命后,他和所部官兵仍留着辫子,表示忠于清王朝,被称为辫子军。1917年7月1日他在北京扶持清废帝溥仪复辟,7月12日即告失败。

[5] 十八个铜钉:据上文应是"十六个"。作者在1926年11月23日致李霁野的信中曾

说："六斤家只有这一个钉过的碗，钉是十六或十八，我也记不清了。总之两数之一是错的，请改成一律。"

［6］一九二〇年十月：据鲁迅日记，本篇当作于1920年8月5日。

作者简介

见前篇《肥皂》中作者介绍（第188页）。

名家点评

温儒敏《鲁迅作品精选及讲析》："秤砣虽小压千斤。鲁迅以极寻常的生活场景折射大的社会变迁，而且生动地勾勒出'民众的灵魂'，字里行间既幽默又有些悲凉。不愧为大手笔！"

26. 梦中的湘西世界

——沈从文《边城》(节选)赏析

导读

沈从文的“湘西世界”，是作者面对纷繁扰攘的都市，在对故乡的回忆和想象中，建构的一个宁谧、优美、自然、生气蓬勃的艺术世界。他想凭借这个神话般的审美世界，与现实的庸俗世界相对立，为生命委顿、生存失去依据的现代人，重新找回灵性，找到诗意的栖居之所。小说《边城》代表了沈从文描写湘西世界作品的最高成就。

《边城》中，小镇茶峒山明水秀的自然景色、和谐宁静的生活环境、古朴醇厚的世风人情的高度和谐统一，构成一幅乡村世界的和谐画面。“一条清澈见底的溪流从群山中流过，水中游鱼往来嬉戏，历历可见。傍溪两岸的高岩上一蓬蓬的虎耳草青翠，山岩间片片细竹深翠逼人。近水人家在桃杏花里，凡有桃花处必有人家，有人家处必可沽酒。如果坐一只小船航行，仿佛是在画中游，接近边城茶峒靠河，河里停泊着无数船只，沿河是一排吊脚楼，河街背后则是随山蜿蜒的城墙。”通过对这些自然景物的描写，表现边城清丽明净的自然美。尤其是翠翠迷人的形象，是“源于天然的，是大自然的馈赠、湘西的清风丽日给了她一个健壮的躯体；茶峒的青山、绿水又给了她一双碧玉般透明的眸子：碧溪岨的竹丛、白塔又给了她一颗永不世故的心”。湘西自然环境孕育她的精灵，使她如小溪，纯净得脱俗，美丽得超凡，是作者倾注了“爱”与“美”的理想的艺术形象。

小说对湘西边城独特自然风光作了诗情画意的生动描绘，同时“人性”作为文学创作的永恒主题在沈从文笔下得到最充分体现，主要是通过抒写翠翠与傩送曲婉动人的爱情故事而体现的。这对深深爱着对方的年轻人既没有山盟海誓的豪言壮语，也没有离经叛道的骇世之举，有的只是原始乡村孕育下的超乎自然的朴素纯情，“遵从古礼”的纯厚人性，含蓄的传统美德。小说最后表现痴情不移的孤独女孩——翠翠，怀着一颗破碎的心痴情地等待“也许永远不回来了，也许明天回来的情人”。让我们不仅体会到“人性”之伟大，更能体会到一种无可奈何的伤感，有一种轻轻的忧愁，淡淡的哀伤之美。

作者在各式各样人物描写及其相互的人际交往中又淋漓尽致地表现了湘西地方淳朴的人情美。人与人之间的关系融洽和睦，相互友爱。他们不分贫富，不讲地位，不谈功利，均以诚相待，以善相亲，充满了温暖，而对虚伪、做作、欺瞒一无所知。他们的生活、行为乃至一切都顺乎自然，是一群与自然完全契合的人。他们总是很从容地尽情宣泄生命的美丽与强健，同时也体现出生命的庄严与价值，呈现“乡下人”的内在精神气质。

作者极力状写湘西自然与湘西人心灵之明净，隐含着对现实生活中传统的美德、价值观失落的痛心，给都市文明中迷茫的人指出一条明路。（**翟文茜导读**）

原文

十 二

翠翠第二天第二次在白塔下菜园地里，被祖父询问到自己主张时，仍然心儿憧憧的跳着，把头低下不作理会，只顾用手去掐葱。祖父笑着，心想：“还是等等看，再说下去，这一坪葱会全掐掉了。”同时似乎又觉得这其间有点古怪处，不好再说下去，便自己按捺住言语，用一个做作的笑话，把问题引到另外一件事情上去了。

天气渐渐的越来越热了。近六月时，天气热了些。老船夫把一个满是灰尘的黑陶缸子，从屋角隅里搬出，自己还匀出些闲工夫，拼了几方木板，作成一个圆盖。又锯木头作成一个三脚架子，且削刮了个大竹筒，用葛藤系定，放在缸边作为舀茶的家具。自从这茶缸移到屋门溪边后，每早上翠翠就烧一大锅开水，倒进那缸子里去。有时缸里加些茶叶，有时却只放下一些用火烧焦的锅巴，乘那东西还燃着时便抛进缸里去。老船夫且照例准备了些发痧肚痛治疱疮疡子的草根木皮，把这些药搁在家中当眼处，一见过渡人神气不对，就忙匆匆的把药取来，善意的勒迫这过路人使用他的药方，且告给人这许多救急丹方的来源（这些丹方自然全是他从城中军医同巫师学来的）。他终日裸着两只膀子，在溪中方头船上站定，头上还常常是光光的，一头短短白发，在日光下如银子。翠翠依然是个快乐人，屋前屋后跑着唱着，不走动时就坐在门前高崖树荫下，吹小竹管儿玩。爷爷仿佛把大老提婚的事早已忘掉，翠翠自然也似乎忘掉这件事情了。

可是那做媒的不久又来探口气了，依然同从前一样，祖父把事情成否全推到翠翠身上去，打发了媒人上路。回头又同翠翠谈了一次，也依然不得结果。

老船夫猜不透这事情在这什么方面有个疙瘩，解除不去，夜里躺在床上便常常陷入一种沉思里去，隐隐约约体会到一件事情（指体会到翠翠爱二老不爱大老）。再想下去便是……想到了这里时，他笑了，为了害怕而勉强笑了。其实他有点忧愁，因为他忽然觉得翠翠一切全像那个母亲，而且隐隐约约便感觉到这母女二人共通的命运。一堆过去的事情蜂拥而来，不能再睡下去了，一个人便跑出门外，到那临溪高崖上去，望天上的星辰，听河边纺织娘和一切虫类如雨的声音，许久许久还不睡觉。

这件事翠翠自然是注意不及的，这小女孩子日子里尽管玩着，工作着，也同时为一些很神秘的东西驰骋她那颗小小的心，但一到夜里，却甜甜的睡眠了。

不过一切皆得在一份时间中变化。这一家安静平凡的生活，也因了一堆接连而来的日子，在人事上把那安静空气完全打破了。

船总顺顺家中一方面，则天保大老的事已被二老知道了，傩送二老同时也让他哥哥知道了弟弟的心事。这一对难兄难弟原来同时都爱上了那个撑渡船的外孙女。这事情在本地人说来并不希奇，边地俗话说："火是各处可烧的，水是各处可流的，日月是各处可照的，爱情是各处可到的。"有钱船总儿子，爱上一个弄渡船的穷人家女儿，不能成为希罕的新闻。有一点困难处，只是这两兄弟到了谁应取得这个女人作媳妇时，是不是也还得照茶峒人规矩，来一次流血的挣扎？

兄弟两人在这方面是不至于动刀的，但也不作兴有"情人奉让"，如大都市懦怯男子爱与仇对面时作出的可笑行为。

那哥哥同弟弟在河上游一个造船的地方，看他家中那一只新船，在新船旁把一切心事全告给了弟弟，且附带说明，这点念头还是两年前植下根基的。弟弟微笑着，把话听下去。两人从造船处沿了河岸又走到王乡绅新碾坊去，那大哥就说：

“二老，你运气倒好，作了王团总女婿，有座碾坊；我呢，若把事情弄好了，我应当接那个老的手来划渡船了。我欢喜这个事情。我还想把碧溪岨两个山头买过来，在界线上种一片大南竹，围着这一条小溪作为我的砦子！”

那二老仍然默默的听着，把手中拿的一把弯月形镰刀随意斫削路旁的草木，到了碾坊时，却站住了向他哥哥说：

“大老，你信不信这女子心上早已有了个人？”

“我不信。”

“大老，你信不信这碾坊将来归我？”

“我不信。”

两人于是进了碾坊。

二老又说：“你不必——大老，我再问你，假若我不想得到这座碾坊，却打量要那只渡船，而且这念头也是两年前的事，你信不信呢？”

那大哥听来真着了一惊，望了一下坐在碾盘横轴上的傩送二老，知道二老不是说谎，于是站近了一点，伸手在二老肩上打了一下，且想把二老拉下来。他明白了这件事，他笑了。他说：“我相信的，你说的全是真话！”

二老把眼睛望着他的哥哥，很诚实的说：

“大老，相信我，这是真事。我早就那么打算到了。家中不答应，那边若答应了，我当真预备去弄渡船的！——你告我，你呢？”

“爸爸已听了我的话，为我要城里的杨马兵做保山，向划渡船说亲去了！”大老说到这个求亲手续时，好像知道二老要笑他，又解释要保山去的用意，“只是因为老的说车有车路，马有马路，我就走了车路。”

“结果呢？”

“得不到什么结果。老的口上含李子，说不明白。”

“马路呢?”

“马路呢，那老的说若走马路，我得在碧溪岨对溪高崖上唱三年六个月的歌。把翠翠心子唱软，翠翠就归我了。”

“这并不是个坏主张!”

“是呀，一个结巴人话说不出还唱得出。可是这件事轮不到我了。我不是竹雀，不会唱歌。鬼知道那老人家存心是要把孙女儿嫁个会唱歌的水车，还是预备规规矩矩嫁个人!”

“那你怎么样?”

“我想告那老的，要他说句实在话。只一句话。不成，我跟船下桃源去了；成呢，便是要我撑渡船，我也答应了他。”

“唱歌呢?”

“二老，这是你的拿手好戏，你要去做竹雀你就赶快去吧，我不会捡马粪塞你嘴巴的。”

二老看到哥哥那种样子，便知道为这件事哥哥感到的是一种如何烦恼了。他明白他哥哥的性情，代表了茶峒人粗卤爽直一面，弄得好，掏出心子来给人也很慷慨作去，弄不好，亲舅舅也必一是一二是二。大老何尝不想在车路上失败时走马路；但他一听到二老的坦白陈述后，他就知道马路只二老有分，他自己的事不能提了。因此他有点气恼，有点愤慨，自然是无从掩饰的。

二老想出了个主意，就是两兄弟月夜里同过碧溪岨去唱歌，莫让人知道是弟兄两个，两人轮流唱下去，谁得到回答，谁便继续用那张唱歌胜利的嘴唇，服侍那划渡船的外孙女。大老不善于唱歌，轮到大老时也仍然由二老代替。两人凭命运来决定自己的幸福，这么办可说是极公平了。提议时，那大老还以为他自己不会唱，也不想请二老替他作竹雀。但二老那种诗人性格，却使他很固执的要哥哥实行这个办法。二老说必须这样作，一切方公平一点。

大老把弟弟提议想想，作了一个苦笑。“× 娘的，自己不是竹雀，还请老弟做竹雀！好，就是这样子，我们各人轮流唱，我也不要你帮忙，一切我自己来吧。树林子里的猫头鹰，声音不动听，要老婆时，也仍然是自己叫下去，不请人帮忙的！”

两人把事情说妥当后，算算日子，今天十四，明天十五，后天十六，接连而来的三个日子，正是有大月亮天气。气候既到了中夏，半夜里不冷不热，穿了白家机布汗褂，到那些月光照及的高崖上去，遵照当地的习惯，很诚实与坦白去为一个“初生之犊”的黄花女唱歌。露水降了，歌声涩了，到应当回家了时，就趁残月赶回家去。或过那些熟识的整夜工作不息的碾坊里去，躺到温暖的谷仓里小睡，等候天明。一切安排皆极其自然，结果是什么，两人虽不明白，但也看得极其自然。两人便决定了从当夜起始，来作这种为当地习惯所认可的竞争。

作者简介

沈从文（1902—1988），原名沈岳焕，现代著名作家，湖南凤凰县人。1924 年开始进行文学创作，抗战爆发后到西南联大任教，1946 年回到北京大学任教，中华人民共和国成立后主要从事中国古代历史与文物的研究。代表作《边城》《长河》等小说，诗意浪漫，质朴纯真，构筑了让人心驰神往的湘西世界，被誉为“中国乡土文学之父”。

名家点评

汪曾祺《又读〈边城〉》：“《边城》的语言是沈从文盛年的语言，最好的语言。既不似初期那样的放笔横扫，不加节制；也不似后期那样过事雕琢，流于晦涩。这时期的语言，每一句都‘鼓立’饱满，充满水分，酸甜合度，像一篮新摘的烟台玛瑙樱桃。”

27. 你的“围城”是什么

——钱钟书《围城》(节选)赏析

导读

《围城》是中国现代文学史上一部风格独特的长篇讽刺小说，被誉为“新《儒林外史》”。故事发生于1920到1940年代，以民国中期至末期作为时代背景，主要写不同阶层人物在不同文化影响下，在上海这个多元、繁华都市中的矛盾与选择，是抗战初期知识分子的群相。

主角方鸿渐是个出身中国南方乡绅家庭的青年人，迫于家庭压力，不得已与同乡周家女子订亲。但在其上大学期间，周氏患病早亡。准岳父周先生被方鸿渐所写的唁电感动，因而出资助他出国求学。在欧洲游学期间，方鸿渐却不理学业。毕业前，为了给家人一个交待，他购买了假的“克莱登大学”的博士学位证书，并与海外学成的学生们一起回国。在回国的船上，他遇到了留学生鲍小姐及大学同学苏文纨。他与鲍小姐热恋却被欺骗了感情。到达上海后，在准岳父周先生开办的银行任职。此时方鸿渐既获得了苏文纨的青睐，又与苏的表妹唐晓芙一见钟情，整日周旋于苏、唐二人之间。后来逐渐与周家不和。

抗战开始后，方鸿渐一家逃难至上海的租界，与赵辛楣、孙柔嘉等几人赴内地的三闾大学任教。由于方鸿渐性格善良又迂执，正直又软弱，他陷入了复杂的人际纠纷当中。后离开三闾大学回到上海，并在赵辛楣的帮助下在一家报馆任职，与孙柔嘉结婚。婚后各种矛盾暴露并激化，二人在争吵打闹中耗尽了彼此间的好感，最终感情与婚姻走向了分崩离析。

小说通过方鸿渐、孙柔嘉等主要人物的经历，反映出当时社会的动荡、多元文化冲击和价值观念的碰撞。民国时期是动荡不安的，战争和社会纷争同样困扰着不同阶层、不同背景的人们。在这样的背景下，方鸿渐等留学归来的知识分子与传统观念、封建家族之间的冲突，个人命运与社会命运的交织就完全显露出来。同时，封建社会观念、官场文化以及家族的期望和责任，使人们陷入困境和选择的矛盾之中。

有人说起《围城》，只是把它当作爱情小说，所谓“婚姻是爱情的坟墓”，但仅局限于婚姻来谈“围城”困境，显然不是钱钟书的本意。实际上《围城》并不仅仅是一部爱情小说，“围城”困境是贯穿于人生各个层次的：对成功的不断追求以及追求成功后的不满足，追求成功过程中的快乐与痛苦、希望与失望等，这才是人生中需要不断面对的“围城”。

方鸿渐想进入唐晓芙的围城却始终不得其门；他不想进入孙柔嘉的生活，却糊里糊涂地进去了；结婚后，他也有想冲出来的冲动，但他软弱的性格让他不敢行动，也不会行动。每个人有自己的“围城”：有些人想进去，有些人想冲出来，有些人望而却步，有些人却甘之如饴。

那么，你的“围城”是什么？（景红纬导读）

原文

第八章（节选）

前情提要：[方鸿渐与孙柔嘉在香港遇到赵辛楣[1]和苏文纨[2]，受到苏文纨的怠慢，回来后孙柔嘉越想越气。]

“身体是回来了，灵魂恐怕早给情人带走了。”柔嘉毫无表情地加上两句按语。

鸿渐当然说她“胡说”。她冷笑道：“我才不胡说呢。上了缆车，就像木头人似的，一句话也不说，全忘了旁边还有个我。我知趣得很，决不打搅你，看你什么时候跟我说话。”

“现在我不是跟你说话了？我对今天的事一点不气——”

“你怎么会气？你只有称心。”

“那也未必，我有什么称心？”

“看见你从前的情人糟蹋你现在的老婆，而且当着你那位好朋友的面，还不称心么！”

柔嘉放弃了嘲讽的口吻，坦白地愤恨说——“我早告诉你，我不喜欢跟赵辛楣来往。可是我说的话有什么用？你要去，我敢说‘不’么？去了就给人家瞧不起，给人家笑——”

“你这人真是蛮不讲理。不是你自己要进去的么？事后倒推在我身上？并且人家并没有糟蹋你，临走还跟你拉手——”

柔嘉怒极而笑道：“我太荣幸了！承贵夫人的玉手碰了我一碰，我这只贱手就一辈子的香，从此不敢洗了！‘没有糟蹋我！’哼，人家打到我头上来，你也会好像没看见的，反正老婆是该受野女人欺负的。我看见自己的丈夫给人家笑骂，倒实在受不住，觉得我的脸都剥光了。她说辛楣的朋友不好，不是指的你么？”

“让她去骂。我要回敬她几句，她才受不了呢。”

“你为什么不回敬她？”

“何必跟她计较？我只觉得她可笑。”

“好宽宏大量！你的好脾气、大度量，为什么不留点在家，给我享受享受？见了外面人，低头陪笑；回家对我，一句话不投机，就翻脸吵架。人家看方鸿渐又客气，又有耐心，不知道我受你多少气。只有我哪，换了那位贵小姐，你对她发发脾气看——”她顿一顿，说：“当然娶了那种称心如意的好太太，脾气也不至于发了。”

她的话一部分是真的，加上许多调味的作料。鸿渐没法回驳，气吽吽望着窗外。柔嘉瞧他说不出话，以为最后一句话刺中他的隐情，嫉妒得坐立不安，管制了自己声音里的激动，冷笑着自言自语道：“我看破了，全是吹牛，全——是——吹——牛。”

鸿渐回身问：“谁吹牛？”

“你呀。你说她从前如何爱你，要嫁给你，今天她明明和赵辛楣好，正眼都没瞧你一下。是你追求她没追到罢！男人全这样吹的。”鸿渐对这种“古史辩”式的疑古论，提不出反证，只能反复说：“就算我吹牛，你看破好了，就算我吹牛。”柔嘉道：“人家多少好！又美，父亲又阔，又有钱，又是女留学生，假如我是你，她不看中我，我还要跪着求呢，何况她居然垂青——”鸿渐眼睛都红了，粗暴地截断她话：“是的！

是的！人家的确不要我。不过，也居然有你这样的女人千方百计要嫁我。”柔嘉圆睁两眼，下唇咬得起一条血痕，颤声说：“我瞎了眼睛！我瞎了眼睛！”

此后四五个钟点里，柔嘉并未变成瞎子，而两人同变成哑子，吃饭做事，谁都不理谁。鸿渐自知说话太重，心里懊悔，但一时上不愿屈服。下午他忽然想起明天要到船公司凭收据去领船票，这张收据是前天辛楣交给自己的，忘掉搁在什么地方了，又不肯问柔嘉。忙翻箱子，掏口袋，找不见那张收条，急得一身身的汗像长江里前浪没过，后浪又滚上来。柔嘉瞧他搔汗湿的头发，摸涨红的耳朵，便问：“找什么？是不是船公司的收据？”鸿渐惊骇地看她，希望顿生，和颜悦色道：“你怎么猜到的？你看见没有？”柔嘉道：“你放在那件白西装的口袋里的——”鸿渐顿脚道：“该死该死！那套西装我昨天交给茶房送到干洗作去的，怎么办呢？我快赶出去。”柔嘉打开手提袋，道：“衣服拿出去洗，自己也不先理一理，随手交给茶房！亏得我替你检了出来，还有一张烂钞票呢。”鸿渐感激不尽道：“谢谢你，谢谢你——”柔嘉道：“好容易千方百计嫁到你这样一位丈夫，还敢不小心伺候么？”说时，眼圈微红。鸿渐打拱作揖，自认不是，要拉她出去吃冰。柔嘉道：“我又不是小孩子，你别把吃东西来哄我。‘千方百计’那四个字，我到死都忘不了的。”方鸿渐把手按她嘴，不许她叹气。

注释

[1] 赵辛楣：小说中一个身材高大、神气活现的人物。他从小暗恋苏文纨，不料苏在他和方鸿渐之间玩恋爱游戏。

[2] 苏文纨：方鸿渐的同学。是有才有背景的官小姐，为了学业远走他乡。经历了错综复杂的感情变化后，选择嫁给了各方面都很一般的曹元朗。

作者简介

钱钟书（1910—1998），原名仰先，字哲良，后改名钟书，字默存，号槐聚，曾用笔名中书君，中国现代著名作家、文学研究家，曾为《毛泽东选集》英文版翻译小组成员。在文学、国学、比较文学、文化批评等领域成就斐然，推崇者甚至冠以“钱学”。

名家点评

［美］夏志清《中国现代小说史》：“（小说《围城》）是中国近代文学中最有趣、最用心经营的小说，可能亦是最伟大的一部。”

28. 梦境内外的叛逆与回归

——张爱玲《封锁》赏析

导读

民国时期是中国现代文学的重要发展阶段，涌现出诸多杰出小说家。有极具批判性和对社会深刻洞察的鲁迅，有蕴含浓郁地方色彩和乡村人性的沈从文，有充满生活气息的平民作家老舍，有向西方介绍中国文化的林语堂……他们的作品不仅反映了当时的社会面貌，也为后来的文学发展提供了宝贵经验和借鉴。其中有一位充满争议和传奇色彩的女性作家——张爱玲，她的作品《倾城之恋》《红玫瑰与白玫瑰》等，展现了她独特的美学风格和个人魅力。

《封锁》是张爱玲创作的一篇短篇小说，讲述了一场令人惊艳的短暂爱情故事。故事发生在战时的上海，一声封锁的铃声，让电车成为一个相对静止、封闭的空间。在这个空间里，吕宗桢——一位有家室的男人，为了躲避自己讨厌的亲戚，坐到了一位素不相识的女人旁边，并故意做出调情的样子，好让那位亲戚识趣地走开。女人叫吴翠远，她在吕宗桢闲聊的话题和情绪中，态度由一开始的审慎且排斥，逐渐转变为欣然与期待。这种转变与吴翠远内心的叛逆不无关系，她厌倦了循规蹈矩的生活、厌倦了父母的虚伪与庸俗，可她又奋斗不出来，似有似无的美丽，也不足以让她拥有一场轰轰烈烈的爱情。于是在突然封闭的电车里，面对吕宗桢的调情，吴翠远选择逃避寡淡的现实，与吕宗桢一起叛逆着、自由着、浪漫着，甚至谈婚论嫁。他们脱离常规，唤醒着人性中的本我。然而解封后，电车照常运行、人们照常行动，吕宗桢回到原位，生活也回归常态……封锁时叛逆的吴翠远，好似做了一场梦，一场关于邂逅的美梦。梦醒了，她也不得不让生活回归现实的洪流，继续着自我的麻痹。

与张爱玲的众多故事一样，《封锁》的美不是淳朴唯美、不是曲折精美，张爱玲写的故事是苍凉的、冷峻的。不同于五四时期文学的主流浪潮，张爱玲的小说没有口号、没有“主义”，看似是对严肃文学现实主义的反叛，让人沉溺于嗔痴怨恋的情情爱爱。但她笔下的故事世俗却又高远，现实却又浪漫，堪称“传奇”。

说是“传奇”，倒不如说她的“传奇”在于她的“反传奇”。写人物，并非写英雄，而是写世俗情爱中的饮食男女，平凡又可爱；写情节，并非有高潮，而是在日常生活中开始，在日常生活中结束，平淡中见涟漪；写内蕴，并非悲壮，而是人世的悲凉，淡淡的、凉飕飕的，好似在冷风中打了个寒颤。因此，她的小说，绝不仅仅是男欢女爱的言情，而是在言情中，对痴男怨女们冷漠地看，透彻地写，无论美好还是惨淡，都一一呈现。狠辣的笔尖，刻薄又无情，但却又心怀慈悲，时常有种若有似无的怜悯与感念。她的凉薄好似一层盔甲，包裹着内里似水的柔情。这种悲剧的美，在那个追求正统的、宏大的、现实的美的时代，是叛逆的，但又在某种程度上实现了对传统的回归，凄凉的悲悯着，让人清醒又无奈，让人痛心又遗憾……（**陶静导读**）

原文

封　锁[1]

开电车的人开电车。在大太阳底下，电车轨道像两条光莹莹的，水里钻出来的曲蟮，抽长了，又缩短了；抽长了，又缩短了，就这么样往前移——柔滑的，老长老长的曲蟮，没有完，没有完……开电车的人眼睛钉住了这两条蠕蠕的车轨，然而他不发疯。

如果不碰到封锁，电车的进行是永远不会断的。封锁了。摇铃了。“叮玲玲玲玲玲”，每一个“玲”字是冷冷的一小点，一点一点连成一条虚线，切断了时间与空间。

电车停了，马路上的人却开始奔跑，在街的左面的人们奔到街的右面，在右面的人们奔到左面。商店一律的沙啦啦拉上铁门。女太太们发狂一般扯动铁栅栏，叫道：“让我们进来一会儿！我这儿有孩子哪，有年纪大的人！”然而门还是关得紧腾腾的。铁门里的人和铁门外的人眼睁睁对看着，互相惧怕着。

电车里的人相当镇静。他们有座位可坐，虽然设备简陋一点，和多数乘客的家里的情形比较起来，还是略胜一筹。街上渐渐的也安静下来，并不是绝对的寂静，但是人声逐渐渺茫，像睡梦里所听到的芦花枕头里的窸窣声。这庞大的城市在阳光里盹着了，重重的把头搁在人们的肩上，口涎顺着人们的衣服缓缓流下去，不能想象的巨大的重量压住了每一个人。上海似乎从来没有这么静过——大白天里！一个乞丐趁着鸦雀无声的时候，提高了喉咙唱将起来："阿有老爷太太先生小姐做做好事救救我可怜人哇？阿有老爷太太……"然而他不久就停了下来，被这不经见的沉寂吓噤住了。

还有一个较有勇气的山东乞丐，毅然打破了这静默。他的嗓子浑圆嘹亮："可怜啊可怜！一个人啊没钱！"悠久的歌，从一个世纪唱到下一个世纪。音乐性的节奏传染上了开电车的，开电车的也是山东人。他长长的叹了一口气，抱着胳膊，向车门上一靠，跟着唱了起来："可怜啊可怜！一个人啊没钱！"

电车里，一部分的乘客下去了。剩下的一群中，零零落落也有人说句把话。靠近门口的几个公事房里回来的人继续谈讲下去。一个人撒喇一声抖开了扇子，下了结论道："总而言之，他别的毛病没有，就吃亏在不会做人。"另一个鼻子里哼了一声，冷笑道："说他不会做人，他对上头敷衍得挺好的呢！"

一对长得颇像兄妹的中年夫妇把手吊在皮圈上，双双站在电车的正中。她突然叫道："当心别把裤子弄脏了！"他吃了一惊，抬起他的手，手里拈着一包熏鱼。他小心翼翼使那油汪汪的纸口袋与他的西装裤子维持二寸远的距离。他太太兀自絮叨道："现在干洗是什么价钱？做一条裤子是什么价钱？"

坐在角落里的吕宗桢，华茂银行的会计师，看见了那熏鱼，就联想到他夫人托他在银行附近一家面食摊子上买的菠菜包子。女人就是这样！弯弯扭扭最难找的小胡同里买来的包子必定是价廉物美的！她一点也不为他着想——一个齐齐整整穿着西装戴着玳瑁边眼镜提着公事皮包的人，抱着报纸里的热腾腾的包子满街跑，实在是不像话！然而无论如何，假使这封锁延长下去，耽误了他的晚饭，至少这包子可以派用场。他看了看手表，才四点半。该是心理作用罢？他已经觉得饿了。他轻轻揭开报纸的一角，向里面张了一张。一个个雪白的，喷出淡淡的麻油气味。一部分的报纸黏住了包子，他谨慎地把报纸撕了下来，包子上印了铅字，字都是反的，像镜子里映出来的，然而他有这耐心，低下头去逐个认了出来：“讣告……申请……华股动态……隆重登场候教……”都是得用的字眼儿，不知道为什么转载到包子上，就带点开玩笑性质。也许因为“吃”是太严重的一件事了，相形之下，其他的一切都成了笑话。吕宗桢看着也觉得不顺眼，可是他并没有笑，他是一个老实人。他从包子上的文章看到报纸上的文章，把半页旧报纸读完了，若是翻过来看，包子就得跌出来，只得罢了。他在这里看报，全车的人都学了样，有报的看报，没有报的看发票，看章程，看名片。任何印刷物都没有的人，就看街上的市招。他们不能不填满这可怕的空虚——不然，他们的脑子也许会活动起来。思想是痛苦的一件事。

只有吕宗桢对面坐着一个老头子，手心里骨碌碌骨碌碌搓着两只油光水滑的核桃，有板有眼的小动作代替了思想。他剃着光头，红黄皮色，满脸浮油。打着皱，整个的头像一个核桃。他的脑子就像核桃仁，甜的，滋润的，可是没有多大意思。

老头子右首坐着吴翠远，看上去像是一个教会派的少奶奶，但是还没有结婚。她穿着一件白洋纱旗袍，滚一道窄窄的蓝边——深蓝与白，很有点讣闻的风味。她携着一把蓝白格子小遮阳伞。头发梳成千篇一律的式样，惟恐唤起公众的注意。然而她实在没有过分触目的危险。她长得不难看，可是她那种美是一种模棱两可的，仿佛怕得罪了谁的美，脸上一切都是淡淡的，松弛的，没有轮廓。连她自己的母亲也形容不出她是长脸还是圆脸。

在家里她是一个好女儿，在学校里她是一个好学生。大学毕了业后，翠远就在母校服务，担任英文助教。她现在打算利用封锁的时间改改卷子。翻开了第一篇，是一个男生作的，大声疾呼抨击都市的罪恶，充满了正义感的愤怒，用不很合文法的，吃吃艾艾的句子，骂着：“红嘴唇的卖淫妇……大世界……下等舞场与酒吧间。”翠远略略沉吟了一会，就找出红铅笔来批了一个“A”字。若在平时，批了也就批了，可是今天她有太多的考虑的时间，她不由得要质问自己，为什么她给了他这么好的分数？不问倒也罢了，一问，她竟涨红了脸。她突然明白了：因为这学生是胆敢这么毫无顾忌地对她说这些话的唯一的一个男子。

他拿她当作一个见多识广的人看待；他拿她当作一个男人，一个心腹。他看得起她。翠远在学校里老是觉得谁都看不起她——从校长起，教授、学生、校役……学生们尤其愤慨得厉害："申大越来越糟了！一天不如一天！用中国人教英文，照说，已经是不应当，何况是没有出过洋的中国人！"翠远在学校里受气，在家里也受气。吴家是一个新式的，带着宗教背景的模范家庭。家里竭力鼓励女儿用功读书，一步一步往上爬，爬到了顶儿尖儿上——一个二十几岁的女孩子在大学里教书！打破了女子职业的新纪录。然而家长渐渐对她失掉了兴趣，宁愿她当初在书本上马虎一点，匀出点时间来找一个有钱的女婿。

她是一个好女儿，好学生。她家里都是好人，天天洗澡，看报，听无线电向来不听申曲滑稽京戏什么的，而专听贝多芬、瓦格涅的交响乐，听不懂也要听。世界上的好人比真人多……翠远不快乐。

生命像《圣经》，从希伯来文译成希腊文，从希腊文译成拉丁文，从拉丁文译成英文，从英文译成国语。翠远读它的时候，国语又在她脑子里译成了上海话。那未免有点隔膜。

翠远搁下了那本卷子，双手捧着脸。太阳滚热的晒在她背脊上。

隔壁坐着个奶妈，怀里躺着小孩，孩子的脚底心紧紧抵在翠远的腿上。小小的老虎头红鞋包着柔软而坚硬的脚……这至少是真的。

电车里，一个医科学生拿出一本图画簿，孜孜修改一张人体骨骼的简图。其他的乘客以为他在那里速写他对面盹着的那个人。大家闲着没事干，一个一个聚拢来，三三两两，撑着腰，背着手，围绕着他，看他写生。拈着熏鱼的丈夫向他妻子低声道："我就看不惯现在兴的这种立体派，印象派！"他妻子附耳道："你的裤子！"

那医科学生细细填写每一根骨头、神经、筋络的名字。有一个公事房里回来的人将折扇半掩着脸，悄悄向他的同事解释道："中国画的影响。现在的西洋画也时行题字了，倒真是'东风西渐'！"

吕宗桢没凑热闹，孤零零的坐在原处。他觉得他是饿了。大家都走开了，他正好从容地吃他的菠菜包子。偏偏他一抬头，瞥见了三等车厢里有他一个亲戚，是他太太的姨表妹的儿子。他恨透了这董培芝。培芝是一个胸怀大志的清寒子弟，一心只想娶个略具资产的小姐，作为上进的基础。吕宗桢的大女儿今年方才十三岁，已经被培芝看在眼里，心里打着如意算盘，脚步儿越发走得勤了。吕宗桢一眼望见了这年轻人，暗暗叫声不好，只怕培芝看见了他，要利用这绝好的机会向他进攻。若是在封锁期间和这董培芝困在一间屋子里，这情形一定是不堪设想！他匆匆收拾起公事皮包和包子，一阵风奔到对面一排座位上，坐了下来。现在他恰巧被隔壁的吴翠远挡住了，他表侄绝对不能够看见他。翠远回过头来，微微瞪了他一眼。糟了！这女人准是以为他无缘无故换了一个座位，不怀好意。他认得出那被调戏的女人的脸谱——脸板得纹丝不动，眼睛里没有笑意，嘴角也没有笑意，连鼻洼里都没有笑意，然而不知道什么地方有一点颤巍巍的微笑，随时可以散布开来。觉得自己是太可爱了的人，是煞不住要笑的。

该死，董培芝毕竟看见了他，向头等车厢走过来了，谦卑地，老远的就躬着腰，红喷喷的长长的面颊，含有僧尼气息的灰布长衫——一个吃苦耐劳，守身如玉的青年，最合理想的乘龙快婿。宗桢迅疾地决定将计就计，顺手推舟，伸出一只手臂来搁在翠远背后的窗台上，不声不响宣布了他的调情的计划。他知道他这么一来，并不能吓退了董培芝，因为培芝眼中的他素来是一个无恶不作的老年人。由培芝看来，过了三十岁的人都是老年人，老年人都是一肚子的坏。培芝今天亲眼看见他这样下流，少不得一五一十去报告给他太太听——气气他太太也好！谁叫她给他弄上这么一个表侄！气，活该气！

他不怎么喜欢身边这女人。她的手臂，白倒是白的，像挤出来的牙膏。她的整个的人像挤出来的牙膏，没有款式。

他向她低声笑道："这封锁，几时完哪？真讨厌！"翠远吃了一惊，掉过头来，看见了他搁在她身后的那只胳膊，整个身子就僵了一僵。宗桢无论如何不能容许他自己抽回那只胳膊。他的表侄正在那里双眼灼灼望着他，脸上带着点会心的微笑。如果他夹忙里跟他表侄对一对眼光，也许那小子会怯怯地低下头去——处女风的窘态；也许那小子会向他挤一挤眼睛——谁知道？

他咬一咬牙，重新向翠远进攻。他道：“你也觉着闷罢？我们说两句话，总没有什么要紧！我们——我们谈谈！”他不由自主的，声音里带着哀恳的调子。翠远重新吃了一惊，又掉回头来看了他一眼。他现在记得了，他瞧见她上车的——非常戏剧化的一刹那，但是那戏剧效果是碰巧得到的呢，并不能归功于她。他低声道：“你知道么？我看见你上车，车前头的玻璃上贴的广告，撕破了一块，从这破的地方我看见你的侧面，就只一点下巴。”是乃络维奶粉的广告，画着一个胖孩子，孩子的耳朵底下突然出现了这女人的下巴，仔细想起来是有点吓人的。“后来你低下头去从皮包里拿钱，我才看见你的眼睛、眉毛、头发。”拆开来一部分一部分的看，她未尝没有她的一种风韵。

翠远笑了，看不出这人倒也会花言巧语——以为他是个靠得住的生意人模样！她又看了他一眼。太阳红红地晒穿他鼻尖下的软骨。他搁在报纸上的那只手，从袖口里伸出来，黄色的，敏感的——一个真的人！不很诚实，也不很聪明，但是一个真的人！她突然觉得炽热、快乐，她背过脸去，细声道：“这种话，少说些罢！”

宗桢道：“嗯？”他早忘了他说了些什么。他眼睛盯着他表侄的背影——那知趣的青年觉得他在这儿是多余的，他不愿得罪了表叔，以后他们还要见面呢，大家都是快刀斩不断的好亲戚；他竟退回三等车厢去了。董培芝一走，宗桢立刻将他的手臂收回，谈吐也正经起来。他搭讪着望了一望她膝上摊着的练习簿，道：“申光大学……您在申光读书？”

他以为她这么年轻？她还是一个学生？她笑了，没作声。

宗桢道：“我是华济毕业的。华济。”她颈子上有一粒小小的棕色的痣，像指甲刻的印子。宗桢下意识地用右手捻了一捻左手的指甲，咳嗽了一声，接下去问道：“您读的是哪一科？”

翠远注意到他的手臂不在那儿了，以为他态度的转变是由于她端凝的人格潜移默化所致。这么一想，倒不能不答话了，便道："文科。你呢？"宗桢道："商科。"他忽然觉得他们的对话，道学气太浓了一点，便道："当初在学校里的时候，忙着运动。出了学校，又忙着混饭吃。书，简直没念多少！"翠远道："你公事忙么？"宗桢道："忙得没头没脑。早上乘车上公事房去，下午又乘车回来，也不知道为什么去，为什么来！我对于我的工作一点也不感到兴趣。说是为了挣钱罢，也不知道是为谁挣的！"翠远道："谁都有点家累。"宗桢道："你不知道——我家里——咳，别提了！"翠远暗道："来了！他太太一点都不同情他！世上有了太太的男人，似乎都是急切需要别的女人的同情。"宗桢迟疑了一会，方才吞吞吐吐，万分为难地说道："我太太——一点都不同情我。"

翠远皱着眉毛望着他，表示充分了解。宗桢道："我简直不懂我为什么天天到了时候就回家去。回哪儿去？实际上我是无家可归的。"他褪下眼镜来，迎着亮，用手绢子拭去上面的水渍，道："咳，混着也就混下去了，不能想——就是不能想！"近视眼的人当众摘下眼镜子，翠远觉得有点秽亵，仿佛当众脱衣服似的，不成体统。宗桢继续说道："你——你不知道她是怎么样的一个女人！"翠远道："那么，你当初……"宗桢道："当初我也反对来着。她是我母亲给订下的。我自然是愿意让自己拣，可是……她从前非常的美……我那时又年轻……年轻的人，你知道……"翠远点点头。

宗桢道："她后来变成了这么样的一个人——连我母亲都跟她闹翻了，倒过来怪我不该娶了她！她——她那脾气——她连小学都没有毕业。"翠远不禁微笑道："你仿佛非常看重那一纸文凭！其实，女子受教育也不过是那么一回事！"她不知道为什么说出这句话来，伤了她自己的心。宗桢道："当然哪，你可以在旁边说风凉话，因为你是受过高等教育的。你不知道她是怎么样的一个——"他顿住了口，上气不接下气，刚戴上了眼镜子，又褪下来擦镜片。翠远道："你说得太过分了一点罢？"宗桢手里捏着眼镜，艰难地做了一个手势道："你不知道她是——"翠远忙道："我知道，我知道。"她知道他们夫妇不和，决不能单怪他太太。他自己也是一个思想简单的人。他需要一个原谅他，包涵他的女人。

街上一阵乱，轰隆轰隆来了两辆卡车，载满了兵。翠远与宗桢同时探头出去张望；出其不意地，两人的面庞异常接近。在极短的距离内，任何人的脸部和寻常不同，像银幕上特写镜头一般的紧张。宗桢和翠远突然觉得他们俩还是第一次见面。在宗桢的眼中，她的脸像一朵淡淡几笔的白描牡丹花，额角上两三根吹乱的短发便是风中的花蕊。

他看着她，她红了脸。她一脸红，让他看见了，他显然是很愉快。她的脸就越发红了。

宗桢没有想到他能够使一个女人脸红，使她微笑，使她背过脸去，使她掉过头来。在这里，他是一个男子。平时，他是会计师，他是孩子的父亲，他是家长，他是车上的搭客，他是店里的主顾，他是市民。可是对于这个不知道他的底细的女人，他只是一个单纯的男子。

他们恋爱着了。他告诉她许多话，关于他们银行里，谁跟他最好，谁跟他面和心不和，家里怎样闹口舌，他的秘密的悲哀，他读书时代的志愿……无休无歇的话，可是她并不嫌烦。恋爱着的男子向来是喜欢说，恋爱着的女人破例地不大爱说话，因为下意识地她知道：男人彻底地懂得了一个女人之后，是不会爱她的。

宗桢断定了翠远是一个可爱的女人——白，稀薄，温热，像冬天里你自己嘴里呵出来的一口气。你不要她，她就悄悄地飘散了。她是你自己的一部分，她什么都懂，什么都宽宥你。你说真话，她为你心酸；你说假话，她微笑着，仿佛说："瞧你这张嘴！"

宗桢沉默了一会，忽然说道："我打算重新结婚。"翠远连忙做出惊慌的神气，叫道："你要离婚？那……恐怕不行罢？"宗桢道："我不能够离婚。我得顾全孩子们的幸福。我大女儿今年十三岁了，才考进了中学，成绩很不错。"翠远暗道："这跟当前的问题又有什么关系？"她冷冷的道："哦，你打算娶妾。"宗桢道："我预备将她当妻子看待。我——我会替她安排好的。我不会让她为难。"翠远道："可是，如果她是个好人家的女孩子，只怕她未见得肯罢？种种法律上的麻烦……"宗桢叹了口气道：

“是的，你这话对。我没有权利。我根本不该起这种念头……我年纪太大了。我已经三十五岁了。”翠远缓缓的道：“其实，照现在的眼光来看，那倒也不算大。”宗桢默然，半晌方说道：“你……几岁？”翠远低下头去道：“二十五。”宗桢顿了一顿，又道：“你是自由的么？”翠远不答。宗桢道：“你不是自由的。即使你答应了，你家里人也不会答应的，是不是？……是不是？”

翠远抿紧了嘴唇。她家里的人——那些一尘不染的好人——她恨他们！他们哄够了她。他们要她找个有钱的女婿，宗桢没有钱而有太太——气气他们也好！气！活该气！

车上的人又渐渐多了起来，外面许是有了“封锁行将开放”的谣言，乘客一个一个上来，坐下，宗桢与翠远给他们挤得紧紧的，坐近一点，再坐近一点。

宗桢与翠远奇怪他们刚才怎么这样的糊涂，就想不到自动的坐近一点。宗桢觉得他太快乐了，不能不抗议。他用苦楚的声音向她说：“不行！这不行！我不能让你牺牲了你的前程！你是上等人，你受过这样好的教育……我——我又没有多少钱，我不能坑了你的一生！”可不是，还是钱的问题。他的话有理。翠远想道：“完了。”以后她多半会嫁人的，可是她的丈夫决不会像一个萍水相逢的人一般的可爱——封锁中的电车上的人……一切再也不会像这样自然。再也不会……呵，这个人，这么笨！这么笨！她只要他的生命中的一部分，谁也不希罕的一部分。他白糟蹋了他自己的幸福。多么愚蠢的浪费！她哭了，可是那不是斯斯文文的，淑女式的哭。她简直把她的眼泪唾到他脸上。他是个好人——世界上的好人又多了一个！

向他解释有什么用？如果一个女人必须倚仗着她的言语来打动一个男人，她也就太可怜了。

宗桢一急，竟说不出话来，连连用手去摇撼她手里的阳伞。她不理他，他又去摇撼她的手，道：“我说——我说——这儿有人哪！别！别这样！待会儿我们在电话上仔细谈。你告诉我你的电话。”翠远不答。他逼着问道：“你无论如何得给我一个电话号码。”翠远飞快的说了一遍道：“七五三六九。”宗桢道：“七五三六九？”她又不作声了。宗桢嘴里喃喃重复着："七五三六九，"伸手在上下的口袋里掏摸自来水笔，越忙越摸不着。翠远皮包里有红铅笔，但是她有意的不拿出来。她的电话号码，他理该记得，记不得，他是不爱她，他们也就用不着往下谈了。

封锁开放了。"叮玲玲玲玲玲"摇着铃，每一个"玲"字是冷冷的一点，一点一点连成一条虚线，切断时间与空间。

一阵欢呼的风刮过这大城市，电车当当当[2]往前开了。宗桢突然站起身来，挤到人丛中，不见了。翠远偏过头去，只做不理会。他走了，对于她，他等于死了。电车加足了速力前进，黄昏的人行道上，卖臭豆腐干的歇下了担子，一个人捧着文王神卦的匣子，闭着眼霍霍地摇。一个大个子的金发女人，背上背着大草帽，露出大牙齿来向一个义大利水兵一笑，说了句玩笑话。翠远的眼睛看到了他们，他们就活了，只活那么一刹那。车往前当当的跑，他们一个个地死去了。翠远烦恼地合上了眼。他如果打电话给她，她一定管不住自己的声音，对他分外地热烈，因为他是一个死去了又活过来的人。电车里点上了灯，她一睁眼望见他遥遥坐在他原来的位子上。她震了一震——原来他并没有下车去！她明白他的意思了：封锁期间的一切，等于没有发生。整个的上海打了个盹，做了个不近情理的梦。

开电车的放声唱道："可怜啊可怜！一个人啊没钱！可怜啊可——"一个缝穷婆子慌里慌张掠过车头，横穿过马路。开电车的大喝道："猪猡！"

一九四三年八月

注释

[1]《封锁》：初载一九四三年十一月上海《天地》第二期，收入《传奇》。

[2]当：原文有"口"字旁。与后文"当当的跑"同。

作者简介

张爱玲（1920—1995），中国现代作家，原名张煐，笔名梁京，中国现代女作家。主要作品有长篇小说《半生缘》《小团圆》，中短篇小说《金锁记》《倾城之恋》《红玫瑰与白玫瑰》和散文集《流言》《对照记》等，是中国现代文学史上特色鲜明的作家。

名家点评

严家炎《中国现代小说流派史》：“《封锁》写城市戒严这段特定时间里一对在电车中邂逅的中年男女微妙的内心活动，颇似施蛰存的《梅雨之夕》。”

许子东《重读20世纪中国小说》：“一个电车上凝固的、切割的时间，写出了男人（以及女人）到底是要做‘好人’还是‘真人’。细节具体如上海西装男提了一条鱼，用报纸包着包子，报纸上的字印在包子上等，非常精彩。”

29. 从武者的倔强与坚持

——老舍《断魂枪》赏析

导读

20世纪初的中国在西方列强铁蹄的践踏下发生着剧烈变动，中华民族经过几千年发展形成的传统遭到巨大破坏，旧有的历史文化被轰轰烈烈、呼啸而来的时代车轮无情碾碎。老舍作为一个没落的满族人，更加深切地听到了旧时代迅速撤退的声音，感受到了旧时代不可挽回的脚步。老舍将他对社会的观察以及个人的感悟倾注到文学创作中，反复表达着对传统文化在中西文明冲击下趋于式微的思考。

老舍善于把个人命运的小故事和时代变迁的大背景结合起来进行艺术表达。作者在《断魂枪》中，通过江湖镖师沙子龙的生活变迁表现了中华民族传统文化面临西方强势文明挑战时的两难处境。小说在开篇第一句“沙子龙的镖局已改成客栈”，揭示了故事发生的典型环境。这是一个被西方列强狂轰滥炸之下的中国，“炮声压下去马来与印度野林中的虎啸”，“门外立着不同面色的人，枪口还热着”。中国旧有的一切被破坏，“祖先与祖先所信的神明全不灵了”，“有人还要杀下皇帝的头”。在剧烈变动的时代里，中国古老的传统文化将何去何从？沙子龙有他自己的选择，他清醒地认识到“他的世界已被狂风吹了走”，他的“五虎断魂枪”、行走于荒林野店里的豪放事业、“神枪沙子龙”的名声都如梦幻般一去不返了。沙子龙把镖局改成了客栈，“短瘦、利落、硬棒”的“神枪沙”身上放了肉。他不大谈武艺与往事，甚至面对直接上门的讨教叫阵，也客气婉拒。只是在夜静人稀时，才一气把六十四枪刺下来，回想当年在野店荒林的威风。

沙子龙为何做此选择？作者通过设置王三胜和孙老者两个从武者形象做出了回答。王三胜是沙子龙的大伙计，他在土地庙卖艺，期待众人的喝彩，失望了就埋怨，时时想着斗勇争胜，借老师的威风抬高自己，心胸气度流于浅薄。武艺彻底沦为虚荣心的满足，成为混世的手段。孙老者不像王三胜那样自私和功利，他热爱武艺，四处寻师访友，以求得武艺的精进，做人有涵养、知进退、懂礼节，肯努力，有武德，具备从武者的基本风范。然而，无论是王三胜还是孙老者，在动荡的时代，从武者或者沦为争强斗勇炫技后的自我满足，或者是个人武艺天地中孤芳自赏，留给他们的只有市井的比武场，成为看客眼中示众的材料。沙子龙是一个具有儒家精神气节的从武者，国术对他来说，不是街头杂耍，是可以叱咤风云、兼济天下的信仰和事业，是他的尊严和荣耀。然而，这需要个人和时代共同成就，“这是走镖已没有饭吃，而国术还没被革命党与教育家提倡起来的时候”。沙子龙并没有放弃，他在等待，等待国术再次被认可的时代的到来。

老舍先生曾经因身体健康问题，跟随济南一著名拳师练习拳术，对武术精神及从武者内心世界有深切感知。老舍先生借沙子龙、王三胜、孙老者三个人物形象在巨变时代的不同选择，表达了对真正传统武术精神的体认和对未来武术事业的期待。（倪雪坤导读）

原文

断魂枪

沙子龙的镖局已改成客栈。

东方的大梦没法子不醒了。炮声压下去马来与印度野林中的虎啸。半醒的人们，揉着眼，祷告着祖先与神灵；不大会儿，失去了国土、自由与主权。门外立着不同面色的人，枪口还热着。他们的长矛毒弩，花蛇斑彩的厚盾，都有什么用呢；连祖先与祖先所信的神明全不灵了啊！ 龙旗的中国也不再神秘，有了火车呀，穿坟过墓破坏着风水。枣红色多穗的镖旗，绿鲨皮鞘的钢刀，响着串铃的口马，江湖上的智慧与黑话，义气与声名，连沙子龙，他的武艺、事业，都梦似的变成昨夜的。今天是火车、快枪，通商与恐怖。听说，有人还要杀下皇帝的头呢！

这是走镖已没有饭吃，而国术还没被革命党与教育家提倡起来的时候。

谁不晓得沙子龙是短瘦、利落、硬棒，两眼明得像霜夜的大星？可是，现在他身上放了肉。镖局改了客栈，他自己在后小院占着三间北房，大枪立在墙角，院子里有几只楼鸽。只是在夜间，他把小院的门关好，熟习熟习他的“五虎断魂枪”。这条枪与这套枪，二十年的工夫，在西北一带，给他创出来“神枪沙子龙”五个字，没遇见过敌手。现在，这条枪与这套枪不会再替他增光显胜了；只是摸摸这凉、滑、硬而发颤的杆子，使他心中少难过一些而已。只有在夜间独自拿起枪来，才能相信自己还是“神枪沙”。在白天，他不大谈武艺与往事；他的世界已被狂风吹了走。

在他手下创练起来的少年们还时常来找他。他们大多数是没落子的，都有点武艺，可是没地方去用。有的在庙会上去卖艺：踢两趟腿，练套家伙，翻几个跟头，附带着卖点大力丸，混个三吊两吊的。有的实在闲不起了，去弄筐果子，或挑些毛豆角，赶早儿在街上论斤吆喝出去。那时候，米贱肉贱，肯卖膀子力气本来可以混个肚儿圆；他们可是不成：肚量既大，而且得吃口管事儿的[1]；干饽饽辣饼子咽不下去。况且他们还时常去走会：五虎棍，开路，太狮少狮……虽然算不了什么——比起走镖来——可是到底有个机会活动活动，露露脸。是的，走会捧场是买脸的事，他们打扮的得像个样儿，至少得有条青洋绉裤子，新漂白细市布的小褂，和一双鱼鳞洒鞋——顶好是青缎子抓地虎靴子。他们是神枪沙子龙的徒弟——虽然沙子龙并不承认——得到处露脸，走会得赔上俩钱，说不定还得打场架。没钱，上沙老师那里去求。沙老师不含糊，多少不拘，不让他们空着手儿走。可是，为打架或献技去讨教一个招数，或是请给说个“对子”——什么空手夺刀，或虎头钩进枪——沙老师有时说句笑话，马虎过去：“教什么？拿开水浇吧！”有时直接把他们赶出去。他们不大明白沙老师是怎么了，心中也有点不乐意。

可是，他们到处为沙老师吹腾，一来是愿意使人知道他们的武艺有真传授，受过高人的指教；二来是为激动沙老师：万一有人不服气而找上老师来，老师难道还不露一两手真的么？所以：沙老师一拳就砸倒了个牛！沙老师一脚把人踢到房上去，并没使多大的劲！他们谁也没见过这种事，但是说着说着，他们相信这是真的了，有年月，有地方，千真万确，敢起誓！

王三胜——沙子龙的大伙计——在土地庙拉开了场子，摆好了家伙。抹了一鼻子茶叶末色的鼻烟，他抡了几下竹节钢鞭，把场子打大一些。放下鞭，没向四围作揖，叉着腰念了两句："脚踢天下好汉，拳打五路英雄！"向四围扫了一眼："乡亲们，王三胜不是卖艺的；玩艺儿会几套，西北路上走过镖，会过绿林中的朋友。现在闲着没事，拉个场子陪诸位玩玩。有爱练的尽管下来，王三胜以武会友，有赏脸的，我陪着。神枪沙子龙是我的师傅；玩艺地道！诸位，有愿下来的没有？"他看着，准知道没人敢下来，他的话硬，可是那条钢鞭更硬，十八斤重。

王三胜，大个子，一脸横肉，努着对大黑眼珠，看着四围。大家不出声。他脱了小褂，紧了紧深月白色的"腰里硬"，把肚子杀进去。给手心一口吐沫，抄起大刀来：

"诸位，王三胜先练趟瞧瞧。不白练，练完了，带着的扔几个；没钱，给喊个好，助助威。这儿没生意口。好，上眼！"

大刀靠了身，眼珠努出多高，脸上绷紧，胸脯子鼓出，像两块老桦木根子。一跺脚，刀横起，大红缨子在肩前摆动。削砍劈拨，蹲越闪转，手起风生，忽忽直响。忽然刀在右手心上旋转，身弯下去，四围鸦雀无声，只有缨铃轻叫。刀顺过来，猛的一个"跺泥"，身子直挺，比众人高着一头，黑塔似的。收了势："诸位！"一手持刀，一手叉腰，看着四围。稀稀的扔下几个铜钱，他点点头。"诸位！"他等着，等着，地上依旧是那几个亮而削薄的铜钱，外层的人偷偷散去。他咽了口气："没人懂！"他低声的说，可是大家全听见了。

"有功夫！"西北角上一个黄胡子老头儿答了话。

"啊？"王三胜好似没听明白。

"我说：你——有——功——夫！"老头子的语气很不得人心。

放下大刀，王三胜随着大家的头往西北看。谁也没看重这个老人：小干巴个儿，披着件粗蓝布大衫，脸上窝窝瘪瘪，眼陷进去很深，嘴上几根细黄胡，肩上扛着条小黄草辫子，有筷子那么细，而绝对不像筷子那么直顺。王三胜可是看出这老家伙有功夫，脑门亮，眼睛亮——眼眶虽深，眼珠可黑得像两口小井，深深的闪着黑光。王三胜不怕：他看得出别人有功夫没有，可更相信自己的本事，他是沙子龙手下的大将。

“下来玩玩，大叔！”王三胜说得很得体。

点点头，老头儿往里走。这一走，四外全笑了。他的胳臂不大动；左脚往前迈，右脚随着拉上来，一步步的往前拉扯，身子整着，像是患过瘫痪病。蹭到场中，把大衫扔在地上，一点没理会四围怎样笑他。

“神枪沙子龙的徒弟，你说？好，让你使枪吧；我呢？”老头子非常干脆，很像久想动手。

人们全回来了，邻场要狗熊的无论怎么敲锣也不中用了。

“三截棍进枪吧？”王三胜要看老头子一手，三截棍不是随便就拿得起来的家伙。

老头子又点点头，拾起家伙来。

王三胜努着眼，抖着枪，脸上十分难看。

老头子的黑眼珠更深更小了，像两个香火头，随着面前的枪尖儿转，王三胜忽然觉得不舒服，那俩黑眼珠似乎要把枪尖吸进去！ 四外已围得风雨不透，大家都觉出老头子确是有威。为躲那对眼睛，王三胜要了个枪花。老头子的黄胡子一动：“请！”王三胜一扣枪，向前躬步，枪尖奔了老头子的喉头去，枪缨打了一个红旋。老人的身子忽然活展了，将身微偏，让过枪尖，前把一挂，后把撩王三胜的手。拍，拍，两响，王三胜的枪撒了手。场外叫了好。王三胜连脸带胸口全紫了，抄起枪来；一个花子，连枪带人滚了过来，枪尖奔了老人的中部。老头子的眼亮得发着黑光；腿轻轻一屈，下把掩裆，上把打着刚要抽回的枪杆；拍，枪又落在地上。

场外又是一片彩声。王三胜流了汗，不再去拾枪，努着眼，木在那里。老头子扔下家伙，拾起大衫，还是拉拉着腿，可是走得很快了。大衫搭在臂上，他过来拍了王三胜一下：“还得练哪，伙计！”

“别走！”王三胜擦着汗：“你不离，姓王的服了！ 可有一样，你敢会会沙老师？”

“就是为会他才来的！”老头子的干巴脸上皱起点来，似乎是笑呢。“走；收了吧；

晚饭我请!"

王三胜把兵器拢在一处，寄放在变戏法二麻子那里，陪着老头子往庙外走。后面跟着不少人，他把他们骂散了。

"你老贵姓?"他问。

"姓孙哪，"老头子的话与人一样，都那么干巴。"爱练；久想会会沙子龙。"

沙子龙不把你打扁了！王三胜心里说。他脚底下加了劲，可是没把孙老头落下。他看出来，老头子的腿是老走着查拳门中的连跳步；交起手来，必定很快。但是，无论他怎么快，沙子龙是没对手的。准知道孙老头要吃亏，他心中痛快了些，放慢了些脚步。

"孙大叔贵处?"

"河间的，小地方。"孙老者也和气了些："月棍年刀一辈子枪，不容易见功夫！说真的，你那两手就不坏!"

王三胜头上的汗又回来了，没言语。

到了客栈，他心中直跳，唯恐沙老师不在家，他急于报仇。他知道老师不爱管这种事，师弟们已碰过不少回钉子，可是他相信这回必定行，他是大伙计，不比那些毛孩子；再说，人家在庙会上点名叫阵，沙老师还能丢这个脸么?

"三胜，"沙子龙正在床上看着本《封神榜》，"有事吗?"

三胜的脸又紫了，嘴唇动着，说不出话来。

沙子龙坐起来，"怎么了，三胜?"

"栽了跟头!"

只打了个不甚长的哈欠，沙老师没别的表示。

王三胜心中不平，但是不敢发作；他得激动老师："姓孙的一个老头儿，门外等着老师呢；把我的枪，枪，打掉了两次!"他知道"枪"字在老师心中有多大分量。没等吩咐，他慌忙跑出去。

客人进来，沙子龙在外间屋等着呢。彼此拱手坐下，他叫三胜去泡茶。三胜希望两个老人立刻交了手，可是不能不沏茶去。孙老者没话讲，用深藏着的眼睛打量沙子龙。沙很客气：

“要是三胜得罪了你，不用理他，年纪还轻。”

孙老者有些失望，可也看出沙子龙的精明。他不知怎样好了，不能拿一个人的精明断定他的武艺。“我来领教领教枪法！”他不由地说出来。

沙子龙没接碴儿。王三胜提着茶壶走进来——急于看二人动手，他没管水开了没有，就沏在壶中。

“三胜，”沙子龙拿起个茶碗来，“去找小顺们去，天汇见，陪孙老者吃饭。”

“什么！”王三胜的眼珠几乎掉出来。看了看沙老师的脸，他敢怒而不敢言地说了声“是啦！”走出去，撅着大嘴。

“教徒弟不易！”孙老者说。

“我没收过徒弟。走吧，这个水不开！茶馆去喝，喝饿了就吃。”沙子龙从桌子上拿起缎子褡裢，一头装着鼻烟壶，一头装着点钱，挂在腰带上。

“不，我还不饿！”孙老者很坚决，两个“不”字把小辫从肩上抡到后边去。

“说会子话儿。”

“我来为领教领教枪法。”

“功夫早搁下了，”沙子龙指着身上，“已经放了肉！”

“这么办也行，”孙老者深深的看了沙老师一眼：“不比武，教给我那趟五虎断魂枪。”

“五虎断魂枪？”沙子龙笑了，“早忘干净了！ 早忘干净了！告诉你，在我这儿住几天，咱们各处逛逛，临走，多少送点盘缠。”

“我不逛，也用不着钱，我来学艺！”孙老者立起来，“我练趟给你看看，看够得上学艺不够！”一屈腰已到了院中，把楼鸽都吓飞起去。拉开架子，他打了趟查拳：腿快，手飘洒，一个飞脚起去，小辫儿飘在空中，像从天上落下来一个风筝；快之中，每个架子都摆得稳、准、利落；来回六趟，把院子满都打到，走得圆，接得紧，身子在一处，而精神贯串到四面八方。抱拳收势，身儿缩紧，好似满院乱飞的燕子忽然归了巢。

“好！好！”沙子龙在台阶上点着头喊。

“教给我那趟枪！”孙老者抱了抱拳。

沙子龙下了台阶，也抱着拳：“孙老者，说真的吧；那条枪和那套枪都跟我入棺材，一齐入棺材！”

“不传？”

“不传！”

孙老者的胡子嘴动了半天，没说出什么来。到屋里抄起蓝布大衫，拉拉着腿：“打搅了，再会！”

“吃过饭走！”沙子龙说。

孙老者没言语。

沙子龙把客人送到小门，然后回到屋中，对着墙角立着的大枪点了点头。

他独自上了天汇，怕是王三胜们在那里等着。他们都没有去。

王三胜和小顺们都不敢再到土地庙去卖艺，大家谁也不再为沙子龙吹腾；反之，他们说沙子龙栽了跟头，不敢和个老头儿动手；那个老头子一脚能踢死个牛。不要说王三胜输给他，沙子龙也不是他的对手。不过呢，王三胜到底和老头子见了个高低，而沙子龙连句硬话也没敢说。“神枪沙子龙”慢慢似乎被人们忘了。

夜静人稀，沙子龙关好了小门，一气把六十四枪刺下来；而后，拄着枪，望着天上的群星，想起当年在野店荒林的威风。叹一口气，用手指慢慢摸着凉滑的枪身，又微微一笑，“不传！不传！”

注释

[1] 管事儿的：有营养，吃了不至于不久又饿的。

作者简介

老舍（1899—1966），本名舒庆春，字舍予，生于北京，满族正红旗。中国现代著名小说家、剧作家。1924 年赴英国，任教于伦敦大学亚非学院，并开始创作长篇小说。归国后曾在齐鲁大学、山东大学教书。1949 年后任中国作家协会副主席、北京市文联主席等职，被授予“人民艺术家”称号。代表作有《骆驼祥子》《四世同堂》《茶馆》等。

名家点评

钱理群《中国现代文学新讲》：“作为一个现代作家，老舍始终把他观察、描写的重心，放在中国社会的大转型、大变动中，放在北京‘城’于‘人’（市民、旗人）的命运，‘心’（思想、情感、心理）的反应与变动上。而且他十分善于将这样的关注转换为小说的叙述。”

30.“官老爷”漫画

——张天翼《华威先生》赏析

导读

《华威先生》是现代小说家张天翼最富盛名的讽刺短篇小说，主人公华威先生是抗战时期一位身兼数职的国民党政府官员。作者采用漫画式笔法，一笔一画勾勒出极富讽刺意味的人物活动剪影。

华威先生给人的第一印象就是“忙”，忙于修改方案、参加会议，匆匆忙忙和亲戚握了握手便跨上他的包车。文章写他坐的包车“叮当，叮当，叮当——一下子就抢到了前面”，“黄包车立刻就得往左边躲开”，“小推车马上打斜”，“担子很快地就让到路边”，“行人赶紧就避到两旁的店铺里去”，“还来不及看清楚——它就跑得老远老远的了”，“像闪电一样快”，总让人觉得他有十分要紧的事情。当他谈及时间的紧迫：“我恨不得取消晚上睡觉的制度。我还希望一天不止二十四小时。抗战工作实在太多了。”令读者不免想要一探究竟，他到底有多少工作？

接下来的同一天时间里，华威先生以庄严、谦虚而似乎是有担当的姿态分别参加了难民救济会、通俗文艺研究会和文化界抗敌总会的三场会议。在每一场会议中，他发表了近乎相同的两点意见：第一，该会议的工作是很重要的，应当加紧去做。第二，应当认清一个领导中心，在其领导之下团结起来，统一起来。作者通过“我”的观察并用平实的语言叙述出来，滑稽的外貌描写配以假大空的官腔，一个荒谬虚伪不作为的官僚形象跃然纸上。表面看来，他确实很忙，但实际上他什么具体的抗战工作都不干，非但不干，还要千方百计地阻碍别人干。他忙着开会，每日里赶来赶去，蜻蜓点水式地参加每一个抗日团体的会议，发几句空洞干瘪的指示，余下时间则全部忙于“不是别人请他吃饭，就是他请人吃饭”。除此之外，作者还运用侧面描写进一步丰富人物形象。在亲戚眼里，他是随和而繁忙的“华威先生”；在会场上，他是装腔作势的发言者，大家对他敢怒不敢言；面对青年提出困难时，他以忙碌为借口，推诿塞责不解决问题……

当战时保婴会委员的过程更是彻底揭开了华威先生这个混在抗日文化阵营里利欲熏心的国民党“官老爷”的丑陋嘴脸。其实他的忙不过是一个幌子，而实际上华威先生参加那么多的会议，动机之一就是为了监视、控制和压制群众的抗日活动，他到处叫嚷：“要认定一个领导中心”，而他所谓的“领导中心”，实际上就是以国民党顽固派为“领导中心”。他到处插手，参加会议，险恶的用心便是侦查会议内容，了解群众团体的动向，限制民主进步力量，限制人民群众的抗日爱国活动。

小说全篇短短五千字，语言干净、畅达、俏皮幽默，细节描写精微，尤其是漫画式夸张手法的运用，使这篇小说具有较高的艺术含量。作者注意选择富有特征意义的细节，让人物在对比强烈、自相矛盾的言行中自我暴露，产生了强烈的讽刺效果。（翟文茜导读）

原文

华威先生

转弯抹角算起来——他算是我的一个亲戚。我叫他“华威先生”。他觉得这种称呼不大好。

“嗳，你真是！”他说。“为什么一定要个‘先生’呢。你应当叫我‘威弟’。再不然叫‘阿威’。”

把这件事交涉过了之后，他立刻戴上了帽子。

“我们改日再谈好不好？我总想畅畅快快跟你谈一次——唉，可总是没有时间，今天刘主任起草了一个县长公余工作方案，硬叫我参加意见，叫我替他修改。三点钟又还有一个集会。”

这里他摇摇头，没奈何地苦笑了一下。他声明他并不怕吃苦：在抗战时期大家都应当苦一点。不过——时间总要够支配呀。

“王委员又打了三个电报来，硬要请我到汉口去一趟。这里全省文化界抗敌总会又成立了，一切抗战工作都要领导起来才行。我怎么跑得开呢，我的天！”

于是匆匆忙忙跟我握了握手，跨上他的包车。

他永远挟着他的公文皮包。并且永远带着他那根老粗老粗的黑油油的手杖，左手无名指上带着他的结婚戒指。拿着雪茄的时候就叫这根无名指微微地弯着，而小指翘得高高的，构成一朵兰花的图样。

这个城市里的黄包车谁都不作兴跑，一脚一脚挺踏实地踱着，好像饭后千步似的。可是包车例外：叮当，叮当，叮当，——一下子就抢到了前面。黄包车立刻就得往左边躲开，小推车马上打斜。担子很快地就让到路边。行人赶紧就避到两旁的店铺里去。

包车踏铃不断地响着。钢丝在闪着亮。还来不及看清楚——它就跑得老远老远的了，像闪电一样快。

而——据这里有几位抗战工作者的上层分子的统计——跑得顶快的是那位华威先生的包车。

他的时间很要紧。他说过——

“我恨不得取消晚上睡觉的制度。我还希望一天不止二十四小时。抗战工作实在太多了。”

接着掏出表来看一看，他那一脸丰满的肌肉立刻紧张了起来。眉毛皱着，嘴唇使劲撮着，好像他在把全身的精力都要收敛到脸上似的。他立刻就走：他要到难民救济会去开会。

照例——会场里的人全到齐了坐在那里等着他。他在门口下车的时候总得顺便把踏铃踏它一下：叮！

同志们彼此看着：唔，华威先生到会了。有几位透了一口气。有几位可就拉长了脸瞧着会场门口。有一位甚至于要准备决斗似的——抓着拳头瞪着眼。

华威先生的态度很庄严，用种从容的步子走进去，他先前那副忙劲儿好像被他自己的庄严态度消解掉了。他在门口稍微停了一会儿，让大家好把他看个清楚，仿佛要唤起同志们的一种信任心，仿佛要给同志们一种担保——什么困难的大事也都可以放下心来。他并且还点点头。他眼睛并不对着谁，只看着天花板。他是在对整个集体打招呼。

会场里很静。会议就要开始。有谁在那里翻着什么纸张，窸窸窣窣的。

华威先生很客气地坐到一个冷角落里，离主席位子顶远的一角。他不大肯当主席。

"我不能当主席，"他拿着一支雪茄烟打手势。"工人抗战工作协会的指导部今天开常会。通俗文艺研究会的会议也是今天。伤兵工作团也要去的，等一下。你们知道我的时间不够支配：只容许我在这里讨论十分钟。我不能当主席。我想推举刘同志当主席。"

说了就在嘴角上闪起一丝微笑，轻轻地拍几下手板。

主席报告的时候，华威先生不断地在那里括洋火点他的烟。把表放在面前，时不时像计算什么似地看看它。

"我提议！"他大声说。"我们的时间是很宝贵的：我希望主席尽可能报告得简单一点。我希望主席能够在两分钟之内报告完。"

他括了两分钟洋火之后，猛的站了起来。对那正在哇啦哇啦的主席摆摆手：

"好了，好了。虽然主席没有报告完，我已经明白了。我现在还要赴别的会，让我先发表一点意见。"

停了一停。抽两口雪茄，扫了大家一眼。

"我的意见很简单，只有两点。"他舔舔嘴唇。"第一点，就是——每个工作人员不能够怠工。而是相反，要加紧工作。这一点不必多说，你们都是很努力的青年，你们都能热心工作。我很感谢你们。但是还有一点——你们时时刻刻不能忘记，那就是我要说的第二点。"

他又抽了两口烟，嘴里吐出来的可只有热气。这就又括了一根洋火。

“这第二点呢就是：青年工作人员要认定一个领导中心。你们只有在这一个领导中心的领导之下，抗战工作才能够展开。青年是努力的，是热心的，但是因为理解不够，工作经验不够，常常容易犯错误。要是上面没有一个领导中心，往往要弄得不可收拾。”

瞧瞧所有的脸色，他脸上的肌肉耸动了一下——表示一种微笑。他往下说：

“你们都是青年同志，所以我说得很坦白，很不客气。大家都要做抗战工作，没有什么客气可讲。我想你们诸位青年同志一定会接受我的意见。我很感激你们。好了，抱歉得很，我要先走一步。”

把帽子一戴，把皮包一挟，瞧着天花板点点头，挺着肚子走了出去。

到门口可又想起了一件什么事。他把当主席的同志拽开，小声儿谈了几句。

“你们工作——有什么困难没有？”他问。

“我刚才的报告提到了这一点，我们……”

华威先生伸出个食指顶着主席的胸脯：

“唔，唔，唔。我知道我知道。我没有多余的时间来谈这件事。以后——你们凡是想到的工作计划，你们可以到我家里去找我商量。”

坐在主席旁边那个长头发青年注意地看着他们，现在可忍不住插嘴了：

“星期三我们到华先生家里去过三次，华先生不在家……”

那位华先生冷冷地瞅他一眼，带着鼻音哼了一句——“唔，我有别的事，”又对主席低声说下去：

“要是我不在家，你们跟密司黄接头也可以。密司黄知道我的意见，她可以告诉你们。”

密司黄就是他的太太。他对第三者说起她来，总是这么称呼她的。

他交代过了这才真的走开。这就到了通俗文艺研究会的会场。他发现别人已经在那里开会，正有一个人在那里发表意见。他坐了下来，点着了雪茄，不高兴地拍了三下手板。

“主席！”他叫，“我因为今天另外还有一个集会，我不能等到终席。我现在有点意见，想要先提出来。”

于是他发表了两点意见：第一，他告诉大家——在座的人都是当地的文化人，文化人的工作是很重要的，应当加紧地做去。第二，文化人应当认清一个领导中心，文化人在文抗会的领导中心的领导之下团结起来，统一起来。

五点三刻他到了文化界抗敌总会的会议室。

这回他脸上堆上了笑容，并且对每一个人点头。

“对不住得很，对不住得很：迟到了三刻钟。”

主席对他微笑一下，他还笑着伸了伸舌头，好像闯了祸怕挨骂似的。他四面瞧瞧形势，就拣在一个小胡子的旁边坐下来。

他带着很机密很严重的脸色——小声儿问那个小胡子：

“昨晚你喝醉了没有？”

“还好，不过头有点子晕。你呢？”

“我啊——我不该喝了那三杯猛酒，”他严肃地说，“尤其是汾酒。我不能猛喝。刘主任硬要我干掉——嗨，一回家就睡倒了。密司黄说要跟刘主任去算账呢：要质问他为什么要把我灌醉。你看！”

一谈了这些，他赶紧打开皮包，拿出一张纸条——写几个字递给了主席。

“请你稍微等一等，”主席打断了一个正在发言的人的话，“华威先生还有别的事情要走。现在他有点意见，要求先让他发表。”

华威先生点点头站了起来。

“主席！”腰板微微地一弯，“各位先生！”腰板微微地一弯，“兄弟首先要请求各位原谅：我到会迟了点，而又要提前退席……”

随后他说出了他的意见。他声明——这文化界抗敌总会的常务理事会，是一切救亡工作的领导机关，应该时时刻刻起领导中心作用。

“群众是复杂的。工作又很多。我们要是不能起领导作用，那就很危险，很危险。

事实上，此地各方面的工作也非有个领导中心不可。我们的担子真是太重了，但是我们不怕怎样的艰苦，也要把这担子担起来。”

他反复地说明了领导中心作用的重要，这就戴起帽子去赴一个宴会。他每天都这么忙着。要到刘主任那里去联络。要到各学校去演讲。要到各团体去开会。而且每天——不是别人请他吃饭，就是他请人吃饭。

华威太太每次遇到我，总是代替华威先生诉苦。

“唉，他真苦死了！ 工作这么多，连吃饭的工夫都没有。”

“他不可以少管一点，专门去做某一种工作么？”我问。

“怎么行呢？许多工作都要他去领导呀。”

可是有一次，华威先生简直吃了一大惊。妇女界有些人组织了一个战时保婴会，竟没有去找他！

他开始打听，调查。他设法把一个负责人找来。

“我知道你们委员会已经选出来了。我想还可以多添加几个。由我们文化界抗敌总会派人来参加。”

他看见对方在那里踌躇，他把下巴挂了下来：

“问题是在这一点：你们委员是不是能够真正领导这工作？你能不能够对我担保——你们会内没有汉奸，没有不良份子？你能不能担保——你们以后工作不至于错误，不至于怠工？你能不能担保，你能不能？你能够担保的话，那我要请你写个书面的东西，给我们文抗会常务理事会。以后万一——如果你们的工作出了毛病，那你就要负责。”

接着他又声明：这并不是他自己的意思。他不过是一个执行者。这里他食指点点对方胸脯：

“如果我刚才说的那些你们办不到，那不是就成了非法团体了么？”

这么谈判了两次，华威先生当了战时保婴会的委员。于是在委员会开会的时候，华威先生挟着皮包去坐这么五分钟，发表了一两点意见就跨上了包车。

有一天他请我吃晚饭。他说因为家乡带来了一块腊肉。

我到他家里的时候，他正在那里对两个学生样的人发脾气。他们都挂着文化界抗敌总会的徽章。

“你昨天为什么不去，为什么不去?”他吼着，“我叫你拖几个人去的。但是我在台上一开始演讲，一看——连你都没有去听！我真不懂你们干了些什么?”

“昨天——我去出席日本问题座谈会的。”

华威先生猛地跳起来了：

“什么！什么！日本问题座谈会?怎么我不知道，怎么不告诉我?”

“我们那天部务会议决议了的。我来找过华先生，华先生又是不在家——”

“好啊，你们秘密行动!”他瞪着眼，“你老实告诉我——这个座谈会到底是什么背景，你老实告诉我!”

对方似乎也动了火：

“什么背景呢，都是中华民族！部务会议议决的，怎么是秘密行动呢。……华先生又不到会，开会也不终席，来找又找不到……我们总不能把部里的工作停顿起来。”

“混蛋!”他咬着牙，嘴唇在颤抖着，“你们小心！你们，哼，你们！你们！……”他倒到了沙发上，嘴巴痛苦地抽得歪着。“妈的！这个这个——你们青年！……”

五分钟之后他抬起头来，害怕地四面看一看。那两个客人已经走了。他叹一口长气，对我说：

“唉，你看你看！现在的青年怎么办，现在的青年!”

这晚他没命地喝了许多酒，嘴里嘶嘶地骂着那些小伙子。他打碎了一只茶杯。密司黄扶着他上了床，他忽然打个寒噤说：

“明天十点钟有个集会……”

作者简介

张天翼（1906—1985），字汉弟，号一之，笔名张天净、铁池翰，出生于江苏南京，著名现代小说家、儿童文学作家。1931 年加入左翼作家联盟，抗战爆发后，一直在长沙等地从事抗日救亡工作和文艺活动；解放后任中国作家协会书记处书记、《人民文学》主编等职。代表作有小说《华威先生》《鬼土日记》、童话《宝葫芦的秘密》《秃秃大王》等，被誉为“写幽默讽刺短篇的圣手”“中国的安徒生”。

名家点评

杨义《中国现代小说史》：“小说寥寥几笔，即把一个官场风云人物写得声态毕现，针针见血，深刻淋漓……是一篇敏锐、深刻地切中时弊的明快速写，当一般作品尚在对抗战工作进行热情的鼓动之时，它以喜剧的敏感反省抗战主体本身，如明镜一般照见抗战营垒内部蠹虫，直接影响了抗战文学的发展方向。”

31. 回忆里长出新枝丫

——萧红《呼兰河传》(节选)赏析

导读

《呼兰河传》是著名作家萧红创作的一部自传体小说，是其代表作。小说共分七章，前有茅盾作序，后有尾声。小说通过追忆家乡的普通人、普通生活，描绘了东北边陲小镇呼兰河的风土人情，展示了女作家独特的视角表达与艺术特色，表达出作者对于旧中国扭曲人性、损害人格的社会现实的否定。

第一、二章描绘呼兰河城的总体格局和面貌，呼兰小城固定的几条街坐落在寒冷荒凉的东北大地上，人们的生活空间局促简陋，甚至东二道街还有一个五六尺深的大泥坑，这个坑赫赫有名，全城引为光荣与骄傲。即便深受其苦，但呼兰河人也一直没有想法去填平，因为这泥坑给当地居民带来两条福利：一是常常抬轿抬马，淹鸡淹鸭，闹得非常热闹，可使居民说长道短，得以消遣；二是居民们可以心安理得地吃又经济、又不算不卫生的瘟猪肉。由此可见当地居民麻木不仁、听天由命的态度。

第三、四章是“我”童年的回忆，也是小说中为数不多让人感到生活温暖的画面。第三章写“我”童年时期的生活，是整部小说浓墨重彩的聚焦点。这里描绘了儿童眼里的后花园，“蜂子、蝴蝶、蜻蜓、蚂蚱，样样都有”，还有果树、小鸟……“我”和祖父在这后花园里，铲地、听故事、摘黄瓜、捉蜻蜓……天空蓝悠悠的，又高又远。后花园仿若一个童话般的世界，童年的欢乐、迷人的景致都在作者细腻优美的描写中展现出来。第四章写“我家”，勾勒前院的整体格局，并按相应的空间顺序，逐一点出几户人家：养猪的、漏粉的、拉磨的、赶车的。

最后三章由景物转到人物，写出了小团圆媳妇、有二伯、冯歪嘴子等一系列悲惨的故事。

萧红的童年是寂寞的，幼年丧母，父亲性格暴戾，正如小说中写的，她只有从年迈的祖父那里感受到些许关怀温暖。她以自己的童年生活为线索，用委婉动人的语言，把孤独的童年故事串起来，叙述以“呼兰河”为中心场景的乡土人生的小城故事，形象地反映出呼兰这座小城，在封建闭塞的环境下的社会风貌、人情百态，展示呼兰河城老百姓平凡、落后、愚昧的生活，以及得过且过的精神状态，从而无情地揭露和鞭挞中国几千年的封建陋习对中国社会、乡民群众的毒害，反封建的主题十分鲜明。

小说的尾声萧红点明自己的创作初衷，就是为了那些忘不了的记忆，为了给自己的心灵一些慰藉。这是作者回不去的童年记忆，同时揭露了国民的劣根性，作者在感性和理性之间纠结、挣扎，如果回忆能长出新枝丫，大抵如此。（**景红纬导读**）

原文

第三章（一）

呼兰河这小城里边住着我的祖父。

我生的时候，祖父已经六十多岁了，我长到四五岁，祖父就快七十了。

我家有一个大花园，这花园里蜂子，蝴蝶，蜻蜓，蚂蚱，样样都有。蝴蝶有白蝴蝶，黄蝴蝶。这种蝴蝶极小，不太好看。好看的是大红蝴蝶，满身带着金粉。

蜻蜓是金的，蚂蚱是绿的，蜂子则嗡嗡地飞着，满身绒毛，落到一朵花上，胖圆圆地就和一个小毛球似的不动了。

花园里边明晃晃的，红的红，绿的绿，新鲜漂亮。

据说这花园，从前是一个果园。祖母喜欢吃果子就种了果园。祖母又喜欢养羊，羊就把果树给啃了。果树于是都死了。到我有记忆的时候，园子里就只有一棵樱桃树，一棵李子树，因为樱桃和李子都不大结果子，所以觉得他们是并不存在的。小的时候，只觉得园子里边就有一棵大榆树。

这榆树在园子的西北角上，来了风，这榆树先啸，来了雨，大榆树先就冒烟了。太阳一出来，大榆树的叶子就发光了，它们闪烁得和沙滩上的蚌壳一样了。

祖父一天都在后园里边，我也跟着祖父在后园里边。祖父戴一个大草帽，我戴一个小草帽，祖父栽花，我就栽花；祖父拔草，我就拔草。当祖父下种，种小白菜的时候，我就跟在后边，把那下了种的土窝，用脚一个一个地溜平，那里会溜得准，东一脚的，西一脚的瞎闹。有的把菜种不单没被土盖上，反而把菜子踢飞了。

小白菜长得非常之快，没有几天就冒了芽了。一转眼就可以拔下来吃了。

祖父铲地，我也铲地；因为我太小，拿不动那锄头杆，祖父就把锄头杆拔下来，让我单拿着那个锄头的“头”来铲。其实那里是铲，也不过爬在地上，用锄头乱勾一阵就是了。也认不得那个是苗，那个是草。往往把韭菜当做野草一起地割掉，把狗尾草当做谷穗留着。

等祖父发现我铲的那块满留着狗尾草的一片，他就问我：

“这是什么？”

我说：

“谷子。”

祖父大笑起来，笑得够了，把草摘下来问我：

“你每天吃的就是这个吗？”

我说：

“是的。”

我看着祖父还在笑，我就说：

“你不信，我到屋里拿来你看。”

我跑到屋里拿了鸟笼上的一头谷穗，远远地就抛给祖父了。说：

“这不是一样的吗？”

祖父慢慢地把我叫过去，讲给我听，说谷子是有芒针的。狗尾草则没有，只是毛嘟嘟的真像狗尾巴。

祖父虽然教我，我看了也并不细看，也不过马马虎虎承认下来就是了。一抬头看见了一个黄瓜长大了，跑过去摘下来，我又去吃黄瓜去了。

黄瓜也许没有吃完，又看见了一个大蜻蜓从旁飞过，于是丢了黄瓜又去追蜻蜓去了。蜻蜓飞得多么快，那里会追得上。好在一开初也没有存心一定追上，所以站起来，跟了蜻蜓跑了几步就又去做别的去了。

采一个倭瓜花心，捉一个大绿豆青蚂蚱，把蚂蚱腿用线绑上，绑了一会，也许把蚂蚱腿就绑掉，线头上只拴了一只腿，而不见蚂蚱了。

玩腻了，又跑到祖父那里去乱闹一阵，祖父浇菜，我也抢过来浇，奇怪的就是并不往菜上浇，而是拿着水瓢，拼尽了力气，把水往天空里一扬，大喊着：

“下雨了，下雨了。”

太阳在园子里是特大的，天空是特别高的，太阳的光芒四射，亮得使人睁不开眼睛，亮得蚯蚓不敢钻出地面来，蝙蝠不敢从什么黑暗的地方飞出来。是凡在太阳下的，都是健康的、漂亮的，拍一拍连大树都会发响的，叫一叫就是站在对面的土墙都会回答似的。

花开了，就像花睡醒了似的。鸟飞了，就像鸟上天了似的。虫子叫了，就像虫子在说话似的。一切都活了。都有无限的本领，要做什么，就做什么。要怎么样，就怎么样。都是自由的。倭瓜愿意爬上架就爬上架，愿意爬上房就爬上房。黄瓜愿意开一个谎花[1]，就开一个谎花，愿意结一个黄瓜，就结一个黄瓜。若都不愿意，就是一个黄瓜也不结，一朵花也不开，也没有人问它。玉米愿意长多高就长多高，他若愿意长上天去，也没有人管。蝴蝶随意的飞，一会从墙头上飞来一对黄蝴蝶，一会又从墙头上飞走了一个白蝴蝶。它们是从谁家来的，又飞到谁家去？太阳也不知道这个。

只是天空蓝悠悠的，又高又远。

可是白云一来了的时候，那大团的白云，好像洒了花的白银似的，从祖父的头上经过，好像要压到了祖父的草帽那么低。

我玩累了，就在房子底下找个阴凉的地方睡着了。不用枕头，不用席子，就把草帽遮在脸上就睡了。

注释

[1] 谎花：指不结果实的花，通常为雄花。不　　结果实的雌花（未经授粉）同样也叫谎花。

作者简介

萧红（1911—1942），原名张廼（一说为“迺”）莹，曾用笔名萧红、田娣等，黑龙江省呼兰县人，中国现代著名女作家。成名作《生死场》是最早反映东北人民在日本帝国主义统治下生活和斗争的作品之一，引起当时文坛的重视。鲁迅为之作序，给予热情鼓励。

名家点评

茅盾《〈呼兰河传〉1946年的再版序》：“要点不在《呼兰河传》不像是一部严格意义的小说，而在它于这‘不像’之外，还有些别的东西——一些比‘像’一部小说更为‘诱人’的东西：它是一篇叙事诗，一幅多彩的风土画，一串凄婉的歌谣。”

32. 一对老夫妻的绝望等待

——师陀《期待》赏析

导读

师陀的小说集《果园城记》是中国二十世纪三四十年代沦陷区乡土小说的代表作。在这部小说中，作者试图以中原地区一个小县城为背景，反映出从清末到抗战开始前这一时期的社会风貌。作者以其朴实而又热烈的感情，浓郁的抒情笔调，流畅而富有诗意的语言，向读者介绍了一个又一个凄凉而又亲切的故事，使读者承受着感情的重压，诅咒那不合理的社会、黑暗的时代。《果园城记》收入小说十八篇（解放后再版时抽出两篇，补入一篇，共为十七篇），以真挚的感情和动人的描述来摇撼读者心灵的，莫过于小说集中的《期待》了。

投身革命的徐立刚，已经被反动派枪杀多年了，然而他的母亲，在每顿吃饭的时候，都要给他的儿子放上一双筷子，望眼欲穿地盼望儿子归来。徐立刚的父亲虽然早已知道儿子被杀害，但为了不刺伤自己老伴的心，他一直长期地隐忍着这巨大的痛苦。这两位孤苦的、无依无靠的老人所受到的精神上的折磨与痛苦，是对制造悲剧的反动统治者的血泪控诉。他们让马叔敖读徐立刚生前所写的信件，对于大爷大妈这是一种慰藉，而对于马叔敖则过于煎熬，以至于热泪滚落到脸上。马叔敖与大爷大妈都有期待，而期待又是不同的，只是那亡魂纵有万般期待也不可能重回此世了。

这篇《期待》没有激烈的情节冲突，却让读者从平淡中感受到说不尽的辛酸与沉重。那是一对老夫妻对早已身亡的孩子的绝望等待：徐大爷知情却要苦苦隐瞒，徐大娘不知情而日日期盼。师陀将等不到求不得的痛苦、白发人送黑发人的悲哀交织在一起，通过对两位老人人生晚景的呈现完成一曲时代挽歌与生命颂歌的合奏。这种悲天悯人的情怀，显然并不仅仅是针对徐大爷和徐大娘，更是对整个果园城，对二十世纪三四十年代的乡土中国，对大时代洪流中所有人命运的关切与悲悯。

值得铭记的是，小说中牺牲的革命者徐立刚的原型，就是师陀认识的一位共产党员，河南杞县革命先驱马沛毅，他先后在河南开封、唐河，湖北汉口等地从事革命活动，1932年在汉口法租界被捕，遇害时年仅26岁。读这样的作品，让我们重温英烈的光荣事迹，他们把生命献给祖国和人民，照亮了中华民族前进的道路。今日中国的和平、人民的幸福凝聚着无数英雄的牺牲付出。让我们永远铭记革命先烈为我们所作的牺牲，更加珍惜和平生活的来之不易。（**翟文茜导读**）

原文

期　待

我忽然想起徐立刚的父亲徐大爷同徐立刚的母亲徐大娘。徐立刚就是人家叫他大头的徐立刚，我小时候的游伴，据说早已在外面一个无人知道的地方被枪毙了；并且当我问起的时候，只有极少几个人能想起他的名字，这个小城的居民几乎完全把他给忘了。那么这两个丧失了自己独养子的老人，两棵站立在旷野上的最后的老芦草，他们是怎样在风中摇拽，怎样彼此照顾，而又怎样度着他们的晚景的呢？

这一天我站在他们门前，快近黄昏时分，许多年前的情景又油然回到我心里来。徐大爷是个中年人，高大，庄严，有一条腿稍微有点瘸。徐大娘跟她丈夫相反，圆圆的大脸盘儿，相当喜欢说话，常把到他们家里去的年轻人当干儿子看。徐立刚自己由他们调合起来，高大像他父亲，善良像他母亲。徐立刚的妹妹，用红绒绳扎双道髻，是个淘气的小女孩。这人家跟我多亲切，过去跟我多熟！——我想着，我踌躇着，好几回我伸出手又缩回来，忍不住去看街上。

在街上，时间更加晚了，照在对面墙上的云霞的反光逐渐淡下去了。一只猪哼哼着在低头寻觅食物；一个孩子从大街上跑过来；一个卖煤油的尽力敲着木鱼。

"嘭，嘭！"终于我敲门，随后，一阵更深的静寂。

我于是从新回头观望街景，云霞的反光更淡下去；猪仍旧在寻觅食物；孩子早已跑过；卖煤油的木鱼声越来越急，越响越远。街上没有人了。

“这条街多凄凉！”我心里说，在旁边站着。

有个女人走出来。

“谁呀？”她在里头大声问。

门闩响着，门呻吟着开了。一条小花狗想朝我扑上来，在那女人背后狂吠。院子里空荡荡的，墙角有棵枣树——我吃过它结的枣的枣树，开始上宿的母鸡蹲在鸡笼顶上，一只红公鸡咕咕着预备往上跳。

我正要问主人在不在家，一个老人在堂屋当门现出来，接着，差不多同时，一个老太太也现出来。他们站在门口向外望着，好像一对从窠里探出头来的小燕。

老人——徐大爷。

“欧欧欧！”他吆喝住狗，一面高声说：“别教它咬，外孙女。是谁在外面哪？”

老太太——徐大娘，她分明比她的丈夫更不安。

“谁在外面？站在外面的是谁？”她焦躁的频频转过头去问徐大爷，声音很低，但一直送到大门外。

“我看不大清楚，”徐大爷用力朝我这边瞅着。停了一会，他又说，“真想不到——我看是马，马叔敖吧。”

“马，马，马叔敖……”

徐大娘想着，慌乱的念着，突然她发出欢呼。

“哦，马叔敖！真的是你吗？”两个老人同时喊。“进来，进来，别站在外面。你怎么不先捎个信来？”

我没有办法说明他们多快活。他们说着同时奔出来，徐大爷替我赶开狗，徐大娘忙的不知该怎么办——他们好像什么都忘掉了，鸡子被惊吓的满院子跑，他们也顾不得管了。

我们于是走进堂屋。屋子里陈设仍旧跟好几年前一样，迎面仍旧供着熏黑了的观音神像，两边挂着的仍旧是当初徐大爷娶亲时人家送的喜联，在条几上——神像前面，仍是香筒、磬和香炉。所有的东西几乎全不曾变动，全在老地方。唯一多出来的是对联顶上簪的纸花，少女出阁时插在男家送来的喜馃上的装饰品。

“有茶吗，外孙女？快拿茶来。”徐大爷关照说，一颠一颠走进来。

徐大娘完全忙糊涂了。这难道是梦吗？她笑着，不住向我上下打量，嘴唇动弹，泪涌出来，在她的老眼里转。

“可不是么，真的是你，叔敖。”她重复说。她问我几时来的，问我中间隔了多少年，我跟他们立刚同时离开的这个小城。然后，一句老太太永不会忘记的老话，她叹息我比先前高多了。

徐大爷在旁边站着，直到这时才插进嘴。他对徐大娘嚷：

“有话停会也能讲！你就不教人家歇歇，喘口气？”

我们全坐下来。徐大娘坐在下面网凳上。徐大娘的确老的多了，她的原是极强壮的身体衰驼了；她的眼睛看起来很迟钝，脸上的皱纹比先前更深，皱褶更大；她的包着黑绉纱的头顶，前面一部分分明是秃了的，而其余的几乎也全白了。

“你在外边好吗？”她用袖子擦眼睛，没有留心我望着她时候的惊异。“听说你也一直没在家——这些年你都在什么地方？你看见过立刚没有？”

一阵莫大的恐慌，我对老太太怎么讲呢？我跟她说她的好立刚死了吗？早就被人家枪毙了吗？幸喜她的注意并不在这里。人们说老年人就是长老了的小孩，这指的正是徐大娘。徐大娘正在一种天真的兴奋中，什么念头在她心里转哪，你心里会说：她这么忙？

“你接到过他的信没有？”她的老眼犹疑不定的转动着，随即加上一句。说着她站起来，一件别的事情分明又引动她了。

徐大爷，像罪人般一直在旁边被煎熬的徐大爷，在他们遭遇的不幸中，长期的悲苦绝望中，他显然学会了体谅忍耐。

“你又？……”徐大爷可怜的瞧着他的老伴，从他的神色上，你很容易看出他在向她乞求。

徐大娘干脆回答他："你别管！"

"可你这是干什么呀？你这是？"在绝望中，老头子的声音差不多变成了呜咽。徐大娘可没理他，徐大娘一直朝里边去了。

现在我仔细的观察徐大爷。徐大爷也老的多了，比起徐大娘，我要说你更老了。因为打击对你来的更重，你心上的负担更大，你的痛苦更深。因此你的眼睛也就更加下陷，在昏暗中看去像两个洞；你的头发更少更白，皱纹同样在你脸上生了根，可是你比你的老伴徐大娘更瘦，更干枯，更惨淡；你的衣服是破旧的，要不是徐大娘催逼，你穿上后决不会想到换的；你的钮扣——自然是早晨你忘记了，上面的两颗你没有扣上。精神上的负担给人的影响有多大呀，徐大爷？你在我对面几乎始终没有作声，眼睛茫然向空中瞅着，慢吞吞的吸着烟。烟早就灭了，可是你没有注意。你的眼里弥漫着泪。看了你的可怜的软弱老态，人决想不到你能忍受这么大的痛苦；而事实上，要不是你的一把年纪支持着你，你会忽然倒下去，用头撞着地或是桌子，你会哀伤的像孩子般痛哭着说："让我说出来吧，我受不住。让我全说出来吧！"你不会吗？你会的，即使在一个后辈面前你也会的啊！

那么，试想现在我能讲什么呢？面对这个老人。

"这城里变的真厉害，"我说。我们于是从这里开始，从这里谈到城隍庙，谈到地方上的奇闻，谈到最近两年来的收成，慢慢的，最后我们谈到他的女儿，徐立刚的妹妹。

这些自然是无聊话，敷衍话。当我们谈着时候，我深信徐大爷大概正跟我同样——我们心里同样回荡着另一件事。为了害怕，为了避免触到它，我们才提出这些问题。但是除此之外，对着这个可怜老人我又能讲什么呢？一切正如料想，他的田地近年来收成很坏，他平常很少想到它们；至于他们的小女，那个我最后一次看见她还用红绒绳扎着双道髻的淘气小女孩，她也早在两年前出嫁了。

接着我们又不得不静默下来。在我们谈话中间，柜子在卧房里响着，徐大娘终于走出来了。

“怎么还不点上灯?”她精神很充足的问。

徐大爷将灯点上。

徐大娘回到网凳上。徐大娘手里拿个布包，一个，一层一层用布严密封裹起来的包裹。

“这是立刚的信,”她说，一面将包裹打开。

徐大娘小心翼翼的将布打开，剥开一层又是一层。最后有几封被弄污被摸破的旧信从里头露出来了，人很容易看出好几年来她都谨慎的保存着，郑重的锁在柜子里，每遇见识字的她就拿出来，它们曾经被无数的手摸过，无数次被打开过。

“你看这一封,”她从其中拣出一封顶龌龊的。“他怎么说?”

我忍着苦痛把信接过来。这一封是从一个煤矿上寄来的，虽然我很不情愿，也只得存着为了满足一个孩子的心情从信封里抽出信纸。

父亲大人：来信敬悉。我在这边差称平顺，以后最好少写信来。妹妹年纪还轻，似不必急于订婚；不过你跟母亲既然主意已定，事情原委我不清楚，很难参加意见。总之只要她本人将来满意就好。说到回家，恐怕对大家都不方便，只有将来再说了……

这些信的内容徐大娘大概早已记熟了，只要看信封上的记号她就准知道里面说什么了，但是她的老眼仍旧毫不瞬转的盯着我，留心听每一个字，好像要把它们捉住。很可能，这些字在她听去很可能一遍比一遍新鲜。

“他说他身子壮吗?”看见我停下来，她唠叨着问。

“是的,”我把信交还她，“他说他身子很壮。”

于是第二封，从湖北一所监狱里寄来的。

“好几年前头,”她叹息说，“他蓦地里写了这个信，教家里给他兑钱。”

第三封，最后的没有发信地址的一封——

我考虑好多遍，每次我都想到将来你们总会明白，把写成的信撕了。但是最后我仍旧决定写，我不能教你们白白想念我。请跟母亲说吧，父亲，硬起心肠（心肠硬有时是有好处的）请跟她说以后别等我了。现在我很平静。只有想到你们的时候我心里才乱，……父亲，以后全家都放在你身上，妹妹跟母亲都系在你身上，你要保重自己，要想开一点，千万别抛开她们。要留心母亲。要好好看待妹妹。我知道你不会责备我。最好忘记我，权当根本没有我这个儿子……

我念着，手不住的抖着。

“他为什么说不回来了呢？”徐大娘怀疑的问我。“一千个好不如一个好，外面再好总没有家里好！”

大家都不作声。她的目光转到别处，望着空中，泪源源滚到老皱的脸上来。

“男孩子心肠真狠，不想想做娘的怎么过的，出门就不回来了！”她哽咽着，颤巍巍的举起手去擦眼泪。“好几年不往家里打信，我常常想，不知道他是胖或是瘦，也不知道受不受苦……我连模样都猜不出——本来家里有他一张照相，后来人家说要来搜查，徐大爷给他烧了。”

难言的悲恸，强迫我走开。我小时候的游伴，高大像他父亲，善良又像他母亲的大头徐立刚在我心头活动，在我面前和我相对的，是他身后遗留给这个世界的两位孤苦无助的老人，我的眼泪同样要流出来了。我的眼睛转向旁边，看见桌子在我进来之前已经抹光，桌面上整齐的摆着四双筷子，先前我没有注意。这当然不是给我摆的。

“你们有客吗，徐大爷？”我低声问，打算作为告辞的理由。

徐大爷始终沉浸在他自己的哀愁中，不可知的思想中，或幻梦中。

“没有，没有客。”

老人抬起头来懵懂地瞅着我，后来终于明白我的意思，用几乎听不见的干哑声音说：

“这是——这是她给他放的！”

天下事还有比这更令人痛心并更令人永远难忘？这筷子是给“他”预备的，给好儿子徐立刚的！他死了好几年，从人世上湮灭好几年，还一年一年被等待，被想念，他的母亲还担心他胖了瘦了，每天吃饭她还觉得跟平常一样，跟他在家时候一样，照例坐在她旁边。难道当真还有比这更令人绝望的吗？还有他们怎么想呢？那些谋杀徐立刚的人，当他们枪毙他的时候，他们可曾想到母亲的心多仁慈，多广大，她的爱多深吗？

请想想两个老人的惊慌吧，当我终于硬着头皮站起来向他们告辞的时候。

“怎么，你要走吗，叔敖？你不在这里用饭？”徐大爷在后面大声呼喊。

徐大娘——她更加惊慌，跟小鸟一样，并且脸上还挂着泪呢。

“别走，叔敖……你明天还来吗？”她用更大的声音向我呼喊。

我尽可能赶快走出去，或是说逃出去——不来了，徐大娘；还有你，徐大爷！让我们以河水发誓，除非城墙夷为平地，永远不来了！

天不知几时黑下来了。我穿过天井，热泪突然滚到脸上，两个老人从后面追上来，直把我送出大门。街上没有灯火。所有的居民都已回到他们自己家里，他们的温暖的或不温暖的老巢里了。在上面，满天星斗正耿耿望着人间，望着这个平静的住着两个可怜老人的小城，照耀着寂无行人的街道。我摸索着沿街走下去，风迎面吹过来，一个“叫街”的正远远的不知在何处哀呼。两个老人继续留在门口，许久许久，他们中间的一个——徐大爷在暗中叹了口气；他们中间的另一个——徐大娘说城门这时候大概落了锁了。

一九四一年十一月四日

作者简介

师陀（1910—1988），原名王长简，笔名芦焚，河南杞县人，现代散文家、小说家、剧作家。曾参加反帝大同盟。中华人民共和国成立后，历任上海出版公司总编辑、上海电影剧本创作所编剧，后在中国作协上海分会专门从事创作。著有短篇小说集《谷》，长篇小说《结婚》《马兰》。主要作品有《开封散记》《陇海线上》《南湾》等。

名家点评

杨义《中国现代小说史》："作品在控诉着那个黑暗的专制的社会，质问那些谋杀徐立刚的人，他们可曾想到母爱是何等博大和深沉。这时桌面抹光，摆上三双筷子，老夫妇要吃晚饭了，其中一双筷子是留待徐立刚突然归来用的。在《果园城记》中，这是最沉痛的一幕。它给小城性格增添了几分刚烈，几分血性，几分挚情，几分惨痛。"

后记

梁启超曾经专门写文章论述小说在启发民智、提升素养方面的重要作用，他在《论小说与群治之关系》一文中指出："欲新一国之民，不可不先新一国之小说。故欲新道德，必新小说；欲新宗教，必新小说；欲新政治，必新小说；欲新风俗，必新小说；欲新学艺，必新小说；乃至欲新人心，欲新人格，必新小说。何以故？小说有不可思议之力支配人道故。"认为"小说为文学最上乘"，具有熏、浸、刺、提四种审美感染力。他在注重小说社会功利价值的同时，注意到小说内在的审美功能。这一观点一改我国古代不重视小说的传统，把小说从被忽视的边缘提升到重要位置，极大地提高了小说的地位及其在人们心中的分量。

确实，作为文学中表现力最强的一种体裁，凡生活中存在的事物，小说都能呈现。小说通过典型具体的人物形象、生动精彩的故事情节、深刻丰富的主题思想等以小见大、以点带面地描摹人类社会这个纷繁复杂、包罗万象的大千世界，承载着对个人命运、社会轨迹乃至宇宙盈虚的憧憬和思考。本书精选我国从古至今具有代表性的32篇小说作品，希望能和读者一起，从对它们的鉴赏中一窥文学的精彩和深刻。

本书由陆军工程大学的大学语文教员集体编纂而成。编写人员分工如下：作品导读由苏爱风、陶静、翟文茜、倪雪坤、凤轶群、景红纬撰写，具体导读作者在每篇文后注明。苏爱风拟定全书提纲并负责最后的统稿工作。

本书在编写过程中得到了各级领导、专家和同仁的关心和支持，本书能付梓出版还得到了凤凰出版社李相东编辑的大力帮助，感谢出版社各位老师为本书出版付出的辛勤劳动，在此谨致以最诚挚的敬意！

"嘤其鸣矣，求其友声。"我们编写这本书，真诚地希望它能够给志同道合的读者朋友们提供小说阅读时的陪伴和引导。但经典文学作品浩如烟海，文学现象复杂多样，作者的思想情感有时又隐晦不明、深藏在波涛巨流之下。我们深感能力不足、学识有限，解读的过程中难免会出现不足和谬误，敬请读者朋友们批评指正。

本书编写组

2024 年 6 月 12 日